教育部区域和国别研究基地北京师范大学俄罗斯研究中心资助出版

尼古拉·克鲁舍夫斯基语言学选集

【波】尼古拉·克鲁舍夫斯基 著

杨衍春 穆新华 选译

吉林大学出版社

·长春·

图书在版编目（CIP）数据

尼古拉·克鲁舍夫斯基语言学选集 /（波）尼古拉·克鲁舍夫斯基著；杨衍春，穆新华译 . — 长春：吉林大学出版社，2020.10
ISBN 978-7-5692-7381-6

Ⅰ.①尼… Ⅱ.①尼… ②杨… ③穆… Ⅲ.①语言学－文集 Ⅳ.① H0-53

中国版本图书馆 CIP 数据核字（2020）第 204899 号

书　　名	尼古拉·克鲁舍夫斯基语言学选集 NIGULA·KELUSHEFUSIJI YUYANXUE XUANJI
作　　者	（波）尼古拉·克鲁舍夫斯基　著　杨衍春　穆新华　译
策划编辑	李承章
责任编辑	周　婷
责任校对	王　洋
装帧设计	中正书业
出版发行	吉林大学出版社
社　　址	长春市人民大街 4059 号
邮政编码	130021
发行电话	0431-89580028/29/21
网　　址	http://www.jlup.com.cn
邮　　箱	jdcbs@jlu.edu.cn
印　　刷	天津雅泽印刷有限公司
开　　本	787mm×1092mm　1/16
印　　张	13.25
字　　数	210 千字
版　　次	2021 年 1 月　第 1 版
印　　次	2021 年 1 月　第 1 次
书　　号	ISBN 978-7-5692-7381-6
定　　价	55.00 元

版权所有，翻印必究

译序　克鲁舍夫斯基学术思想

杨衍春

20 世纪最著名、影响最深远的语言学家之一索绪尔曾经对喀山学派的领军人物博杜恩·德·库尔德内和他的学生克鲁舍夫斯基做过这样的评价："博杜恩·德·库尔德内和克鲁舍夫斯基比其他语言学家更接近语言理论研究，但又没有离开纯粹的语言学研究。"① 布拉格学派创始人之一雅科布逊说："在 19 世纪末语言学给予了世界科学两个伟大的理论家即波兰籍的博杜恩·德·库尔德内和克鲁舍夫斯基。"② 然而，在 20 世纪 50 年代以前，关于喀山语言学派的这两个语言学家及其提出的富有前瞻性的语言学理论研究几乎是空白。尤其克鲁舍夫斯基的名字和他所提出的一些语言学理论似乎完全被埋没在了浩瀚的语言学史中。"在俄罗斯语言学新语法学派后期，也就是接近俄罗斯革命时期，如果克鲁舍夫斯基的语言学理论没有对年轻的语言学者雅科布逊产生影响的话，那么他就会完全被遗忘了。通过雅科布逊，喀山语言学派的音位学理论和克鲁舍夫斯基理论成为布拉格结构主义学派的发端。"③ "他（克鲁舍夫斯基）在波兰、在俄罗斯、在国

---

① Березин Ф. М. Н. В. Крушевский провозвестник лингвистики ⅩⅩ века[C]/ /Крушевский Н. В. Избранные работы по языкознанию. М. 1998,4.

② Якобсон Р. Значение Крушевского в развитии науки о языке. Избранные труды[C]. М. 1985,331.

③ Березин Ф. М. Н. В. Крушевский провозвестник лингвистики ⅩⅩ века[C]/ /Крушевский Н. В. Избранные работы по языкознанию. М. 1998,17.

际学术刊物中没有得到应有的评价,处于半遗忘状态。"①

上述观点指出了克鲁舍夫斯基没有引起语言学界重视和备受冷落的现实。确实,克鲁舍夫斯基的语言理论不仅在国际语言学界处于几乎被遗忘的状态,就是在俄罗斯,克鲁舍夫斯基的语言学理论也没有得到公正的评价。他的语言学论著只零星出现在兹维金采夫主编的文选中,而他的文集在俄罗斯近百年来一直没有出版过。直到1998年克鲁舍夫斯基《语言学文选》俄文版才得以面世。其中不仅收录了克鲁舍夫斯基的主要语言学论著,还囊括了俄罗斯及其国外语言学学者对这位天才语言学家的评述。克鲁舍夫斯基《语言学文选》的出版,促使俄罗斯语言学界重新审视克鲁舍夫斯基对语言学的重要贡献,与此同时,在俄罗斯掀起一股研究克鲁舍夫斯基的浪潮。2001年,在喀山出版了《纪念克鲁舍夫斯基诞辰150周年论文集》。

研究克鲁舍夫斯基的语言学思想,对于我们更确切地了解现代语言学的形成与发展、确定语言学史的内在连续性、促进我们从一个全新的视角看待现代语言学史的发端有重要意义。

一、克鲁舍夫斯基的短暂人生

克鲁舍夫斯基1851年12月出生于波兰的沃伦省卢茨克一个地主家庭。1871年中学毕业后考入华沙大学历史语文系。在米·克洛索夫教授的直接影响下,他选择了《符咒——俄罗斯民间诗歌的形式》作为副博士学位论文题目。1875年获取副博士学位后,米·克洛索夫教授建议他到当时的哈利科夫拜师波铁布尼亚,或者到喀山从师于博杜恩·德·库尔德内。但由于当时申请奖学金非常困难,他只能到一所中学教古代语言。

三年后,他怀揣梦想来到了喀山,成了博杜恩·德·库尔德内的得意门生。在这里他聆听了博杜恩·德·库尔德内讲授的普通语言学、比较语法和梵语等课程。1879年5月克鲁舍夫斯基通过题为"与重音有关的语音现象观察"论文答辩后,被聘为喀山大学比较语言学教研室编外副教授。1881年克鲁舍夫斯基通过题为"元音规则问题:对古斯拉夫语元音系统的

---

① Якобсон Р. Значение Крушевского в развитии науки о языке. Избранные труды[C]. М.1985,346.

研究"的硕士论文答辩，同年被聘为副教授。1883年，克鲁舍夫斯基通过题为"语言学概论"的博士论文答辩。很快克鲁舍夫斯基凭借在科研和教学中的卓越表现，成为了一名印欧语言比较语法的正式教授。身为教授，克鲁舍夫斯基承担了比较语言学、梵语、言语发音生理学、俄语语法、罗曼语系语言的比较语法、法语史等多门课程。然而，繁重的教学任务、对科学研究的执着及沉重的家庭负担最终导致克鲁舍夫斯基的身体每况愈下。1886年3月，年仅35岁的他不得不住院治疗。1887年11月1日，这位天才语言学者病逝，享年只有36岁。

二、克鲁舍夫斯基的主要语言学思想

克鲁舍夫斯基被誉为20世纪语言学的预言者。他一方面从哲学、心理学中汲取营养，提出了一系列对现代语言学具有开创意义的语言学观点。另一方面，作为博杜恩·德·库尔德内的学生，他继承和发展了自己导师的部分语言学思想，充分展示了一个天才语言学者的独创能力。他的语言学理论主要体现在《语言学的研究对象、分类和方法》《元音规则问题：对古斯拉夫语语音系统的研究》《语言学概论》等论著中。在这篇序言中我们将重点论述克鲁舍夫斯基关于静态和动态、语言系统、语音交替和音位说等语言观点，关于克鲁舍夫斯基其他的语言学思想，包括语言的符号性、符号的能指和所指、符号的任意性等问题将另文叙述。

1. 静态规律和动态规律。克鲁舍夫斯基一生总是尝试提出各种语言规律。博杜恩·德·库尔德内曾经这样评价克鲁舍夫斯基："克鲁舍夫斯基属于'语言学家—哲学家'。他不断追求概括，追求和发现语言中的一般规律。"[①] 克鲁舍夫斯基在博杜恩·德·库尔德内提出的语言静态性和动态性观点基础上，提出了语言的静态规律和动态规律。在他看来，静态规律从物理—生理角度分为两大类：

（1）语音的静态规律，指在同等的条件下，同属一个时代、同讲一种方言的人们的每一语音在发音上和生理上是一样的。即强调语音系统具有一致性。

---

① Бодуэн де Куртенэ. Избранные труды по общему языкознанию,1[C].M.1963,146.

除此之外，在一种语言中多个语音可以具有同一个特征，这正是语言的共性，即每一种语言中的语音系统具有一定的和谐性。

（2）语音组合的静态规律。语音 x 只能与 z_1 搭配，但是完全不能与 z 搭配。在进行语音搭配时，相邻音可以相互影响、相互同化。"这个过程就像胶合剂将几个语音变成一个完整组合。"①不难看出，对于克鲁舍夫斯基来说，只有语音、语音系统和语音组合的一致性、和谐性才是每一个词语必须服从的唯一规律，静态规律决定语言的基本性质。虽然克鲁舍夫斯基坚信语言的静态规律是第一性的，但由于"词语的符号性使得语言始终处于变化中。"②于是他也在试图寻找语言变化的规律，即第二性的规律。也就是寻找语音、语音系统、语音组合在变化上的一致性，即与静态规律并列的语音、语音系统和语音组合的动态规律。在克鲁舍夫斯基的眼中，语音规律变化的每一个个别的结果都是微不足道的，但由于规律本身在漫长的一段时间内起作用。因此，在数个世纪内，不断发生的微小变化可以导致巨变，任何的语言现状都是前面状态发展的结果。他发现各种语言，甚至非同源语言的历史提供了无数个惊人的类似现象：在不同语言中，一种语言不同时期的语音变化完全一致。于是，他得出结论，语言的动态规律是存在的，证据就在语音规律的一致性中。他认为正是由于这些规律的存在，使得不同范畴的起源问题得到了答案。一个语音系统来自另一个语音系统。一个语音系统通过整合获得另一个语音系统。③

由此可见，克鲁舍夫斯基所说的语言动态规律，作用在不同的语言中，作用在几代人的语言中。语言动态规律的存在成功地揭示了语言系统的内部连续性。克鲁舍夫斯基的"静态规律和动态规律"之说并没有得到自己的导师博杜恩·德·库尔德内的青睐。博杜恩·德·库尔德内毫不客气地指出："从形式上说，语音和语音系统的静态规律只是存在了数个世纪著名的等价规律，即 A 等于 A 的套用。……没有什么新内容。充其量这些只能算作是提纲，研究的起点，关于语音现象的思考基础，但却不是规律。

---

① Крушевский Н. В. Избранные работы по языкознанию[C].M.1998,107-113.
② Крушевский Н. В. Избранные работы по языкознанию[C].M.1998,212.
③ Крушевский Н. В. Избранные работы по языкознанию[C].M.1998,135.

而语音组合的静态规律由于自身的不确定性也不能称作规律。"① "克鲁舍夫斯基的动态规律具有不定性和不可猜测性。这些究竟是什么规律，无从知道。"② "被克鲁舍夫斯基称作动态规律和语音变化规律的实际上只是一个替代的过程和事实，是一般的替代现象。"③

克鲁舍夫斯基的静态和动态规律虽然没有在自己的导师那里找到共鸣，但他却看到了在语言发展过程中构成语言的语音规则是具有规律性的，并且同自然规律一样无例外可言。

2. 语言系统说。博杜恩·德·库尔德内的"语言系统说"对克鲁舍夫斯基产生了很大的影响。"系统"这一术语几乎贯穿整个他的博士论文《语言学概论》中。克鲁舍夫斯基认为在语言中总是可以发现不同类别的词语和个别类型词语之间的联系。概念领域是由若干个相同范畴组成的，如表示物体、特征、行为的范畴等等。尽管存在着各种偏差，但语言始终是一个和谐的整体。每一个语言范畴不是只与一个范畴有类似和依赖关系，而是与多个范畴有这样的关系。在这个和谐的整体中，克鲁舍夫斯基将语言系统划分为三个子系统：语音系统、语义系统和形态系统。语音系统具有一致性和和谐性。在语义系统中词语表达具有不同特征的概念。而在形态上表现出的系统性在于词语的每一个组成部分都是有联系的，它们在外部即结构或者语音上和内部即语义上有相似之处。他说："任何词语的外部和内部方面都依附于和谐的整体即语言，否则就不能在语言中独立存在。"④ 对于克鲁舍夫斯基而言，词语是语言学中最为重要的研究对象。于是他以词语是表示物质的符号，而语言是一个符号系统为出发点，借用了当时心理学的"联想"的概念，阐述语言系统中的词语之间的相互联系，提出了类比性联想和邻接性联想的观点。类比性联想体现在"共现性次序"之中，邻接性联想体现在"连续性次序"之中。在他看来，正是由于联想关系的存在，词语才能紧密相连。类比性规律和邻接性规律使每一个词语

---

① Бодуэн де Куртенэ. Избранные труды по общему языкознанию,1[C].M.1963,192.

② Бодуэн де Куртенэ. Избранные труды по общему языкознанию,1[C].M.1963,191.

③ Бодуэн де Куртенэ. Избранные труды по общему языкознанию,1[C].M.1963,193.

④ Крушевский Н. В. Избранные работы по языкознанию[C].M.1998,226.

都在语音、结构或者意义上与自己的同语族有着千丝万缕的相似联系。每一个词语在各个阶段与不同的同行者有着无数的邻接性的联系。这些规律将无数的词语变为一个稳固的整体。只有这些规律才能保障语言的存在:"没有类比性联想不可能创造词语,没有邻接性联想规律不可能有复制(воспроизводство)。类比性联想决定词语的产生,而邻接性联想赋予词语意义。"① 克鲁舍夫斯基在强调语言系统中词语之间的直接联系的同时,也注意到词语之间的间接性联系。他说:"词语应当在我们的大脑中形成分类,这种分类与其所表示的事物完全一致。……在语言中有这样一些分类:名词、代词、数词、动词、形容词和副词。这就是词语的间接联系。"② 克鲁舍夫斯基通过下面的一个图示勾画出了词语之间的直接和间接联系。

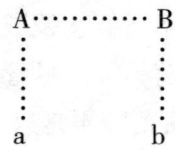

其中大写的字母表示事物,小写字母表示代表相关事物的词语。a 与 b 虽然没有直接的联系,但是 a 与 A,b 与 B 之间有直接的联系,A 和 B 之间的联系是直接的,所以 a 与 b 之间必然有间接的联系。

克鲁舍夫斯基还从形态要素关系着手,将语言系统分为三大类:

(1) 没有规整好的系统。这类系统通常含有原有系统的残余,在词根中发生各种语音变化。

(2) 正在向规整系统过渡的系统。在这类系统中新旧形式并用。

(3) 完全规整好的系统。比如,俄语的变格和变位系统。

而且在他看来,语言中规整系统的过程是永远不会停止的。他从历史角度分析语言中已经规整好的系统,提出这样一个系统的形成是语言不断发展的产物。他说,"一个系统的同质性并不是固有的和不变的:我们已经看到,完全一致和和谐的系统在以前可能不是这样的。一个系统的同质性是语言的一定程度上持续发展的结果。"③ 与此同时,克鲁舍夫斯基指

---

① Крушевский Н. В. Избранные работы по языкознанию[C].M.1998,213.
② Крушевский Н. В. Избранные работы по языкознанию[C].M.1998,147.
③ Крушевский Н. В. Избранные работы по языкознанию[C].M.1998,185.

出语言系统中的结构成分也不是一成不变的,而是处于不断再整合过程中。再整合过程涉及发音、语音系统、形态要素、语法范畴等等。[①]通过语言现象再整合过程,克鲁舍夫斯基实际上论证了语言规律是具有客观性的,是不以人的意志为转移的。

克鲁舍夫斯基通过类比性联想和邻接性联想确定语言成分之间的关系与后来索绪尔关于联想关系和句段关系的论述是一致的。雅科布逊这样写道:"克鲁舍夫斯基的邻接性联想使语言成分形成系列,相当于索绪尔的句段学说,而类比性联想……相当于索绪尔的联想关系。……应当说克鲁舍夫斯基的观点比索绪尔更系统,更合乎逻辑,更有表现力。"[②] 克鲁舍夫斯基将语言系统看作是不断发展的观点,事实上已经超越了索绪尔的语言系统的静态观。

3. 语音交替理论和音位说。 克鲁舍夫斯基明确了研究语音单位的任务和方法,指出语音学的当务之急不是恢复原始语的语音系统,而是首先研究一种语言的语音性质、条件、语音变化和消失的规律及新语音出现的条件。通过研究语言的现代状况,克鲁舍夫斯基发现语音变化具有一定的复杂性。语音经常是持续的、多样的和众多的过程的产物。他称这种变化为"语音交替",[③] 即"语音组合及自发的语音变化过程和无意识心理过程的产物"。[④]

为了探究语音变化的原因和实质,他以活的语言——俄语为材料,将语音交替划分为三类:

(1) 变异交替:语音 s 和语音 s_1 永远是同一个语音的变体,s 和 s_1 称为变异项。s 是主要变异项,s_1 是派生变异项。如:俄语中的元音在不同的位置发音与原始的发音是不同的。比如,元音 o 在 год, года, годовой, полгода 中。由于所处位置的不同,发音是有差异的。克鲁舍夫斯基将这类变化的原因归结为纯物理性的。

---

① Крушевский Н. В. Избранные работы по языкознанию[C].М. 1998,132.

② Якобсон Р. Значение Крушевского в развитии науки о языке[C]/ /Крушевский Н. В. Избранные работы по языкознанию, М.1998,260.

③ Крушевский Н. В. Избранные работы по языкознанию[C].М. 1998,74.

④ Крушевский Н. В. Избранные работы по языкознанию[C].М. 1998,80.

（2）相关交替1：语音s和语音z不是同一个语音的不同变体，而是完全不同的语音。如在муха和мошка中的у和о的变化。

（3）相关交替2：语音s和语音z的交替与形态范畴f和f1交替有关。这类交替不是语音交替，而是形态的交替。如在заподозрить（f）和заподазривать（f1）中，f形式则表示一次性或者不定的行为，f1形式表达多次或持续性的行为。如果在f形式中偶然出现了语音s（о），在f1形式中出现语音z（а），那么语音s逐渐开始与f形式处于不能分离的状态，语音z与f1形式也是这种状况。其中语音s成为f形式的一部分，语音z成为f1形式的一部分。克鲁舍夫斯基将第二类和第三类统称为相关交替。其中语音s是主要相关交替项，语音z是派生相关交替项，而探究这两类语音变化的原因或者条件只能依赖于历史的研究。克鲁舍夫斯基在分析每一类语音交替的基础上，进一步指出了各类语音交替的典型特征。①

然而，虽然克鲁舍夫斯基认为语音的变化是渐进的、不断的过程。虽然，他将变化的原因归结为生理—物理性的，但他的最终目标是揭示语言学的心理学规律。他在强调语言变化物理性的同时，发现还有一些变化并不具有渐进性，属于纯心理性和机械性的。即由于类推现象和民俗词源而导致的语音变化。克鲁舍夫斯基将这些变化看作是语言的同化（ассимиляция）过程即无意识的过程，而这个过程实际上涉及了词语的各个部分（形态的）、完整的词语（词汇的）。同化的过程是制约语言形态过程的整合力量。在构词领域通过消除罕见的后缀，达到限制词语后缀的目的。在词汇领域一些独立的、来路不明的和外来的词根归类为活的词根。克鲁舍夫斯基对于心理学的热切追求在语言系统中得到了充分的体现，成为他构建语言系统观的重要依据。

克鲁舍夫斯基的语音交替理论得到了西方学者们的高度评价。雅科布逊指出："语音交替的这一章第一次在语言学论著中涉及了语音交替理论和语音交替的分类"。② 美国学者威廉姆斯认为"语音交替理论解释了在

---

① Крушевский Н. В. Избранные работы по языкознанию[C].M.1998,75-83.

② Якобсон Р. Значение Крушевского в развитии науки о языке. Избранные труды[C]. M.1985,341.

语音（第一类交替）、形态语音（第二类交替）、形态（第三类交替）条件下的语音交替。……决定交替语音相互关系的规律、规则和条件与生成语法中的表层结构和深层结构相互关系的规则和条件非常接近"。①

克鲁舍夫斯基提出了语音单位的概念，将"生理语音单位"和"语音单位"加以区分。在他看来，"生理语音单位永远是一个语音，而语音单位经常是两个语音构成，甚至是带有其他语音特征的语音。语音单位的不可分离性在语音对应和相关交替中表现得最为明显。"②他借用了索绪尔的"音位"概念，第一次将不可分离的语音单位称作音位③，他通过比较同源的形态单位，将音位与语音交替结合起来，首次将音位明确定义为可以进行比较的结构单位，形成了自己独特的音位观，对20世纪结构主义的音位观产生了重要影响。克鲁舍夫斯基非常看重"音位"的作用。按照他的观点，不接受音位就不可能科学地阐述语音和形态。

克鲁舍夫斯基的音位观在语言学界得到了充分的肯定。雅科布逊评价克鲁舍夫斯基"音位"术语时指出，"克鲁舍夫斯基的'音位'术语来自索绪尔，但赋予了这个术语崭新的意义。"④威廉姆斯甚至认为"克鲁舍夫斯基的音位术语实际上等同于现代意义上的解释。"⑤

三、语言学的研究对象、任务及其方法

克鲁舍夫斯基强调语言学的对象是语言，而语言则指词语和句子。在词语中他划分出语音单位和形态单位。他指出，"词语是或多或少含有一定意义的人类语音组合。语言学家首先研究语音或者词语的语音单位。必须研究人的言语器官如何发音的，什么原因引起它们的变化及之间的相互

---

① Байрамов Л. К. Идеи Н. В. Крушевского и их последующее развитие[С]//Крушевский Н. В. Научное наследие и современность, Казань, 2001, 59.

② Крушевский Н. В. Избранные работы по языкознанию[С].М.1998,93.

③ Крушевский Н. В. Избранные работы по языкознанию[С].М.1998,93.

④ Якобсон Р. Значение Крушевского в развитии науки о языке[С]//Крушевский Н. В. Избранные работы по языкознанию, М.1998,259.

⑤ Березин Ф. М. Крушевский и его роль в истории мирового языкознания [J]. Русский язык в школе, 2001, №6, 95.

影响，变化的性质和某种语言中语音史，在同源语言中的辐射。只有这样的研究可以揭示语言中的生理发音规律和语音规律。"① 在克鲁舍夫斯基看来，几乎每一个词语都可以直接分解为一些有意义的语音集合体，这就是词语的形态单位。他认为每一个形态单位都可以出现在若干个词语中，因此，"研究这些形态单位并且将它们归类，研究它们的历史和在同源语言中的辐射可以揭示语言的形态规律。"② "正如每一个形态单位及其组成部分一样，每一个词语都有自己的内部内容：主要的形态单位称作词根，其功能是表达一定的意义。还有一些非主要的形态单位如前缀、后缀和词尾，其功能是表达一定的关系。整个词语有一定的意义。"③ 这样一来，语言的发展实际上受到各种规律，即语音规律、形态规律及其他相互交叉和相互抵消行为的规律的制约。

语言学的任务在于研究语言发展的自然过程，即揭示语言在形式和功能方面的发展规律。语言学属于自然科学，而不是历史科学。其主要任务不是恢复语言的历史画面，而是发现语言现象的规律。因此，对于克鲁舍夫斯基而言，这些语言规律犹如自然规律，没有"任何的例外和偏差"。④ 语言发展的基本规律是"词语的世界和思维世界相符合"。即语言发展的最高境界在于符号系统和所指物之间的完全一致。"语言永远是向着这个方向努力"。⑤

克鲁舍夫斯基挑战历史比较语言学的研究方法，指出这种研究方法简单至极，且缺乏科学性。在他看来，"比较"对于语言学来说，不仅不是唯一的，也不是主要方法。他毫不客气地指出，借助于比较方法，重建原始语的语音系统，揭示不同语言的语音同源关系的做法是与语言事实背道而驰的，对语言类型学的研究是徒劳无益的。他说："在所有的这些论断中隐藏着无意识的信念，即语音只能诞生一次，是单源的。而所有的事实证明语音是多源的。我们发现同一个变化会在不同时期，不同的语言中出

---

① Крушевский Н. В. Избранные работы по языкознанию[C].M.1998,65.
② Крушевский Н. В. Избранные работы по языкознанию[C].M.1998,66.
③ Крушевский Н. В. Избранные работы по языкознанию[C].M.1998,66.
④ Крушевский Н. В. Избранные работы по языкознанию[C].M.1998,92.
⑤ Крушевский Н. В. Избранные работы по языкознанию[C].M.1998,148.

现，相互完全没有关系。语音学的任务首先是研究一种语言的语音性质、语音变化和语音消失的条件和规律及产生新的语音的条件，而不是重建原始语的语音系统。"① 他坚持研究语言应当从新语言开始，强调研究新语言对于发现语言规律的重要意义。他说："只有研究活的语言，才可以发现各种至今未知的语言规律。只有研究活的语言才可以确定个别规律之间的相互联系。"② 只有在这样的大前提下，构拟原始语和印欧语语言的独立历史才能获得更稳定的基础。克鲁舍夫斯基倡导在实践中研究语言学的方法，他说："我们不掌握任何的真理和公理。……从这个意义上说，我们的科学属于纯归纳类的。"③

四、结语

克鲁舍夫斯基作为俄罗斯喀山语言学派的主要成员之一，一方面继承和发展了博杜恩·德·库尔德内的语言思想，另一方面，他在继承的基础上形成了独具特色的语言学思想。克鲁舍夫斯基虽然没有明确提出共时和历时之分的观点，但是在他的论著中可以发现很多有关这方面的论述。"语言生活各个时期，语言状态的一致性和语言的静态规律与动态规律之间的区别等概念，表明克鲁舍夫斯基从理论上已经划分出共时和历时语言观。"④ 而他将词语作为语言学的第一研究对象，从心理学中借用了联想概念，提出的类比性联想和邻接性联想规律成为构建语言系统的理论基础。虽然博杜恩·德·库尔德内认为克鲁舍夫斯基借用了自己语音交替理论的思想，但他并不否认克鲁舍夫斯基的贡献在于"努力去发现和准确定义每一个范畴的典型特点"。⑤ 而能够做到这一点是非常难的。虽然语言学界公认的音位理论的始创者是博杜恩·德·库尔德内，但是克鲁舍夫斯基从形态单位的角度明确定义了索绪尔使用过的音位术语，促进了现代意义的音位理

---

① Крушевский Н. В. Избранные работы по языкознанию[C].M.1998,69.

② Крушевский Н. В. Избранные работы по языкознанию[C].M.1998,70.

③ Крушевский Н. В. Избранные работы по языкознанию[C].M.1998,70.

④ Кернер К. Вклад Николая Крушевского в общую лингвистическую теорию[C]//Крушевский Н. В. Избранные работы по языкознанию，M. 1998,268.

⑤ Березин Ф. М. История русского языкознания［M］.M.1979,165.

论的诞生进程。克鲁舍夫斯基对语言学研究对象、语言学的任务及其方法的阐述，充分表明他研究视角的与众不同之处。

尽管博杜恩·德·库尔德内对克鲁舍夫斯基的一些语言学术观点提出了质疑和批评，尽管他的一些语言学思想在今天看来并不成熟，然而克鲁舍夫斯基对 20 世纪语言学的影响力是不可否认的，他早在 1883 年发表的《语言学概论》一文中就提出了语言的符号性、语言的能指和所指概念[①]、语言的任意性[②]等问题。克鲁舍夫斯基对普通语言学理论的贡献和对现代语言学的影响是显而易见的，不应当沦落为语言学史上"失落的范式"。最后，我们引用俄罗斯学者别列津的话作为结束语："如果克鲁舍夫斯基活得再长一些，那么俄罗斯乃至世界语言学会向何方发展，无从知道。"[③]

---

① Крушевский Н. В. Избранные работы по языкознанию[C].M.1998,147.
② Крушевский Н. В. Избранные работы по языкознанию[C].M.1998,200.
③ Якобсон Р. Значение Крушевского в развитии науки о языке. Избранные труды[C]. M.1985, 23.

目　录

语言科学概论 ……………………………………………………… 001

论类推和民俗词源学 ……………………………………………… 107

语言科学的对象、分类及其方法 ………………………………… 117

元音规则问题：对古斯拉夫语元音系统的研究 ………………… 122

语言学札记 ………………………………………………………… 143

附录：尼古拉·克鲁舍夫斯基、他的生活及其科学著作

………………………………………… 博杜恩·德·库尔德内 / 148

语言科学概论[1]

（《喀山大学通讯和学术札记》，喀山：1883年）

Das Studium der Sprachen darf keineswegs von anderen Grundsätzen geleitet werden, als die Studien der Wissenschaften überhaupt. Warum mit dem Unbekannten statt mit dem Bekannten anfangen? Wir halten uns doch an die Vernuft, wenn wir mit dem Studium der neuren Sprachen anheben…

Leibnitz

研究语言不需要按照某些原则，但是要遵循科学原则。为什么从未知开始，而不是从已知开始？从研究新语言[2]开始比较合理。

莱布尼茨

绪 论

我非常清楚，我的这部著作比其他著作更需要有绪论这部分。不仅是因为我们重点阐述的语言现象需要有观点支撑，还因为我可以给读者讲述

---

[1] Очерк науки о языке // Изв. и учен. зап. Имп. Казан. ун-та.- Казань, 1883.- Т.XIX.- Январь-Апрель.с.148 .

[2] 译者注：克鲁舍夫斯基并没指出这段话具体出现在莱布尼茨的著作 *Brevis designation meditationem de originibus gentium, ductis potissimum ex indiciolinguarum*（Berlir1710）的哪个章节。以下克鲁舍夫斯基原著存在的部分脚注文献信息不完整的情形，通常是该文献在本文脚注中已经出现过，作者采用了省略信息的方式，或者是作者原文的文献版本信息本身不完整。

比较语法是如何产生的，它如何揭示印欧语言的历史、构拟语言的原始语的；我们虽然做了很多工作，但由于我们作为研究者还不熟悉语言生活的基本条件，不了解在语言中发挥作用的力量，甚至还因为研究基础是古代世界中已经消失的标准语，才导致最后一个任务悬而未决；最后，在我们的时代，为什么一方面我们无意去构拟已经消失的原始语，甚至怀疑这样的做法，另一方面我们又急于从其他角度研究语言，希望通过研究现代活的言语解释语言发展的基本条件。读者一定会觉得与这些现象有关的观点是正确的。但阐述这一切意味着阐述语言科学的历史，而这样的任务非我能胜任。所以，我决定只阐述最必要的观点。

长期以来，人们一直认为比较语法的任务不是研究语言，而是构拟语言的原始状态。印欧语言的原始语是什么样的，原始语音、词语、结尾、词根、后缀等又是什么样的？这就是研究者①给自己提出的问题。比较语法研究最古老的印欧语言在语音、结构和词汇方面的相似之处，研究这些语言的共同特点，描述这些语言的共同原始语。研究者们推崇比较法，而且他们认为亘古未变的真理就是：在语言 a、b、c……中一切相似的东西都是第一性的，并且源于共同的原始语言 A。一切没有相似性的东西都是第二性的，是后来在个别语言的基础上产生的。比如，语音 p 是梵语 pitar，希腊语 πατερ，拉丁语的 pater 的基础，是第一性的，是所有语言的原始语——印欧原始语。俄语中的 выдра 是梵语 udra 的同源词，这一事实证明两种语言继承了原始语中表示动物的名称。同样，词根 yam 也是这样。比如梵语中的 yámati，还有通过不同语音学行为获得的俄语词 взять。俄语中的 ota 与梵语中的 atā 都是来自于原始后缀的例子。试比较: kranatā-чернота. 当然，我们在之前提到词语中的语音 t，d，r 也是继承而来。

我们的目的并不是批评其他语言学者，以此证明自己的观点。在我们看来，语言学在构拟原始语时有意识或者无意识坚持的公理是伪公理。因此，在我们看来，以此为基础的简单比较方法也是不够的。如果我们将这种方法用于研究语言现象，我们熟悉这些语言现象的历史，那么我们则认为通过这种方法得出的结果并不都具备可信度。我们从语音开始。意大利

---

① 请参阅 Ascoli, Corsi di glottologia, 5.

语 pesce 及同源德语词 Fisch 都有语音 s。但假如我们就此认为两种语言都从原始语中继承了这个语音，那恰恰是违背事实的。因为正如我们所知，意大利语 pesce 源于 piscem，而德语 Fisch 源于 fiska，也就是在两种情形下语音 s 的源头是第一性组合 sk。我们举一个形态学的例子。我们发现，在莫斯科复数第二格结尾 ов 成为越来越多名词的复数第二格形式，人们开始使用 местов, делов。同样的情形出现在华沙。人们使用 rabów, okbów 代替了 ryb, okien。我们想象一种可能出现的情况，在俄语和波兰语中上述结尾形式代替了其他复数第二格的结尾形式。我们是否能够做出结论：在某种语言，也就是俄语和波兰语的起源语言中，这个结尾形式是唯一的形式，而且两种语言都继承了这种形式？关于整个词语问题，比如俄语的 выдра 和梵语的 udra，我们有充分权利做出结论：这个词语曾经在这两种语言的原始语中已经存在。但是我们却没有权利根据这种方法做出相反的结论。假如来源于鞑靼语的词 лошадь 彻底取代了俄语中的 конь，那么我们可以肯定地认为，后者并不属于斯拉夫语语系。

这样一来，我们发现，上述方法很容易使我们犯错，因为我们完全不了解语音、形态单位和词语产生和消失的条件。换言之，简单的经验性比较法还不够，我们必须借助于已经彻底确定的语音学和形态学规律进行演绎。

当词语恢复到原始形态时，某些语音的一致性将不断重现。存在两类一致性：

1）在一种语言中发现的一致性。比如，除了含有语音 k 的俄语词语，我们还发现了含有语音 ч 的同源词语。比如，теку-течение。

2）在两种或者几种同源语言的同源词语中存在的一致性。比如，在俄语 д 的位置，在希腊语中是 θ，在梵语中是 dh，试比较 дым-θυμος-dhūma。这样的一致性就是语音规律，可以表述为：俄语的 k 过渡到 ч。俄语的 д 对应着希腊语的 θ，梵语的 dh。或者印欧语[①]的 dh 发展为俄语的 д，希腊语的 θ，梵语的 dh。但在所有类似规律中还会有很多例外情形。

---

① 在类似情形下哪个语音被认为是印欧语言的语音，取决于语言对印欧语音系统的认识。还应补充一点，与任意性的参与有关。

我们又将如何解释？

语言学对于这个问题的第一个回答就是语音规律没有绝对效力。因为：

1）原始语音并不总是发展成为同一个语音。比如，原始的 dh 在俄语中是 б。比如，бepy 源于词根 bhar，但有时也是 м。比如，结尾 ми 与原始的 bhis① 对应。

2）可以不按照语音规律，而是按照其他词语的样式构成词语。比如，Σωκρατην 就是按照第一变格法的第四格构建的。根据语音规律只能是 Σωκρατη。这样的形式被称为新形式或者虚假类推。

显然，这样的答案远不能得到认可。我们可以同意同一个原始语音可以促使两个不同语音的出现，但前提是在不同条件下。比如，原始的 t 在德语中是 d。试比较：德语的 Bruder 在梵语中是 bhrâtar。如果在像 Vater Mutter 这样的词语中可以见到 t，那么正如维尔纳（Verner）所说的那样，这与这些词语的第一重音不同有关。试比较：梵语的 pitár-，matár-。但同一个语音在同样条件下可以发展为不同语音的观点使得科学变得不严谨，导致严谨性研究的缺失。

同样，类推式构词观点也是不正确的。它们被视为是某种对语言有害的非正常情形。而且，在每一种语言中这些"非正常"情形要多于正常情形。

研究新语言的学者们越来越认同类推式构词，承认它们是语言中与物质力量共存的不同心理力量实施功能的结果。但是，这些心理和物质力量的相互关系及两者各自所在的领域至今都是研究的空白点。

---

① 葆朴认为原始 v 过渡到拉丁语的 m，k，r，l。

语言学者们在论述语音规律,越来越赞同这些规律没有①例外的说法。但严格使用语音规律的必然结果就是语言学者不仅不再解释他们之前解释过的那些形式,甚至不再相信构拟原始词根、后缀和词语的可能性。我们根据德尔布吕克②的著作可以确认,在如此重要的语言学问题上质疑的声音已经非常多。按照他的观点,在语法中呈现的词根没有任何科学意义。这些词根只有实践意义,而且是暂时的,因为随着科学③的进步,它们的形式也会发生变化。同样,他不认为个别语言中存在词干。在他看来,只有在印欧语言中才有词干的存在,而且只是存在于结尾④出现前的时期。他认为格的形式构成问题还很模糊,他放弃了评判这些形式的起源⑤。在解释动词形式时他发现唯一挽救的方式就是解释现有的形式,而且是基本形式(?)⑥。不足为奇,在类似观点存在的情形下,德尔布吕克没有认

---

① 莱辛教授的 *Die Declination im Slavisch-Li-tauischen und Germanischen*, Leipzig 1876, XXVIII, I。通常学者们认为,正是在这部著作中第一次涉及语音规律无例外的规律。我在研究中以一个原则为基础,即任何时候格的现代表示法都不是语音规律的例外现象,因为在其他情形下这个规律没有被违反。为了解释我的思想,我想再补充一点:如果例外是指由于某些显而易见的原因没有发生期待的变化(比如,在德语中 st 的语音组合中没有变化,其中一个规则排斥另外一个规则,那么,当然就不会有人反对语音规律无例外,因为规律的行为并没有因此而消失,而是在没有某些障碍,其他规律影响的地方给出了可期的效果。但如果可能有任何偶然的、相互不关联的偏离现象,那么,这将意味着科学认识还不了解研究对象——语言。)

② B.Delbrück, *Einleitung in das Sprachstudium*, Leipzig, 1880.

③ 而且,如果构建个别语言的词根,即使这样的词根没有任何科学价值,但能够起到辅助结构的作用。无论是 φερ, φορ, φαρ,还是 φρ,这些都是约定俗成的。(请参阅:德尔布吕克,《语言研究概论》, СПб,1904,第 92—93 页)

④ 最后,我必须强调一个事实,在个别语言中现实的词干问题与现实的词根问题是一样的。词干存在于普通原始语中,用于发展格形式。如果我们忽略这一点,构建希腊语、拉丁语等词干,那也只是从实践角度考虑而已。(《德尔布吕克文集》,第 106 页)

⑤ 这里的一切都很模糊,令人质疑,我多次思考过这个问题,只能得出一个结论,必须做出解释。(《德尔布吕克文集》,第 107 页)

⑥ 在只有黏着原则能够得到挽救的情形下,我不得不提出一个问题,是不是最好放弃语言学领域的形而上学,只了解,也就是确定印欧日耳曼语言学任务,发现主要形式,解释个别语言中的形式。(《德尔布吕克文集》,第 116 页)

为构拟原始语①形式具有任何现实意义。

同时，他以质疑和冷静的态度看待那些以构拟消失的原始语为目的的著作，一边开始吸引语言学者关注一般性问题、关注那些与语言及其发展等相关问题。保罗②教授专门研究了这些问题。

当借助于类推对形式进行解释还没有得到普及的情形下，我最尊敬的导师博杜恩·德·库尔德内已经意识到这个原则的重要性，他已经开始使用类推解释波兰语中的变格问题③。博杜恩·德·库尔德内研究词语本身，并没有区分虚拟的词干和结尾。他以历史为出发点，只承认目前语言状态下那些可以被视为是形态单位的语音综合体。总之，研究词语本身，尽可能严谨地使用语音规律、承认类推是构建词语的特殊和重要因素。我认为这一点很重要。最后，活的语言优于死亡语言。所有这一切既是博杜恩·德·库尔德内坚持的语言科学原则，也是他给在喀山的同学及追随者讲座和讲课时始终坚持的原则。因此，在远离西方科学中心，在最东部的一所俄罗斯高校，与西方较为普及的被称为"新语法"④学派接近的一个学派诞生。

我坚信，在博杜恩·德·库尔德内教授的指导下，语言现象领域与其他领域一样，从属于某些具有普遍意义的规律。我开始研究活语言，希望有一天弄清楚这些规律。随着时间的推移，我逐渐发现了一些与语言相关的观点，甚至是某种语言理论，但我又担心招来不谦虚的指责。我希望用几年的努力研究这个问题。我本想在著作中详细阐述基本观点，然后再发表。各种原因促使我提前出版了这部专著，早于我的预期。我不得不承认，一个不完整的概括性文本取代了之前设想的完整详细著作。读者无法看到大量与主要思想相关的事实。我必须将重点放在最主要的东西上。我认为

---

① 被恢复的形式并没有给我们的认识带来新材料，只是突出了已经被确定的现象。因此，这些形式对于语言学的意义就如同统计学的曲线或者类似的形象手段。所以，它们是很有益的形象手段，不应当被忽视。

② H.Paul, *Principien der Sprachgeschichte*, Halle, 1880.

③ Einige Fälle der Wirkung der Analogie in der polnischen Declination//A.Kuhn's Beiträge zur vergleichenden Sprachforschung, VI, 1870.

④ 我应当强调一点，因各种原因，长期以来，我们并不了解西方语言学的最重要流派。

这部专著只是概论，我希望在未来能呈现出更完善的版本。

因为之前提到的保罗著作只是研究一般的语言问题，我尝试用几句话阐述一下我的概论与保罗著作之间的关系。我认为，我在这部专著中解释语音的自发变化是最大亮点，也是我致力于解决的问题。我只需要借用保罗的假想，但比保罗在《语言史原理》中阐述得要详细。但是，在语音规律的性质、在发现语音规律的问题上，我与保罗[①]教授是有分歧的。我在1881年出版的小册子《论语音转换》(《Ueber die Lautabbechslung》)阐述过这个问题，在这里只略作修改。我的听众们非常清楚，早在了解保罗的《语言史原理》之前我就在课堂上阐述了保罗的主要思想之一（他称之为'organismen von vorstellungsgruppen'），也就是形态学问题。至于其他方面，我不认为我得出了有悖于保罗所作的结论。但这些结论还是不一样的。尽管我们的出发点很相近，但我们研究的角度不同。因为在保罗的著作中读者能够看到很多在我的著作中没有的内容。反之亦然。比如，保罗没有涉及语言元素的形成问题。我认为这个问题很重要，我尽可能解释这个问题。我还没确定是否在这部著作中阐述关于方言问题（在《语言学史原理》中有专门一章）。

如果读者善于概括，而且也清楚并不是每一个人都很幸运地有时间和精力去长期和不断地研究细节，那么我希望这样的读者能够宽恕我书中的诸多不足。

一、最简单的言语分析、言语的不同元素和特点

1.如果我们说："语言学揭示语言发展规律"，那么这将是一个句子，言语的单位。但因为我们感官可以触及的词语和句子只是感官无法直接触及的思想替代物，那么我们看一下，我们所说的句子指什么。首先，这个句子不是表达一个思想，而是一系列思想。接着，这一系列思想也是不确定和变化的：就像我在不同时间阐释这些思想一样，我的理解与读者的理解也不同。所以，我们所指的句子不是代表一个思想，而是系列思想。句

---

① B.A 博格洛基茨基的一本小册子《俄语中没有重音的元音》有助于我了解什么是语音规律。

子是系列思想的总结，并且只是概括性的总结，因为系列思想并不是一成不变的，而是摇摆不定的。读者可以想象一个点，在这个点下面是一系列类似的点。他在思想上用几条线将这一系列的点与上面的点连起来，他将得到句子与其心理内容相关的图示：上面的点（句子）是与系列不确定数量的对象，而不是一个对象相对应。因此，我们的言语单位——句子是系列的，而不是一个对象的替代物。而且，只是近似的替代物，因为系列思想本身是不确定的。

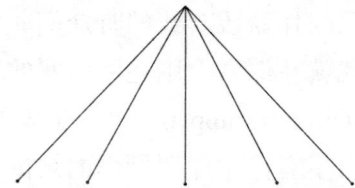

我们继续分析。词语将是句子的单位。我们以"закон"为例。因为相对于句子而言，词语是相对简单的单位。我们可以更清晰地看到词语不是一个思想，而是系列思想的替代物。构成系列思想的数量和性质都不确定。因此，我和读者通过这个词语理解的一系列思想只是很相近，但却不等同。词语是结果，并且是近似的结果。所以，图示的句子和心理内容之间的关系完全适用于词语"规律"与其心理内容之间的关系。除此之外，这个词语具有几个意义（закон гражданский, закон-религия），能够引起各种思想。因此可以将我们的图示改变如下：

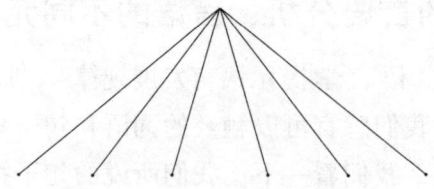

词语可以继续分解：形态元素是它的单位。我们以词语"законов"的 ов 为例。只有两个语音构成的这部分是否具有心理内容？确实，它没有独立意义，本身并不独立使用。但是，如果与其他形态单位，比如词干进行组合，词干因这个形态单位而获得某种意义，将其变成第二格，就像在格的句法中看到的那样，表示不同的关系。这个单位具有某种心理内容，而且这一内容很复杂，相对于词语的内容而言更不确定。

词语的形态单位还不是言语的最小单位，我们还可以继续划分为语音。我们在分析这些语音时，需要忽略心理层面，重视生理层面。在语言中语音不单独出现，没有任何永久性意义和任何心理内容[①]。在单独发音时，我们耳朵捕捉到了不可分离的东西，获得了声学印象。但是在生理学方面语音同样具有我们在其他语言单位中看到的复杂性和不确定性。我们分析一下在之前句子中出现的任何一个语音。比如，语音 k。为了发这个音双唇需要张开，小舌抬起，将口腔与鼻腔隔开。舌的后部上抬，顶住上软腭。最后，从肺部的气流打开舌根部—颚部的通道。这就是为了发出这个语音需要完成的生理行为。所以，在声学上不可分的语音在生理上很复杂，是一系列各种各样，但又是协调一致的行为。显然，我们的语音还是某种变化的、摇摆不定的现象（从声学，更可能从生理学角度而言）。每一个行为都有自己的领域。在一定范围内变化。双唇可张大或者张小。小舌或者可以完全隔离口腔，或者不完全隔离。舌部和颚部对接点的数量不确定。

因此，通过简单分析言语可以发现，言语其实很复杂：它由句子组成。句子由词语组成，词语由形态单位构成。而形态单位由语音构成，而语音是由各种生理行为构成。除了语言单位的复杂性之外，我们通过分析还发现了语言单位的另一个特点：不确定性。这两个事实具有重要意义：由类似单位构成的整体是不稳定的，可以变化的。可以通过语言元素的性质解释语言的发展。

二、语音及语音规律

2. 在第一部分中我们从生理方面论证了语音的复杂性和不确定性，从声学方面论证了语音的不可分离性。我们将语音视为印象，但这不意味着

[①] 我们可以忽略伴随任何一个语音的行为感觉。显然，行为感觉使得被我们称为语音的元素变得更为复杂。一组肌肉感觉伴随着语音，这样的事实与我们认为语音失去任何心理意义的论断并不矛盾。如果"деятель"的意义被视为是语音组合 итель 的内容或者功能，或者某个动物的意义——语音组合 волк 的内容或者功能，那么行为感觉就不能被视为语音的内容或者功能。语音不是一组肌肉感觉的符号，итель 和 волк 是相关内容的符号。这组肌肉感觉正是人类的语音必要组成部分之一。

我们无法区分其中的不同特点。这只能说明这些特点并不独立存在。比如,我们能够在语音 д 中区分出这个语音是前舌音、爆破音、浊辅音。

每一个特点都与组成语音 д 发音①的某个生理行为相关。

但我们知道,每一个生理行为在某个范围内是变化的,也就是可以不断变化:可能舌部和颚部的很多点都可以构成 д。可能舌部和颚部在某点对接的力度,舌部离开腭部的力度都不同,声带振动的力度也不同。如果我们想象一下,除了发音元素具有多样性之外,还存在由这些元素构成的各种各样组合,那么我们可以得出结论。该语音可能有无数个发音。

那么有哪些声学结果呢?

因为我们感官的感受力是有限的,显然我们并不是将该语音的任何两个发音都视为是这个语音的两种类别。实际上,我们的听觉可以辨别一个语音的两个、三个、四个发音形式,但不会再多。换言之,诸多发音的变化伴随着语音的细微变化。

3. 在同样条件下我们是否永远发出同一个语音,比如 д ?

如果我们用耳朵验证一下,就能得到确定的答案。但这样我们只能评估语音 д 在同样条件下在声学上近似一致。在生理层面上是否一致?在当前科学状态下我们无法提出有力的证明。但是,某些证据佐证了我们的预测:在同样条件下在生理层面上也是近似一致。

虽然我们已经强调了语音的复杂性,但还有很大的研究空间。我们理解的语音复杂性是指在生理上语音由言语器官系列行为构成,同时伴随着某种声学效果。但个别的生理行为还伴随着我们记忆保留下无意识的肌肉感觉②。如果我们只是思考话语的内容,不发出声音,甚至完全不调动我们的言语器官,这些肌肉感觉也很容易被观察到。这时我们在能够发出相关语音的器官中发现某种需要借助动作完成的意图。我们在借助于手指进

---

① 为了简便,我们将用于发出该语音而必需的一组生理行为称为发音。

② 请参阅 А. Бэнъ. Психология. С.-Пвтербургъ. 1881. стр. 101, 104.(请参阅 Dr.H. Steinthal, *Abriss der Sprachwissenschaft*, Berlin, 1881,47.)我们在施坦达尔的引言中发现,用言语思维时肌肉具有弱感,这一点赫尔巴特已经强调过。最近著名维也纳病理学家 Dr.S.Stricker 专门研究了言语的肌肉感觉,请参阅 *Studien Uber die Sprachvorstellungen*, Wien, 1880.

行交际的聋哑人身上可以看到他在睡觉和静思①时的动作。由此可见，聋哑人在借助于语言思考时感受到了手指的肌肉行为。

　　正是因为这种肌肉感觉的存在，我们发音，完成发音必需的行为，这几乎与我们之前所做的一样。我们记得这些行为。如果我们注意到我们的动作，那么很容易发现所有经常重复的那些动作，在重复时几乎是一致的。我们机体的这个特点对于语音很有用：这一特点有利于语音的自我保护，尽可能节省力量。

　　如果该语音有若干种类型，那么我们可以随意发出其中的一个。或者如果该语音所有发音用一个单位表示，那么我们本身能够发出的这个语音的发音可以用较大或较小的分式表示。这就是我们保持一份自信的原因。

　　4. 如果我们认为个体语音在同样条件下，无论在声学层面，还是生理层面都是一样的或者几乎一样，那么我们不要认为该方言②中所有个体的语音是一致的或者几乎一致是不可能的。我们需要注意以下两种情形。

　　1）语音的发音在某种程度上是通过声学印象获得的：我们无意识地复制从周围人③言语中听到的语音。如果我们进入到不同于我们方言的说话环境中，随着时间的推移，我们将可能毫无意识地，甚至完全不知地习得发音细节。

　　2）我们的所有习惯，包括某种发音习惯，作为机体的一部分，与机体的结构特点一样具有遗传性。除了遗传静态的机体特点之外，还有遗传动态的机体特点。因此，可以认为来自同一地的个体一定有同样的发音习惯。比如，尽管出现了混血情形，但犹太语言中发音不清晰的 r 常常在犹太裔的几代人中都能听到。众所周知，首先在最难以捕捉的手指动作上的手写字体都可以遗传。

　　以上述观点为基础，我提出下列规律：该方言和该时代下的所有个体

---

　　① 请参阅 Steinthal, *Abriss der Sprachwissenschaft*, Berlin, 1881, 52.

　　② 显而易见，在他人语音中的偏离现象是个人言语的缺陷所致，对于语言而言没有意义。

　　③ 请参阅 Paul, Principien, 51.

的任何语音在同样条件下在声学上和生理上都近乎一致。

这就是语音的静态规律。

5. 如果说为了求证语音在同样条件下，该方言的所有个体语音具有一致性，我们还需要做出努力的话，那么下列观点已经不需要证明就显而易见了：

1）该方言的整个语音系统永远是近乎一致的。

2）该方言和该时代①所有个体的语音系统是近乎一致的。

换言之：

在该个体的言语中不可能这次出现这些语音，下次出现另一些语音。

在该个体的言语中不可能有该方言和该时代其他个体言语中不存在的语音。

除此之外，在每一种语言中语音系统具有和谐性。比如，在德语中不止一个清辅音 k 是送气音，还有一系列爆破清辅音 k，t，p。波兰语的元音系统表现为消极的唇部行为等，俄语元音系统唇部行为相对积极。我无法在这里研究语音系统的和谐性体现在哪里。我只好让读者去看 Eduard Sievers② 的著作。但我可以在这里研究语音系统的和谐性是否像 Eduard Sievers 所思考的那样，与该民族言语器官的中性位置特点有关，还是有其他原因。

因此，语音系统的一致性和和谐性就是语音系统的静态规律。

6. 至今为止，我们一直都在论述个别语音。但语音只能出现在组合中。在两种不同组合中，同一个语音任何时候都不会是一样的发音。但在很多组合中，该语音与被称为标准的语音之间区别很小，甚至可以视为零。比如，组合 ta，to 中的语音 t 就是这样。所以，我们之前阐述的观点可能只针对类似的情形才有意义。

---

① 个性化的偏离对于语言并没有意义，不能被视为例外。

② Eduard Sievers, *Grundzüge der Phonetik.Leipzig*, 1881,3,83.（请参阅 Paul, Principien, 49.）

现在我们研究一下语音组合。

从生理层面分析，词语就是各种不同的发音机制反射群。可以将词语比作任何系列的反射①，比如，走路、穿衣服等。词语和这样系列反射之间的根本区别：系列反射行为，而且常常是其中的一个元素有目的性。但词语本身并没有目的性，只是符号，思想的替代物。这样系列—符号中的元素，比如语音，任何时候都不可能独立存在②。思想与语音组合的结合并不是不可或缺的：聋哑人是借助于手势表达思想的，而在汉语中思想是借助书写符号表现的③。最后，在不同语言中同一种思想可以通过不同的语音组合表达出来。词语因联想规律而获得意义。

我们已经提前预测到区分词语与其他系列反射行为的结果：符号系列的变化将比非符号系列的变化幅度大，因为非符号系列的过度变化将导致与本有的功能脱节，变得不适用。实际上，我们只能在一定程度上简化用于完成某些动作必须的行为：过于消极的动作导致我们无法达到预期的效果。比如，如果我们很消极地拿起一个物体，那么这个物体一定会从手中脱落。符号系列的词语则可以无限制变化和简化，因为只有逐渐变化，才可以赋予词语意义连续不断的联想。所有符号，文字、数字、手势等，都要变化，但却是逐渐蜕变和简化。只有少量的词语类，其中与语音组合的联系更必要、更直接，符号性则略逊一筹。这是拟声词。但我们发现了什么？在同等条件下这些词语与其他词语都没有出现不停变化的状态。比如，德语的 kuchkuck（试比较梵语的 kuku-bha фазан，κοκουξ-кукушка）保留了原有的语音 k，但是在非拟声词原始 k 在德语中变成了其他语音。

7. 在构成词语的每一系列反射行为中我们总是能够发现上述变化的萌芽。

正是因为邻接性联想规律的存在，在任何系列反射行为中之前的元素

---

① 请参 А. Бэнъ. Психология, 97.
② 请参阅 А. Бэнъ. Психология, 12.
③ 请参阅 Steinthal, Abriss, 53.

决定之后元素的存在①，各种发音器官完成这一系列之前的元素时已经做好了完成下一个元素的准备。这些用于第二个元素的准备性行为一定对后面的语音产生影响。前一个语音行为常常因此而变化，进而产生声学效果②。

发音器官为发颚化元音而进行的准备工作就是很好的例证。我们比较一下组合 ta，ti。

组合 ta。

第一个元素：t　　　　　　　　　　　　　第二个元素：a

口腔的开口度达到能够发出 a 的程度		保持张开的状态
小舌抬起		保持抬起的状态
舌尖部紧贴牙槽		
舌尖展开	气流从肺部释放出来	气流持续
舌尖回到发 a 的位置		保持在这个位置
^		声带颤动

组合 ti。

第一个元素：t　　　　　　　　　　　　　第二个元素：i

口腔打开到能够发出 t 的程度		保持张开的状态
小舌抬起		保持抬起的状态
舌尖靠近牙槽	舌中部靠近颚部	留在颚部
舌尖离开	气流从肺部释放	气流持续
舌尖回到发 i 的位置		继续留在这个位置
^		声带颤动

---

① 请参阅 A. Бэнъ. Психология, 108.

② 请参阅 J.Winteler. *Die Kerenzer Mundart des Kantons Glarus*. Leipzig u. Heidelberg, 1876, 131.

在这两个表格中我们发现第二个语音行为已经借入到第一个语音中。在第二个组合中我们指俄语组合 ти, те——这种借入行为伴随着明显的声学效果,辅音的软化或者颚化。我们可以在所有带颚化元音(i,e)的俄语辅音前舌音①、后舌音及少量的唇音组合中看到这种特征。

显然,一个语音借入到另一个语音行为的结果是不一样的。这个结果可以伴随着声学效果,或者没有这样的声学效果。但因为借入行为本身不可避免,那么我们可以确认规律是存在的,即:只有语音 z_1 可以与语音 x 组合,语音 z 完全不可能与语音 x 组合。

我们之前说过机体在无意识追求省力原则。在系列反射行为中这种现象与某些懈怠、急于省略某些行为有关。符号的系列反射行为变化大于非符号系列反射行为的变化。

我们看一下类似于 ak,ik 这样的组合。

组合 ak

第一个元素:a 第二个元素:k

口腔张开,能够发出语音 a	保持张开状态
舌部略向后移	舌根部贴颚部,构成 k

组合 ik

第一个元素:i 第二个元素:k

口腔张开,能够发出 i 音	保持张开状态
舌部(用舌背)靠近颚部	保持接近的状态
	靠近舌根部的那部分贴近靠近颚的前端部分,构成 k

系列简化行为主要体现在发 i 音时,舌部并没有处于不动的状态,而是直接摆脱发 i 时必要的状态,进入构成 k 的状态。因此,在这个组合中

---

① 不包括 ц,ч,ш,ж。

k 比在组合 ak 的位置要近一些。所以，我们发现了一个语音借入到另一个语音的情形，第一个语音借入到第二个语音的行为。在俄语组合 и к 中所分析的生理现象并没有耳朵能够感受到的明显声学效果：我们在词语 лак 和 лик 中发出的 k 音几乎是一样的。但在德语中两者的区别明显：Ich-Laut 和 Ach-Laut。

显然，我们列举的模式：只有语音 z_1 可以与语音 x 组合，但语音 z 却完全无法组合，与我们分析的情形有关。这将是语音组合静态规律的模式。

正如语音系统具有一致性一样，语音组合也有一致性：就像在该语言中不可能存在所有语音，而只存在部分固定语音一样，也不可能存在所有语音组合，只有部分固定的语音组合。在俄语中 к，г，х 不可能与 ы 组合。在波兰语中 r 不可能与 i 组合，在古斯拉夫语中 к，г，х 不能与 е，и 组合。在法语中 k 不能与 n 组合①。试比较：canapsa-Knappsack（кожаный мешок），canif-cnifr（ножик），kuenipe-荷兰语的 cníppe（неряха, потаскушка），lansquenet-landaknecht（15—16 世纪德国步兵的名称）。因为在语言中没有这些语音，也就是该民族的发音习惯是这样的，所以就不可能有这些组合。

我不认为下列观点是错误的。有一些组合是生理层面必须的。在颚化元音之前的辅音应发颚化音，但是并不伴随着明显的颚化特征。比如，法语中的组合 k'e（que），我们用一个符号标出没有明显颚化声学特征的颚化音。有一些组合是历史上必须的。古斯拉夫语组合 yɛ。这种组合必须存在，因为所有组合 ke 逐渐变为 yɛ。我将俄语中 k''e（kn, ke）这样的组合称为生理学历史层面必要的组合：在颚化元音之前的辅音中必须有颚化成分，但现在俄语组合中的颚化辅音的数量随着时间会不断增加。

8. 在放弃语音组合之前，必须阐述一下分析过的相邻语音相互同化的本质和意义。

正如我们所说，从生理学角度分析词语是系列生理行为。我们发现，

---

① 或许，目前是不可能实现的。至少我们还不知道，Cnef, cnémide-κνημις, cnidose-κνιδωσις 等词语在人们的口语中如何发音。

一个系列的个别行为与另一个系列的行为结合在一起。所以，我们有权利认为，在语音组合时发生了生理行为组合的再整合。如果我们把词语视为系列语音，而且每个语音都有不同特征，那么我们认为，在语音组合时发生了语音声学性质的再整合。

最后，我们认为，再整合的过程是语言发展中最著名的过程。我们不仅在最简单的语言现象中，还可以在最复杂的语言现象中看到这个过程。

我们不能将语音组合视为是机械性对比独立语音的某些特点。我们所说的语音组合，不仅是指声学方面，而且还有生理学方面，语音相互同化。这种同化就是胶合剂，将若干个语音黏合为完整组合[①]。

如果我们知道，该语言语音系统由哪些语音组成，每一个语音的生理学和声学特点是什么，该语言中有哪些组合，那么我们几乎穷尽了所有与语音有关的问题：我们只需要去研究这些语音和组合的起源和历史。

我们想说，语音和语音系统的一致性，甚至语音组合的一致性，是该语言中每一个词语从属的唯一规律，没有例外。我们没有看到任何其他语音规律。

为了更清晰一些，我们再强调一下在这一部分阐述的重要内容。

尽管人类语音的发音行为可能有很大的变化，而语音本身的变化则不会很大。我们发出同一个语音时，不仅在声学上，而且在生理学上几乎都是一样的。如果有助于我们记住语音发音的肌肉感觉没有伴随生理行为，这是完全不可能出现的。部分是因为无意识的模仿，部分是遗传了某些发音的习惯，语音无论在声学，还是在生理学上该方言和时代的所有个体都几乎一致。显然，不论在一个个体的言语中，还是在整个方言中，在该时代可能存在一致的语音，而非不同的语音。在该语音系统中（个体和方言）呈现出某种和谐性。词语就是系列反射行为。作为符号系列，词语变化比其他系列具有目的性的反射行为的变化要大得多。变化的基础就是语音组合中的相互同化。这种同化行为或是由联想规律所致，其中系列中的前一个元素决定后面的元素存在；或者因发音器官的惰性所致。发音器官跳过中间位置，直接从前一个语音所在的位置转向构成下一个语音的位置。在

[①] 请参阅 Paul, Principien, 43. 词语不能分解为独立的语音元素。

两种情形下，机体都是在节约行为和时间。在两种情形下由于非平行分配发音及相对应的元素，发生了生理行为（发音）群重新组合，逐渐导致语音声学特点的再组合。上述同化行为成为语音组合的黏合剂。只有语音、语音系统和语音组合的一致性才能被视为是对该时代语言必要的语音学规律。

三、语音和语音组合的历史

9. 历史证据及在每一种拥有文字的语言中以不同程度表现出书写和发音之间的区别都为我们证实了语音在时间内的变化。我们在一个时代接触到了一部分语音，在另一个时代则是另一部分语音：罗马人在发 J 音时，那里的意大利人发 dz（jam-, giá）。在某些情形下，罗马人发 i, u 音，意大利人发 e, o（piscem, dulcis-pesce, dolce）。

我们尝试在我们已经了解的语音基础上解释一下语音在时间内的变化。

我们已经找到，每一个语音的发音都在某个范围内变化，语音具有一定的区域。我们还准确地了解到，与我们说同一种方言，处于同一时代的人的语音域是一致的。但我们继续从纵向，而不是从横向角度论述连续几代人的某个语音域是什么样的。显然，它的语音域应大于这个语音在某个时代具有的语音域，现在我们必须确定，语音在这个域内[①]是如何运动的。

我们以语音 k' 为例。

我们想象一下语音域是一条直线，在这条线的尾端语音 k' 具有很弱的颚化音特征 "k'_1"，而在另一端是最微弱的颚音特征（k'_n），中间点（$k'_2, k'_3, k'_4, ...$）将表示 k'_1 和 k'_n 发音之间的过渡性发音。

$k'_1, k'_2, k'_3, k'_4, k'_5, k'_6, k'_7, k'_n$

我们想象一下，如果我们在发 k' 音时，完成 k'_2 的发音。那么下一次这个语音的发音是什么样的？我们的每一个发音行为都是与之前完成类似发音的无意识记忆有关。所以，我们可以完成 k'_2 的发音。但我们的记忆只

---

① 请参阅 Paul, Principien, 47. 及第三章。

是大致正确地保存了之前的发音画面。我们的发音器官只是大致完成了之前我们强迫它们完成的行为。因此，下一次我们的发音不是 k'_2，而是某个相邻的发音，k'_1 或者 k'_3，假设我们完成了发音 k'_3，那么第三次我们将完成什么样的发音呢？我们固有的无意识记忆语音 k' 发音的能力应回忆 k' 所有发音的复杂过程。但并不是我们的所有发音都一样留在了记忆里：后期的发音更凸显，因为它们已经被完整地保留在记忆里。所以，k'_3 发音完成之后，完成 k'_4 发音的机会就要比 k'_1 发音的机会大得多。

由此可见，在语音 k' 的历史中可能有两种情形：它的发音可能不会超越我们设定的小范围线内，k'_1—k'_3，或者超越这些范围。如果不考虑这些界限，发音将经常变化，将按照上面所说的线路按照一定方向移动①。随着发音位置的缓慢移动，语音本身也会发生变化：颚化特征增强。移动的结果就是 k' 过渡到相邻语音 t' 域，也就是语音 t' 发音开始取代语音 k' 发音。

这样的变化被称为自发性变化。与我们在上面分析的语音一样，所有语音都会发生变化。也就是它们的发音在一段时间内可能不会超越语音域。但如果发音超越语音域，语音开始逐渐发生变化。我们以语音形成的位置移动为例。但不能忘记，我们所说的语音域是某种复杂的东西。语音变化可能不仅仅是语音形成位置变化。比如，可能爆破辅音力度的逐渐变化（k—k'—kx—x），也可能导致语音变化。显然，我们本身无法成为任何语音自发变化的见证者：与语音的生命相比较，我们的生命过于短暂。因此，只有语言史可以给我们提供变化的例子。但历史的事实极度缺乏：文字只给我们提供了最有特点和我们听觉能够接纳的最清晰的，该语音经历的各个阶段。

我们还没有能力在我们能够接触到的语言中发现自发性变化。而且毫无疑问，这些自发性变化是通过无数细小的发音变化，按照之前呈现的线路，通过无数的发音变化，或者偏离主线的形式表现的。

---

① 请参阅 Charles Darwin, *Uber die Entstehung der Artten*, Ubersetzt von Dr.H.G.Bronn. Stuttgart, 1863, 17：" 显而易见，开始变化的组织通常或在很多代人中继续变化 "。

10. 是否任何语音变化都具有阶段性和连续性，就像我们在第9个小节中看到的那样？

首先，必须指出语音变化的问题属于研究的薄弱点。Eduard Sievers 在著作中的语音学部分详细分析了生理语音学，但只在第十一部分论述了语音变化。还有两个部分阐述了这个问题，但在我们看来，这些并不是这部主要著作的重点部分。因此，读者不应当对下面观点的片面性和简单性而感到惊奇。

在某些情形下很难断定语音变化的渐进性。如果我们将 pluralis 说成 singularis，或者将 colophonia① 说成 канифоль，我们当然不能说这是 l 渐变为 r 或者 n。让一个儿童或者一个普通人发出组合 partra 的音，他最有可能说 paltra 或者 partla。即使发音的人有意识地这样做，都不可能获得类似的组合发音形式。我们再举几个类似的例子：普通人常说 секлетарь, канцералия, 波兰语 cyrulik-chirurgus，法语的 rossignol，拉丁语的 lusciniola，波兰语 pchla 代替词源的 plcha。试比较 блъха。塞尔维亚语的 свак, тко 代替了 всак, кто 等。在所有类似情形下不便于发音的语音组合发生变化或者被更便于发音的语音组合取代。所以，"语音变化"这样的表述不合适。或许，用代替、替换、取代语音或者准确地说语音组合更正确。

11. 如果上述情形属于我们的发音器官并不总是能够完成，但又是我们希望它们完成的形式，那么我希望指出的情形则是因错误理解所致。

我们同意保罗②的观点，因偶然情况而出现的听错情形对于语言史而言不会产生任何持久性的影响。实际上，如果我们没有听清楚当着我们面说出的模糊话语时，那么在接受过程中我们已经在思考中，在形成的词语形象基础上对没听清楚的话语进行无意识地修正。接着，我们可以弄清楚含有不清晰发音词语的内容。最后，如果我们两者都无法做到，我们再问一遍说话人。但保罗却完全忽略了另一种重要情形。

---

① 来自希腊语 κολοφωνιη。

② Principien, стр. 59.

有一些语音与其他语音区别并不大，或者难以分辨清楚，因为所有人都是这样发音。如果是这样的语音，听错的概率就会加大。因为听错的原因与语音本身的性质有关，那么这种现象就不是保罗说的偶然性和单一性。比如，俄语的舌根音 k', r' 与前舌音 т', д' 之间的区别并不大。因此，在方言中 тисть, диря, андел 代替 кисть, гиря, ангел 是很正常的事情。在词语 солнце 中语音 л 或者完全无法辨析或者微弱地显现，我们可以视其为零语音。同样，波兰语 niósƒ, padƒ, tlukƒ, grzebƒ 中的语音 ƒ 或者词语 królewstwo 中的语音 w 也是如此。在列济阳山地的斯托尔布方言中老一代人言语中的 h（相当于古斯拉夫语的 x, r）音很弱，年轻一代在相应词语中完全不发这个音，还因此受到老一辈的谴责，称他们轻浮[1]。当然，年轻人并是故意歪曲语言，他们出错是因听到的系列错误所致。

如果我们不考虑上述事实，以理论为出发点，那么我们将赞同下列观点：即只接受语音发音的变化，而不接受理解发音时出现的变化，这本身是很奇怪的事情。

考虑到这一点，我们必须承认语音史上的某些脱节或者准确地说跳跃是可能的。

斯托尔布方言的 h 是向零状态变化。我们假设，在达到零状态之前它必须经过 x 个阶段，现在已经经过了 n 阶段。所以它还需要经过 h_{n+1}, h_{n+2}, h_{n+3}, …, h_{x-1} 个阶段。如果 λωσκω 这个语音在很长一段时间都由同一个人说出，那么这个语音一定经历了这些阶段。但如果这一代人发出的语音 h_n 已经不清晰，那么下一代人在多数情形下不接受这个语音，逐渐习惯放弃上一代人习惯的词语中的语音 h_n。

一个语音被另一个语音替代的行为（语音 k' 被语音 t' 或者零语音替代）是否是理解不准确的结果。我们认为，在两种情形下，不准确的理解加速了语音变化的进程。

---

[1] 关于博杜恩·德·库尔德内所说的这个事实，请参阅 И. Бодуэн-де-Куртенэ. Опыт фонетики резьянских говоров. Варш., Петерб. 1875,12.

12. 还有一些貌似语音^①变化的情形。如果我们用 Ἴβροτος，βλωσκω 代替了原有的 μροτος，μλωσκω，那么我们无法在这里看到语音 μ 向 β 的渐变：在 μ 和 ρ 之间产生第二类语音 β（试比较拉丁语的 numerus，camera 和法语的 nombre，chambre）。之后原始语音 μ 消失。同样，在拉丁语 bis 中我们不能认为是 dv 逐渐变成 b 的结果。我们可以想象变化的过程：dvis—dbis—bis。同样，语音 b 源于 gv：gvos—gbos—bos。在类似波兰语的 wilk 和库培方言中的 zilk 情形的基础上，我们推断 w' 变为 z' 也是不正确的。次语音 b 在塞尔维亚语中 куваp 的出现，容易导致 x 过渡到 b 的可能性错误想法。

弄清楚很多语言中常见的尾音 m 变成 n 的情形，确实有些困难。在这种情形下我们可以以词尾发音的弱化解释唇音消失。但如何解释前舌音的出现呢？我只发现一种解释方法：前舌音常常伴随着小舌的降低，使前舌音发出来。邻接性或者同时性反射行为通常相互制约。

13. 之前我们已经得出结论，一种语言的语音、它们的系统及其组合不允许有例外的某种一致性出现。我们是否可以认为在语音和语音组合的变化中也具有绝对一致性？我们是否有权利接受语音、语音系统和语音组合的动态规律，与上面提到的静态规律相平行的规律？在现有科学状态下，我们去寻找这些规律存在的依据是徒劳的，但我们可以发现间接的证据。我们可以不考虑促使我们接受语音变化的绝对规律性理论观点，但我们可以在一致性中发现语音规律沉积的间接证据。现在我们开始研究这些一致性。

14. 我们通过思考阐述的所有内容，得出结论："语音规律"的表述很不准确：没有任何独立的、第一性的语音规律。只有生理学规律具有独立性，是第一性的。任何语音学一致性，无论是语音和语音组合的一致性，还是语音变化和语音组合变化的一致性，都是发音或者发音组合的一致性

---

① 请参阅 Лингвистические заметки, Варшава,1880，20.

结果，或者是个别发音和发音组合变化的一致性结果①。正如我们所知，并不是言语生理学中的任何现象都在它的声学中产生反应，我们不能忽略这一点。可以说，生理学和声学可以并列存在，但在比例上却不对等（pari passu）。

我们认为，每一语音变化规律带来的个别结果都是微不足道的。但如果我们注意到某个语音，比如 k，那么我们无法说出这个 k 与我们几年前的发音有何不同。而且即使有区别，我们也不可能发现它，因为我们只是将我们的语音 k 与这个语音的表象进行比较。与语音一样，我们的语音表象也在变化着。我们的表象记录着我们关于语音 k 的复杂发音，而且记录着近期我们发语音 k 的情形。在我们生活的几年中发音 k 可以出现大幅度变化。

如果我们分析语音组合，比如 k'j，就可以得出这样的结果。确实，我们的耳朵能够感受到组合中的辅音与组合 ka 中语音 k 之间的巨大差别。但我们没有权利认为 k' 的颚化音性质是环境所致，认为 k' 之后就应是元音 i，而且 i 的生理学行为是与 k 并存的。或许，几个世纪之前，这样组合中的语音没有现在的颚化音性质。某些颚化音特征（甚至完全不是声学的，而只是生理学的）来自于邻近的元音 i'，但明显颚化音性质或许就是语音自发式发展的结果。

但是我们不应忘记，尽管语音规律行为的个别结果微不足道，但规律本身在很长一段时间都在发挥着作用，并且通过数个世纪的细小变化叠加，导致了巨大差异的出现。在大自然中我们处处都能看到个别细小行为导致大后果的现象，是长期积累的原因②所致。所以，我们研究语言的语音方面，可以预测，我们一定能看到语音规律的沉积。

而且，我们在认识语音规律行为的正确性时，应当在这些证据中预测某种正确性、某种一致性。如果河流在河水不是很急的地方，在数个世纪

---

① 请参阅 Sievers, Phonetik, 4.

② 请参阅 Ch.Darwin, Uber die Entstehung, 515："我们总是不情愿地允许伟大变化的存在，但我们无法控制变化的程度。……我们的理智无法综合和意识到在数代人中发生数个小变化的最终结果"。

每天都沉淀着泥沙，那么我们就可以预测，如果不是人为地破坏或者外力的作用，在河岸上我们可以发现泥沙的沉积。

15. 我们研究一下，在语言中可以发现语音规律沉积有哪些一致性。

我们首先分析一下语音组合，然后转向研究个别语音。

1）任何语言的状态都是之前发展的产物。正如我们之前看到的一样，在语言中，在某时间段内我们只发现了某些语音组合：有限数量的而非所有的组合，语言中现存的可能的组合（理论上）。我们可以将这种现象视为是语音规律沉积中的第一性的一致性，如果同样的语音（静态规律）没有经历同样的变化（动态规律），那么就不可能有这一现象的存在。

2）我们发现所有语音都相似，但却只有一个或者若干个不同的语音组合。

我们列举一些俄语中的例子。

元音不同的组合：

вез\\воз, нес\\нос, вед\\вод…

мерз\\мороз, мел\\моло…

звяк\\звук, смят\\смут…

дых\\дух, сых\\сух…

вис\\вес, лин\\леп…

辅音不同的组合：

ног\\нож, бог\\бож…

ток\\точ, сек\\сеч…

дух\\душ, слух\\слуш…

друг\\друз…

мог\\моч…

кап\\ка…

вяд\\вя…

多于两个语音的组合。比如，

дох\\дош\\дых\\дыш\\дух\\душ\\тх

必须指出，我们所说的一致性是状态的一致性，并且不是绝对的一致性：比如，在ч(теч)组合存在的前提下，我们可以发现含有k(тек)的组合。也可能看不到这样的组合，比如，对于组合чет, чез（чета, исчезать）而言，我们就找不到含有k相对应的同源组合。

在最近研究语音组合过程中我们还发现某些其他特征，但是这些特征并不能使我们确认与这些特征相关的组合的一致性。

比如，在一些语音组合中我们能够发现某个同样的语音。这就令我们思考组合中的该语音是否与这个语音有关。比如，

око очи

пеку печение

коса чесать 等。

这些组合的存在使我们想到语音ч与下一个颚化元音有关。但是鉴于存在кислый, о волке, пеки 和 очки, печет, начало 的情形，我们应当承认，颚化元音可以说是语音ч的常伴语音，但却不是永恒伴随音。因此，颚化元音不可能制约语音ч。如果我们没遇到与上述相类似的情形，那么我们不得不质疑这种假设的可信度：为什么语音ч应在语音e，i的前面。从生理语音学角度而言，这永远是一个无法解开的谜。通过研究语音组合规律，我们了解了我们不可能提出这类语音组合的任何生理语音学依据。

3）如果我们抛开某种语言，开始分析另一种与其同源语言中的语音组合，那么我们可以发现一些语音组合与之前分析的语音组合是一致的。

比如，мерз-морз\\ 波兰语的 marz-mroz, вид-вед\\ 希腊语的 $f\varepsilon\iota\delta$-$fo\iota\delta$。这是新的一致性，比之前我们分析的一致性更为复杂。与其他组合的一致性一样，这种一致性是状态的一致性，是非必要的、非常态的、非完全的一致性。如果说这种一致性具有稳定性，则意味着所有例外的情形可能通过各种各样的规律得到解释，或者即使可能得到解释，但例外的情形还会存在：我们可以在俄语含有 и，e 的组合中发现希腊语中的组合 $\varepsilon\iota$，$o\iota$，但也有可能无法发现。

4）至今为止，我们都在阐述起源一致的组合，至少是相似的语音组合。但在任意两种语言中，无论是否同源，都可以发现起源不一致的语音组合，

但构成这些组合的元素却具有同源性。

试比较：ток：точить= 意大利语的 amico：amici，свет：свеча= 马扎尔语的 tart：tarts。这是非同源组合的一致性。

5）最后，我们需要回到同源组合中，再确定它们的一致性。有时两个语音组合的区别就是其中的某个语音不同。

除此之外，我们还可以发现它们之间的不同表现在这个语音的某个特征上。比如：волк\\волч\\волк'。还有意大利语的 mago\\i tre Re magi\\maghi 等等。

16. 通过上面列举的内容，我们确信在语音规律的沉积中存在一致性。这种一致性就是历史原因所致，但现在不受任何因素制约的状态的一致性。因此，这种稳定的一致性与任何因素无关：不同的语言过程可以破坏这种一致性，确实在不同程度上有这种破坏性的存在。如果在语言中没有任何其他的规律存在，那么语音规律沉积的一致性就可能具有绝对性。

17. 我们在研究某种语言的语音组合时，我们发现了语音的同源性。该语言的语音在语言中具有同源语音。比如，俄语词语 паук 中的 k 与 пауки 的 k'，更远一些的 паучек 中的 č，略近一些的 паутика 中的 t'。接着，还可以在其他同源语言中找到同源语音。比如，俄语的 s，德语的 h，希腊语的 k：солома-Halm-καλαμoς。如果我们将俄语的语音 k，k'，t'，c̆ 或者俄语的 s，德语的 h，希腊语的 k 称作同源语音或者历史 - 词源性语音，那么在非同源组合中语音组合的一致关系，比如 волк：волченок= 意大利语调 amico：amici 或者 свет：счеча= 马扎尔语的 tart：tarts，促使我们认为语音 k 和 č 或者 t 和 č 之间具有物质的或者生理语音学的联系。

18. 阐述这些关于语音组合的观点之后，我们可以开始语音历史的论述了。

我们不可能研究语言在数个世纪经历的发音变化途径，所以只能研究这种变化的结果，及语音本身的变化[1]。

而且在这方面，因众所周知的原因，历史提供的信息也很少。如果我们这样描述语言的一系列变化：$n_1n_2n_3n_4n_5n_6n_7n_8n_9n_{10}$，那么我们不应当寄希望从历史中获得比 $n_1\cdots\cdots n_{10}$ 或 $n_1\cdots\cdots n_5\cdots\cdots n_{10}$ 更多的信息。因此，我们必须以下列方法阐述自发式的语音规律：随着时间推移，语音 n_1 被语音 n_{10} 代替，或者随着时间的流逝，语音 n_1 被语音 n_5 代替，而且不是直接代替，因为在一个语音和另一个语音之间存在我们未知的、不确定的一系列中间环节。

19. 如果我们这样去阐述规律，那么我们可以提出问题：这个规律的稳定性和正确性究竟达到什么程度，在什么范围内不允许例外情形存在。

首先，需要准确地确定，这里的正确性指什么。

完全的正确性、完全的一致性存在的情形如下：

假如在该语言中语音 n_{10} 取代之前语音 n_1 所在位置的情形随处可见；

假如随着时间的推移，语音 n_{10} 在所有语言中都取代了语音 n_2；

那么就存在完全的正确性、完全的一致性。

20. 我们分析一下第一个规则。

通常第 n_{10} 取代第 n_1 的情形并不普遍。原因各异。

同一个语音可以出现在不同组合中，在这样的情形下语音变化各异。比如，语音 d 在新希腊语中自发地变成 δ（英语的浊辅音 th），但在语音 n 之后这个语音保持原有的状态，比如 ενδεκα[2]。我们很容易发现，这种现象还不属于语音规律的例外现象，只是语音规律的局限性、确定的行为条件所致。如果只有这样的例外，那么我们的规律就仍旧是规律。

---

[1] 我们在儿童语言中可以看到一系列自发性语音变化。在一个儿童的方言中我看到颚音 t' 变成 t"，然后变成 c'，最后变成 s'。也是在这个儿童的方言中元音之间的 b 逐渐被语音 v 代替。t' 的变化是在 18 个月时间完成的。至于说到 b 变成 v 的时间，我并没有在我的记录中强调。

[2] 类似的情形表明不可能严格区分所谓自发性规律与组合性规律。

如果在同样的语音条件下，我们永远能在 n_1 的位置上发现 n_{10} 的存在，那么这将是规律中的真正例外。

比如，在多数情形下，如果我们在俄语颚元音前的原始 k 位置上看到 č，而且这种情形并不总是存在，那么我们就不得不承认这种现象是规律中的真正例外。确实，正如我们现在所持的观点一样，这些负面行为永远都是第二性的源头。而且它们出现的可能性与科学意义的规律概念并不相符：为了确定 č 与 e 和 i 组合对于俄语而言就是规律，只证明组合 ke，ki 的次生性还不够，还需要证明这些语音是不可能组合的，或者在语言中完全没有这样的组合。

如果某一语音范畴在某些条件下，通过自发变化途径完全消失，那么不同的语言过程可能在另一些条件下重新再现这个范畴。比如，波兰语的语音 r 在紧邻 e 的组合中消失，被语音 ż 代替（清辅音后面之后被 š 代替）：rzeka, rzemiosło, rzemień=река, ремесло, ремень。而且波兰语为我们提供了很多含有 re 的词语。这样组合的出现是因为各种不同的语言过程影响所致。我们将在下面指出主要的语言过程。

语音学过程。在波兰语中原始的短 u 逐渐发展为 e。因此，r 与原始短 u 组合获得了新的组合 re，比如 worek（мешок）。

同样，在俄语中由于 g 在颚元音之前变成 z，所有 gi 组合消失。由于 i 由原始长元音位于舌根音之后的 ы 发展而来，形成了新的系列组合。比如，гибкий, гибель.

形态过程。这样的现象完全可能由形态过程所致。比如，大量含有组合 gi 的俄语词语，都是以语音 g 结尾的词干附加了以 i 开始的结尾。比如，бег-и, помог-ите 等等。

借用。任何一种语言都含有大量从其他语言或者该语言其他方言借用的词语。所有语言都是如此。因为这些外来词语的语音历史完全是另类的，所以这些词语可能包含了一些在借用语言中因该语音的自发变化而消失的语音组合。波兰语的 reakcyja，俄语的 гигант 就是这样的词语。

所以，如果我们回到第 18 节的阐述中，就会发现这里完全没有绝对的正确性：我们常常看到 n_{10} 与 n_1 同时存在的情形。这又如何解释呢？语

音 n_{10} 和 n_1 之间没有直接必要的联系。只有相邻语音 n_1 和 n_2，n_2 和 n_3 等之间才有直接联系。而且这将是不仅仅局限于时间的现象。我们知道，在语音 n_1 和 n_2 之间存在一系列过渡性的发音，比如 $N_1, N_2, N_3, \ldots\ldots, N_x$。所以，规律将直接关系到这些过渡环节，$N_1$ 和 N_2，N_3 等。因此，在我们的阐述中：语音 n_1 随着时间的流逝被 n_{10} 代替。比如，语音 k' 被语音 č 代替。我们不是在确定规律，而只是研究一般的，但却是必需的、连续的一致性，就像我们在俄语语音交替 k—č 中只能发现一般的，但却是必要的、存在的一致性一样。

我们认为，下列情形更值得认真研究，有利于佐证已经阐述的内容。如果我们在熟悉的语言中看到相互远离的语音能够并列存在，比如 n_1 和 n_{10} 并列，那么我们自然也就看到临近语音相互并存的现象，n_1 与 n_2，n_9 和 n_{10} 等。比如，波兰语的组合 re 与组合 ze（正确的写法 rze）不可能发展成 ze（rze）的组合 r'e。同样，这种语言的组合 te，de 与组合 cie，dzie 相邻存在，但是其中却不可能有过渡的组合 t'e，d'e[①]。

21. 我们开始论述第二个规则。

为了正确论述自发式的语音规律，正如我们在 19 节中阐述的那样，必须证明，在所有语言中，甚至非同源语言中的语音 n_1 随着时间的推移被 n_{10} 代替的情形。看上去很多事实与这个规则是相悖的。比如，在希腊语中元音之间的 s 被零音取代，而在拉丁语中被语音 r 代替。原始 k 音在斯拉夫语中变成 s 音，在德语中变成 h 音，而在希腊语或者拉丁语中以 k 形式呈现。但是，在不同语言中，常常在完全不同源的语言中可以发现很多同样变化。比如，俄语中元音 e，o 由古斯拉夫语的短音 i，u（ь，ъ）发展而来。罗曼语与拉丁语之间，中古印度语和梵语之间也有短音变成中元音的情形。试比较意大利语 esso，dolce，葡萄牙语的 no 和拉丁语的 ipse，dulcem，nudus，中古印度语的 eddo，motta 和梵语的 itas，mukta。古波斯语和法语中的语音 e 从 m 之前的原始 a 发展而来。试比较古波斯语的

[①] 关于古波兰语中 t'，d'，r' 和过渡到 c'，dz'，rz 的问题，请参阅 Бодуэн-д е-Куртенэ: О древне-польском языке до XIV-ого столетия, Лейпциг 1870, стр. 43.

bagam，aham 等，拉丁语的 fames，amo 和法语的 faim，j'aime。长元音在性质不变的情形下，在俄语（比如，古斯拉夫语的长元音与俄语中的短音相对应）、在罗曼语（试比较：意大利语的 legge，fine，voce 与拉丁语中含有长元音的词语相对应）、中古印度语中发展成为短音。双元音变成单元音。比如，ai 发展成为拉丁语、新希腊语、罗曼语、梵语和中古印度语的 e。s 变为 r 的情形出现在拉丁语、日耳曼语（Verlust 和 verloren）、楚瓦什语及很多其他语言中。在希腊语、罗曼语、列济阳①方言中有语音 n 代替尾音 m 的情形。语音 n 在 s 前消失的情形下出现在拉丁语（vicesimus 源于词干 vicent）和希腊语中。语音组合 kt 在俄语（хто）、德语（Macht）和古巴克特利语（uxta 和梵语的 ukta）中变成 xt。在其他元音中组合中 k 被 i 或者 j 取代：试比较拉丁语的 factum 及翁布里亚语的 faitu 和法语的 fait。语音 n 在新希腊语（endeka，而不是 enδeka=ενδεκα）和拉丁语中（ningo，lingo，但 hiems，humus，veho，其中 g 和 h 由原始的 gh 发展而来。）保持着下一个辅音的爆发性。原始浊辅音 d 在日耳曼语和亚美尼亚语中发展为清辅音：kin-γγυνη，tasn-δεκα，sirt=καρδια。翁布里亚语的 pihaz，termnas 与拉丁语的 piatus，terminatus 之间的联系犹如法语 aimé，santé 与 amatus 和 sanitetem 之间的联系。在这两种情况都是元音之后音节中的元音及重读音节前的两个音节中第二个音节元音消失。某些语言在数百年间发展成为相互独立的语言，在语音历史上表现出类似性，语音系统的这种相像引起了科学界的重视②。

22. 如果类似情形数量足够多，能够抵制盲目的可能性，那么又如何解释呢？我们必须面对承认普遍的规律性、语音规律的统一性，或者无法解释，犹如神奇现象一样的谜。但如果我们假设存在普遍的语音自发性规律，那么如何解释从不同语言中同一个语音发展而来的各种语音呢？在我们看来，这完全可以解释。但我们不仅仅要像老一代语言学家那样，不以

---

① 请参阅 И. Бодуэна-де-Куртенэ, Опыт фонетики резьянских говоров, стр. 13.

② 请参阅非常有趣的著作 F.Haag'a, Vergleichung des Prakrit mit den romanischen Sprachen.Berlin. MDCCCLXIX.

字母为出发点，甚至不像后来语言学者所做的那样，以语音为出发点，而是将我们认为在解释语音现象时唯一正确的基础——发音作为出发点。

如果我们发现，同一个语音在两种不同语言中变成两个不同语音，那么这还不能说明违背语音规律的常规性和统一性。这只意味着，在两种不同语言中用同一个字母表示的语音变成两个不同的语音，两者不同生理行为的组合。但为什么我们知道，这个字母表示同一组生理行为的组合？或许这组生理行为意味着两倍不同的，但同源的组合。而在最后一种情形中显而易见，两个本来区别很小的组合，随着时间的流逝变成两组完全不同的组合。我们认为，这也就解释了貌似缺少语音规律统一性的原因。可以发现各种证明这种假设的各种各样的事实。

1）德语具有 r 音化特点，也就是语音 r 在某些情形下代替语音 s。斯拉夫语言完全没这一特点。根据上面所述内容，我们可以假设，德语的发音 s 变为 r，并且现在的 s 发音与斯拉夫语的 s 发音不同。如果我们分析德语中现有的 s[①] 发音，我们可以发现它可以与语音 z 发生语音交替。如果在元音之前，而在这个字母之前是元音、响音或者零语音，那么字母 s 的发音为 z[②]。在斯拉夫语中却没有这样的情形存在。但在拉丁语中有 r 音化现象，根据书写我们有权利假设在某些情形下 s 发成 z 音，因此，我们在与德语的现在语音 s 同源的语音中发现了佐证德语的 s 与斯拉夫语 s 不同的事实。

2）波兰人借用了德语的 s，z，比如 ratusz—Rathaus，zegnas—segnen 等也可以佐证我们假设的区别存在。

3）清辅音 k，p 在德语和日耳曼语中经历了不同的历史命运：在德语中原始语音 k，p 成为了清擦音，比如 Vieh—pecu，Hund—canis 等。在罗曼语中同样的清辅音变成了相对应的浊辅音。比如，法语的 abeille—apicula，aigu—acutus 等。但正如我们所知，现在在德语中的清辅音与现在罗曼语中的清辅音区别很大：在共同德语中这些清辅音的发音带有呼气：

---

① 我指的是大家都熟悉的德语标准语。

② 请参阅 W.Corssen, *Uber die Aussprache, Vokalismus und Betonung der lateinischen Sprache*, Leipzig, 1868，I，280-284.

k', p'。在罗曼语中则没有这样的呼气：k, p。显然，拉丁语的 a 是短元音中最稳定的，通常它在罗曼语中保留下来，但法语是一个例外。如果在法语中大部分的 a 已经被元音 e 取代，那么我们认为这是由于法语 a 的特殊发音所致。相比较其他语言，在法语中 a 的发音比较窄，具有 e 的特征。法语中位于 a 之前的舌根辅音软化现象也与此相关。其他罗曼语中没有这种现象。同样，我们可以解释共同斯拉夫语 ы 在俄语和波兰语中经历的不同命运：在俄语中 ы 发展成为 о，在波兰语中变成 e。可能 ы 变为 e 是因为双唇放松所致，这一特点是波兰语元音系统独有的，不同于俄语元音系统。

23. 上述能够佐证语音规律常规性和统一性的观点是建立在共存事实基础上的。我们认为，某些连续性的事实也可以间接证明语音规律的常规性和统一性。

我们常常看到，同一个语音过程在语言中出现两次。

罗曼语中鼻音的存在就是很好的例子。拉丁语的原始音 n 并不是在所有情形下都有它本身具有的前舌音爆破特点：formonsus—formous, quansei—quasi, cohibere—cohora 及其他很多形式。比如，罗马作家语言中的 mensa—mesa, inscitia—iscitia 或者文献中的 menses—meza 都证明元音之后和擦音之前的辅音 n 并不发音，只是伴随着鼻元音①的特征。在这些情形下，在罗曼语中我们已经发现纯元音。试比较：法语的 peser 与拉丁语的 pensare 相对应。但是，n 与擦音的新组合，无论这些组合源于何处，n 第二次发生了变化。试比较 silence, penser 等。显然，所谓的日耳曼语和罗曼语的辅音变化是同一个语音过程重复的例证。

还有更多情形。在这些情形下，可以认为，我们见证了语言重复该语音变化过程。比如，俄语与其他斯拉夫语一样，只要舌根音位于颚元音之前，

---

① 或许，在拉丁语之前的时期辅音 n 在某些情形下变为鼻音，然后变成无音状态。比如 cardo, ordo, homo……代替词源式的 cardon……（请参阅 W.Corssen, *Uber die Aussprache*, 248）。在类似于 cosol 的情形下，corssen 并没有看到鼻元音（法语的），在这里只看到了 'Vorstufe zur Nasalierung'。

舌根音就消失。但是由于存在我们看到的各种原因，所以出现了新的语音组合 k，g c i，e。在某些情形下（我们不分析最近的定义）语言已经将这些舌根音变成了颚化舌前音，试比较：тисть 代替 кисть，андел 代替 ангел，Авдотья 代替 Евдокия 等。无论是生理语音学，还是语音学都表明 k' 变为 č，需要经过 t'①。

24．如果语音规律具有常规性和统一性，那么不难发现，现在或者未来有可能发现语音来自于哪里。我们通过从历史角度研究语言，发现了大量原始语音消失，变成另外一些语音或者零语音。如果这时语言在语音方面没有发生任何缺少的现象，如果语音没有语言就不存在，那么，很自然产生一个问题：这些新语音源自哪里。

我们发现不同语音的一些确定性来源。比如，我们可以很自信地认为，短元音源于长元音。但毫无疑问，它们通过不同方式，来自其他源头。长元音是两个短元音合成。然后，由短元音和紧邻辅音构成，但是这个辅音是辅音组合的开首。或许，重音逐渐增加元音的长度，至少重读音可以加大词语中元音的区别。在俄语中就可以观察到这种现象。颚元音之前的语音 k' 是语音 č 最常见的源头。语音 r 的某部分源于语音 l，反之亦然。一定数量的语音 t 产生于语音 s 和 r 或者 n 和 s 之间。在某些条件下，短元音产生于浊辅音或者难于发音的语音组合中。

25．如果我们从历史发展角度分析完整的语言语音系统，那么我们发现个别语音历史中的某种关系。比如，如果我们研究拉丁语列：
清音爆破强音 pp
清音爆破弱音 p
浊辅音爆破 b
浊辅音擦音 v
那么罗曼语辅音系统为我们呈现出下列画面，罗曼语清音爆破强音被弱音代替，清音弱音被浊音代替，浊音爆破音被擦音代替，最后擦音被零

---

① 比如，ci 与拉丁语 ti 混合。

语音代替：

    拉丁语　罗曼语

    pp

    pp —— p

    p —— b

    b —— v

    v

舌前音列和舌根音列也是如此。

消失的范畴，即清爆破强音重新再现。它的源头首先是辅音组合，其中前一个语音被后一个语音同化（试比较：拉丁语 octo 和意大利语的 otto）。这样的清强音是借助于形态方式得到的：以清爆破音结尾的形态部分与另一个以辅音开头的部分组合。最后一定数量的清强音通过借用的方式提供给语言。

我们发现，一个语音范畴来自于另一个语音范畴，一个语音系统来自于另一个语音系统。因此，语音系统在各个部分的变化获得了"语音移动"的名称。换言之，我们从历史发展角度分析语音时，可以确定语音系统的再整合，与我们在研究语音组合时提到的语音声学性质的再整合是相似的。

26. 我们完成了对语言历史的阐述，还有一个几乎没有引起研究者的注意，而且据我所知还没有人弄清楚[①]的问题。我论述了个别词语和词语个别部分语音变化的特点。我没有弄清楚这种现象的原因，所以不敢贸然在这一部分论述。但是，面对相关的事实，我也没发现需要沉默的理由。众所周知，拉丁语中有很多词语能够为我们呈现罗曼语语音的变化。借用的 Saguntus Σακυνδος, grabatus κραβατος, gobius κωβιος 等为我们呈现了在罗曼语条件下清音变为浊音的过程。我们经常可以在个别拉丁语词语中观察到这样的变化。试比较：negotium, publicus, veigesimus, mendax 中的清音变浊音。vervex 代替 berbex 是爆破浊音变擦音的例子。在类似于 autor, assia 这样的词语中拉丁语处理组合 kt, ks 的方式与意大利语一样（试

---

① 请参阅 Paul, Principien, 57.

比较：otto，Alessandro），尤其语气词和经常使用的词语都可能经历快速的语音变化①。比如，con 代替 quum，au 代替 ab，seu 代替 sive，完全是变到罗曼语调子上。试比较：mihi-tibi，西班牙语的 hijo，hermoso-filius，formosus。可能，法语的 du 源于 del，表明 eu 变为 u。词尾与词头变化不同。比如，在 Marcipor，Quintipor 这样的名字中，音节 por 与原始的 puer 对应。罗曼语的辅音组合在词尾和词头特别有趣。开始的组合 kl，gl，pl 在普罗旺斯语和法语中保留下来。试比较：拉丁语的 clavas，glans，plaga 和普罗旺斯语的 clau，glan（glant），plaga（plagua，playa），法语的 clef，gland，plaie，位于词中或者词尾时，这些组合变成 l'。试比较：拉丁语的 apicula，vigillare，scopulum 和普罗旺斯语的 abelha，velhar，escolh，法语的 abeille，veiller，écueil。

由此可以得出结论，中部的语音组合和尾部语音组合比前部的语音组合变化要快。如果以西班牙语为例，我们发现，前部的语音组合已经达到了普罗旺斯语和法语中的中间语音组合和尾部语音组合达到的程度。试比较 llave，llande，llaga，但是这里中间语音组合和尾部语音组合的变化更大：试比较：拉丁语的 apicula，coagulare，manipulu 和西班牙与的 abeja，cujlar，manojo，也就是，得到了源于软音 l 的语音 x：试比较 mujer=拉丁语的 mulier。

因此，一个变化好像预示着另一个变化。

在另一种语音过程中我们看到某种渐进性。比如，在罗曼语中清音变浊音发生较早，在两个元音之间，还在含有清音 r，l 的组合中，最后在元音之前②的词头处。

该变化的特点取决于变化语音所处的特殊条件，似乎这一点可以解释大部分已经提到的情形。如果 государь 变为 сударь，然后再变成 с。бабушка 变为 баушка，право 变成 пра，wasza milosc 变成 waszmosc，

---

① 请参阅 August Fuchs, *Dieromanischen Sprachen in ihrem Verhältnisse zum Lateinischen*. Halle,1849,301. "不断出现在民间语言中的词义类似于辅币：在转换过程中失去自己的价值，但同时埃居始终保持着自己的价值。"

② 关于日耳曼语的辅音变化的渐变性。参阅保罗的论文：*Beiträge zur geschichte der deutschen Sprache und Literatur*，tI，1874.）

035

trzeba 变成 trza，podobno 变成 pono，czlowiek 变成 czlek，prosze pana 变成 pspana 等，那么必须强调这些在多数情形下音速快，没有重音，直接与其他词语对接。如果从原始形式发展成为两种形式，比如，波兰语的 kiedy 和 gdy，法语的 il 和 le；homme 和 on，而且只需要考虑这种形式是否独立或者非独立使用，还是后附词，那么我们可以得出结论：犹如语音在不同条件下变化各异一样，在不同条件下语音组合变化也是不同的。可能词语中间语音的加速变化，尾部语音的不稳定性都是与意义的主要载体——前部的语音有关，我们在语音变少的同时，坚持在书写中要坚持的原则：我们特别关注词头，而对结尾语音次之。

对于语音学而言，上述现象具有意义，因为根据个别词语的变化有时可以判断该语言中所有词语将面临的变化。这些变化的特点在某种意义上成为未来[①]变化的预言者。

我们在第三部分得到了如下主要结果：

语言的语音随着时间的推移经历着变化。语音的自发变化与语音发音的渐变有关。只有当我们的记忆给我们保留了发音的印记，我们才能发出这个语音。假如在这个印记中反映出所有我们完成的语音发音，假如这个印记代表了中性发音，那么我们将根据这个印记，完成近似一致的发音行为。记忆更清晰地保持着后来的（根据时间）发音与其偶然的偏离情形，而不是之前的发音。因此，微不足道的偏离具有了前行的能力，语音逐渐退变。假如语音变化是发生在一个主体的发音中，而不是相互更替的几代人发音中，那么这样的语音变化就是逐渐、缓慢发生的。当该语音在变化过程中，与将要变成的语音很相像以后，或者相似度接近于零，那么对于接受这一语音变化的一代人而言就有可能经常出现听错的情形：人们可能将该语音听成另一个完全相近的语音，完全不接受还处于弱状态的语音。所以，语音变化可能因为理解的不准确而加快速度。应当将复制不准确而导致的变化与取决于发音渐变有关的语音变化区分开来。我们经常使用更便于发音的语音代替不太便于发音的语音组合。在这样的情形下，不可能有任何的语音变化，而只是代入一个语音，取代另一个语音。

---

① 请参阅我（即克鲁舍夫斯基，译者注）的论文 Лингвистические заметки, 20.

语音规律的变化只能被视为第二性的规律，是第一性发音变化规律的间接后果。因为语音变化的正确性不是绝对的。在每一种语言中我们都可以发现语音规律的沉积，能够呈现不同类别一致性的沉积。这些一致性常常因语音学和形态学过程，甚至借用现象而受到破坏。这是因为在原始语音和某个在数百年间有时由原始语音发展而来的语音之间没有直接的联系。直接的因果联系只存在于相邻的两个发音阶段之间，甚至在语音的两个相邻阶段之间都没有这样的联系。同一个语音相邻或者相近的阶段在语言中通常不存在。

我们应当承认普遍规律的存在，因为不同的，甚至非同源的语言历史为我们提供了大量令人惊奇的类似现象：语音在不同语言中、同一种语言的不同时代发生着一样的变化。如果我们看到同一个语音在不同语言或者某种语言的不同时期的变化各异，那么更准确地说，在这样的情形下我们接触到两个完全相近，但总是有区别存在，但又不是体现在声学特点上，也就是发音上的语音，而不是一个语音。该语言个别语音变化之间存在着某种关系，换言之，我们在该语言的语音系统中看到了某种和谐性，我们是否从共存或者序列性层面研究这种系统。普遍语音规律的存在使得我们有可能回答不同语音范畴的起源问题。一个语音范畴源于另一个语音范畴，因此语音系统通过整合另一个语音系统而得到。

四、论语音规律的普遍观点

27. 我们在这里阐述的所有语音规律与现有的主流观点是相悖的。很难想象阐述这些观点的难度，因为多数语言学者不愿意费神准确而清晰地阐述他们需要在专业著作中遵循的一般规则。而我们自己通过专门研究提取这些原则是一项艰难而不讨好的工作。

而且，阐述有关语音规律的不同观点已经超出我们著作内容的范围。我有意论述一下在我们看来重要的几点。

毫无疑问，大家普遍认为，没有例外的语音规律完全不存在。大部分语言学者认为，语音规律在一种情形下可以发挥作用，而在另一种情形下——在某些语音学条件下可能不起作用。比如，希腊语元音之间的原始语音 j 通常会消失。比如，以 εω, αω, οω 结尾的动词与梵语以 ayāmi 结尾的动词相对应。但是，据说 j 也可以不消失。试比较：δοιην, λεγοιην。同样，他们也认为，在同一些语音学条件下从一个语音中可以发展成两个语音。比如，希腊语的两个形式 μειξονς 和 μειξονος 源于同一个形式：

$$\mu\epsilon\iota\xi o\nu\sigma o\varsigma \begin{cases} \text{M}\epsilon\iota\xi o\sigma o\varsigma \\ \mu\epsilon\iota\xi o\nu\varsigma \\ \mu\epsilon\iota\xi o\nu\nu o\varsigma \\ \mu\epsilon\iota\xi o\nu o\varsigma \end{cases}$$

但是即使有些语言学者支持所阐述观点，他们也认为语音学领域存在着某种正确性。这是显而易见的，否则不需要研究语音学。但完全不需要证明，人们是如何盲目地允许某种正确性存在或者不相信某种正确性存在的情形。我们应当同意，所有语音变化的出现都是正确的，我们在其中观察到的一致性和正确性只是偶然或者只是表面的一致性和正确性。实际上，语音领域属于混乱，不从属任何规律的现象领域。所以，我们必须提出没有例外的规律，或者完全没有任何规律存在。

我们不去宣传对所阐述观点的赞同的学者是如何看待语音变化本身的：为什么他们认为语音会变化？如何变化？变化的目的是什么？我们的回答一目了然：我们认为语音变化与语音学原因有关。这种变化的发生很慢，在数个世纪，完全不为人发现。至于最后一个问题，我们不会指出这个过程的任何有意识的理智性的目的，因为这个过程是借助于无数系列的现象，在数个世纪，由几代人完成的，没有人的意志力和意识的干预。

28. 但是我们不希望分析所有关于语音变化性质的观点，只研究一种能够解释这些观点的理论。

在语言学著作中我们经常见到区分"语音心理变化和机械性变化"的情形。心理变化指能够导致词语意义变化的语音变化（准确地说：语音交替）比如。λειπω—ελιπον—λελοιπα，уьтж—уитаж，бодж—бадаҗ。机械性变化指任何没有伴随意义的变化。比如，звезда—звезды, могу—можешь 等。

我们不去论述在很多情形下有争议的问题。比如，语音变化是否伴随着意义的变化，也就是未必能够严格区分"心理的"和"机械的"变化。

令我们惊奇的是，从性质而言，这些语音变化相互没有区别：为什么 o 变成 a（кончать—оканчивать）就是心理变化，而 e 变成 o（звезда—звезды）就是机械性变化？为什么在 нести—носить 这样的情形下，e 变成 o 又成为心理变化？

语音变化可能导致意义变化，从经验来讲不可思议。语音不能作为独立的元素存在，因此本身没有任何心理内容。我们可以认为，该语音变化影响到意义。但是，第一，我们并不知道在语言中存在一些具有目的性的事实。第二，语音本身不能表达任何东西。比如，a（оканчивать）并不可能告知我们延长性的意义。不然，a 不仅在我们的例子中，而且在所有含有 a 的俄语词语中都可能表示延长性。显然，甚至词语（如果不是拟声词）本身也没有能力表达任何东西。这种能力只有通过联想获得。

最后，如果我们以词语 кончить—оканчивать 为例，不难发现，这里并没有发生语音变化。我们需要经常记住，语音和词语是通过发音而存在的。所以，词语 кончить 中的语音 o 与词语 оканчивать 中的语音 a 没有任何共同点①。唯一正确的表述是：含有语音 o 的词语 кончить 是表达完成的行为，而含有语音 a 的同源词 оканчивать 表达同样的行为，只是含有延长性的特征。

语音的心理变化产生的根据是什么？

所谓的心理变化相对稳定，这一点将我们带入误区。比如，一系列在语音和意义上相关的动词。比如，нести—носить。但我们也可以在没有得到心理变化名称的变化中观察到（准确地说交替）这样的正确性。比如，以 k 结尾的名词（прок）和拥有语音 ч（прочный）的形容词。最后，在我们阐述的理论中认为语音具有词语的形态单位或者整个结构完成的功能是不正确的：并不是语音 a 使得词语具有延长性特征，而是词根 канч，前缀 о，结尾 ивать 赋予了词语这样的特征。而且这些形态部分从来不具备这样的功能，而是像语言②中任何词语一样，通过联想得到了这样的功能。

---

① 请参阅 Paul, Principien, 56.

② 请参阅 Paul, Principien, 119.

29. 我们之前已经指出，研究语音变化使得我们难于抉择：或者接受语音规律本身没有任何例外，或者认为没有任何语音规律的存在。由此可见，为什么最近出现了一派语言学者，推崇语音规律没有任何例外的科学原则。一些例外是表象性的。比如，vater 按照格里姆规律[①]就是例外：是 t，而不是 d，但这一例外任何时候都不会属于格里姆规律。否则就可以被视为是真正的例外了。如果我们在动词被简化时得到了 δοιην，λεγοιην，我们并不能由此得出结论：在这些词语中没有实现元音之间语音 j 消失的规律，只能认为我们的词语是次生的：在相似的，永远含有 j 的词语 δοιμεν，δοιτε 的影响下是能够恢复的。如果我们拥有两个形式，比如，ιξονς 和 μειξονσς，那么我们不能得出结论，同一个语音在同一些条件下发展成两个不同的语音：只有 μειξονς 是第一性的，μειξονσς 则是次生的，是根据 μειξων 而来。这样的双重形式，比如法语的 champ 和 camp 都是源于第一性的民间形式（champ），第二个词语永远是借用而来（camp 来自于方言）。

30. 这个理论与我们在上面阐述的理论很接近。区别只在于，那些被认为语音规律的领域在我们看来是语音历史的领域。那些被认为语音规律的一致性在我们看来将是共存的简单一致性，与持续性语音规律的沉积中的一致性没有任何关系。

真正的例外（δοιηγ，μετξογος，camp）其实就是旁支的语音学规律行为的结果。在我们看来，只通过旁支的非语音学规律解释其中的所有例外还不足以使我们认可该一致性就是语音规律。不能逃避的问题就是什么时

---

① 请参阅 F.Misteli,Lautgesetz und Analogie.Methodisch–Psychologische Abhandlung,-Zeitschr,f.Völkerpsych.u.Sprachwiss.XI, 378. 他公正地指出，两个 k 的假想、Grassmann 提出的词根双送气音假想及 Verner 发现的原始日耳曼重音、罗曼语言学者和日耳曼语言学者的研究、借助于类推使用解释，这一切都有助于语音变化规律思想的确立。

候并且为什么旁支的非语音学元音破坏语音学过程①的顺序。

主要有两类非主流的非语音学原因：一方面按照某种模式构建新词。比如，μετξογος 就是根据 μετξων 而来，另一方面就是借用现象。比如，camp。但在一些情形中两种原因都不能破坏语音学规律。比如，尽管词语 золото 的各格中词干中都存在硬音 т，第六格的词干不同于其他格的词干，词语 золот'е 不能被 золоте 代替。在借用现象中我们也看到了类似情形。俄罗斯人从德国人那借用了词语 тhema 之后，并没有借用硬辅音 т 与元音 е 的组合，词语的发音是 т'ема。由此可见，无论是生产性的词语，还是借用词语都没有破坏俄语的颚元音之前的辅音软化规律。

为什么在这种情形下，不可能违反规律？这并不难理解：辅音的软化因纯物理原因，即下一个颚元音②引起的。

虽然舌根音 к，г 在颚元音之前变为 ч，ж，但在这样的变化规律中并不会出现辅音软化情形，这种辅音软化不是颚元音所致。

（1）舌根音与颚元音的组合：волки，руке，кислый，кепи，кирка。

（2）ч 与非颚元音组合，ч 完全没有元音的组合：часть，чудо，отчет，ночь。

（3）颚元音在前一个舌根音中导致了完全另类的现象出现，即软化现象（волк'и）。我们很清楚，颚元音只与颚辅音组合，而不是与某个其他辅音组合是生理语音学原因。我们无法展示颚元音与之前的 ч 之间有任何必要的生理语音学联系。

---

① Tobler 在保罗《语言学史原理》的序中提出了这个问题。*Literaturblatt für germanische u. romanische Philologie*，1881，N4。Tobler 写到："假设类推和语音规律两者存一的话，那么如何认定两个原则的存在、起作用的领域和相互作用？如果它们是异源性，相互不影响，或者从最开始一个原则是主要的，另一个原则只是补充性的，它们能否在不同的基础上共存？"我在 Tobler 之前就提出过同样的问题，反对勃鲁格曼和奥斯特霍夫在 *Morphologische Untersuchengen* 提出的普通语言学观点。在 *Ueber die Lautabwechslung. Kasan,1881* 中我尝试解决这个问题，指出两个原则的相互关系及每一个原则的作用领域。

② 我们阐述软音，而不是语音 т 的颚化。颚化是语音 т' 同步发展的结果。请参阅第 7 节。因此，俄语的组合 т'е（准确地说 т''е）还与另一个规律，即组合规律有关。此时在俄语中可能只有软前舌音与颚元音组合。

31. 保罗在《语言学史原理》中不仅暗示了语音的细小变化，甚至指出了变化的主要原因，解释了语音变化从发音开始。而且他并没有认真研究这个领域的现象，他将语言的语音组合中与任何生理语音学原因无关，被我们归类到语音过程沉积领域的一致性称作语音规律。同时，我们知道，现代生物学突飞猛进的发展，正是因为人们意识到细小现象的极端重要性，并且需要认真研究[①]。同样，自从查尔斯·赖尔推翻了居维叶的地球革命论，开始使用现代地球表面细小的变化去解释宏大的地质现象之后，地质学成为了新科学。就像不敢走出明显的，而且已经被书写表现出的语音现象魔咒圈一样，这促使保罗错误地评价语音规律的本质，他说语音规律不是物理规律或者化学规律。语音规律并没有确认，每一次某种现象都应在某些条件下出现。而只是指出某些历史组合的内部具有一致性。我们在上面指出能够使我们预测普遍规律或者准确地说与物理规律和化学规律性质完全不同的生理学规律的原因。在本书中我不打算进一步发展、阐述和证明普遍规律的思想。我只强调下列内容。你们想象一下，你们迫使A、B、C不同的人说出一连串数字，比如从1到20，之后再重复一次。如果他们在不同的时间数数，那么在某一刻A说出11，B说出6，C说出4。如果这一刻在一百年或者几百年之后出现，那么对于作为这一刻见证者的你们而言，个别人说出的数字之间是没有任何联系的。你们无法猜到，在你们面前是同一个链环的三个环节。尽管在适合于各地和不同时代语言无穷尽的语音多样性过程中，这幅画面过于大胆，但我认为，相比较允许用于各种语言和各种时代的规律存在而言，这幅画面比较接近真理，更具科学性。

32. 为了反驳通常被称为语音规律的现象，可以再提出一个事实。这就是在每一种语言中都是必要的，但却很少吸引语言学者注意力的借用过程。我们之前在第30节中已经提到这一点。我们认为，研究每一种语言中的借用现象，我们最好确认，究竟什么应被视为是真正的语音规律。任

[①] 请参阅 Ch.Darwin, Uber die Entstehung etc. 63：“所以，虽然对于分类学家意义不大，但在我看来这些个性化的区别对于我们极其重要，因为这些区别是构成细小型分类的第一步，通常认为，在自然历史著作中很少涉及到这些细小的分类。”

何外来词语不经过借用语言环境的同化，都不可能进入该语言中，我们指民族的自然语言，而不是人工语言。结果我们发现，外来词语在新的基础上改变了形态和内在方面。我们在这里只注意外部方面——语音方面。词语没有经历任何一种被称为语音规律的变化：我们说 кегли，而不是 чегли，кролик 而非 королик（或者 королек），вензель，而非 узел 等，因为在自然俄语词语中我们发现同样的语音和组合：рук, крошка, венчик 等。但是毫无例外，所有词语都从属于我们所说的语音规律，也就是从属于语音系统和语音组合规律：如果被借用的词语拥有借用语言中完全没有的语音，那么这些语音一定会被自然的语音代替。比如，波兰语词语 wezel 中的 e 被组合 ен 代替。在所有从希腊语借用的词语中语音 θ 被语音 ф 取代，如果被借用词语具有借用语言完全没有的语音组合，这些组合一定被这种语言规律要求的组合代替。波兰语的硬音与 e 的组合被软音 в', з', с' 与 e 的组合代替（в'ен'з'ел，而不是 вензел）。

33. 在结束第四部分之前，我们再次回顾一下 δοτμεν 和 λεγοιτε 这样的形式。勃鲁格曼、奥斯特霍夫、保罗将这些形式视为次生的，视为是根据同源形式 δοιμεν 和 δοιτε 构成的。而且还有一种普遍流行的观点，认为词源的辨别力能够破坏语音规律①。但如果我们想起语音变化很缓慢，个别的变化很微不足道，而且这些变化不是语音，而是语音发音的变化，说话人不仅意识不到、感受不到这些变化，甚至完全忽略，那么我们不得不否认词源辨别力可以破坏语音规律的观点。从这个角度而言，我们应当承认，希腊语的 δοιην 和俄语的 о волке 都是根据 δοιμεν 和 волк 而来的次生形式。词源的辨别力不可能避免 j 变为零，而 k 逐渐变为 ц 或者类似的语音。或许只有一个问题，即什么时候可能出现第一性语音被取代或者准确地说，什么时候可以产生类似于 δοιην 和 волке 的次生形式。根据之前阐述的语音和语音规律，我们认为，只有通过细小变化的积累该语音才能完全消失

---

① 保罗和奥斯特霍夫坚决反对这一观点。（请参阅 Paul, Principien, 41、50，Dr.Hermann Ostgoff.Das physiologische und psychologische Moment in der sprachluchen Formenbidung. Berlin SW,1979,5）

或者变成另一个语音时，也就是如果使用我们之前采用过的符号表示法，只有某个语音 n_{10} 可能被语音 n_1 替代时，次生形式才出现。

但是，必须记住，我们在第 10 节和 11 节中提到了错误地说出和错误地理解词语的后果。如果我们可以在民间方言中确认不是特别准确说出的词语 секлетарь，rossignol，那么只是因为人们从词源角度而言并不是特别清楚正确的形式 секретарь，lpssignol。因此，发音很困难。在类似 прорубь 这样的形式中人们可能体会到词源，但也可能体会不到词源。在后一种情形中便于发音的形式 пролубь 更有机会存在。说话人能够感觉到动词 прорубить 的词源组成，所以这个动词没有被更便于发音的 пролубить 代替。

在错误理解的情形下，词源辨别力开始发挥作用。博杜恩·德·库尔得内研究了列济阳方言中结尾辅音（首先是 t，n）消失的过程[①]。从博杜恩·德·库尔得内的观点中可以得出结论，这些辅音还没有彻底消失：有时可以听到，但是非常弱。因此，接受的一代人可能听见，也可能听不见。如果我们以两个含有结尾 t 的词语 pêt 和 pôt 为例，虽然 t 在两种情形下发音都很弱，但在 t 有同源词 pôta 支撑的 pôt 中被接受的机会大于 t 在不变格的 pêt 中。因此，pêt 被 pê 代替，而 pôt 保留下来。同样，在与第一格比较时，在所有其他不变格词语中也是如此。

两个在声学上很接近的语音，比如，俄语的 k'，т'，也是如此。如果我们听到一个含有 k' 的词语，我们完全不知道词根的意义，那么我们可能视其为含有 k，含有 т' 的词语。比如，我们可以将 кизяк 写成 тизяк，кисть 在民间常常被说出 тисть。如果我们听到含有语音 k' 的кислый，那么我们能够体会到它与 квас 的词源联系，也可能体会不到。因此，接受含有 k' 的机会增加。我们认为，除了 кислый, гибнуть 之外，还可以解释下列情形：

тисть	代替	кисть
акатьев	代替	акакиев
авдотья	代替	евдодья

---

① 请参阅 Бодуэн-де-Куртенэ, Опыт фонетики резьянских говоров, 37-45.

  диря 代替 гиря

  андел 代替 ангел

  词源辨别力只是增加了 k 的机会，但并没有使其成为必要的元素。我们听到的发音 "тесто затисло" 足以证明这一点。

  或许，为了进一步解释这一点，我们还可以列举在民间常见的 киятер 代替 театр 的情形，否则在生理语音学上完全不清楚，因为我们知道语音 т'，д' 可以替代 к'，г'，反之却不行。

  综上所述，我们认为语音学规律不可能被词源辨别力破坏。但是在错误地理解语音组合或者语音组合发音出现问题时，这种词源辨别力可能成为制约该语音蜕变的事实。但如果有人问我们，这种形式是如何保留在同样条件下，其他词语没有的某个语音中的，那么在很多情形下很难回答。我们可能不知道，是否应当将该形式视为按照其他同源形式构成的次生形式，或者，可能还是因词源辨别力的支持所致。

五、词语

  34. 我们研究一下，如何掌握和记住词语。

  如果我们必须记住我们母语或者其他语言的词语，就像学习世界某部分的河流名称或者某国家的城市名称一样，那么即使我们有惊人的记忆力，我们也不可能记住。

  但假设这不是一件很困难的事情。假如我们有能力记住组成我们日常语言的所有词，那么这些词语的使用潜力更是令人惊奇：每一次，当我们需要某个词语时，我们需要回忆，而且在短时间内回忆，我们需要从大量语音组合中瞬间选择我们在此刻需要的组合。

  但是，实际上我们发现，所有具有正常智商的人能够快速轻松地学会语言。这是因为，我们并不是分开记忆每一个词语。

  事实上，假设我们需要掌握词语 ведет。如果我们知道 ведешь, веду, ведение, водить 等词语，那么我们不需要去记忆词语 ведет 的第一部分。接着，在 идет, несет 这样的词语中，则是词语的第二部分，而且，与词语 говорит, стоит, возит, носит, воет, кроет 很多词语等之间保持着比较弱的联系。显然，所述内容与任何其他词语有关。也就是说，任何词语与其他词语是通过类比性联想联系在一起。这种相似性不仅是表面的，也是语音或者结构的、形态的类似，而且还是内部的、语义的相似。换言之，任何词语都可以因为特殊心理规律的存在，在我们的心理引发其他与之相似的词语，并且因这些词语的存在被激发出来。

35. 不难发现词语之间的其他联系。比如，句子"Он через улицу лошадь под уздцы."激发了我们思想中的词语ведет。同样，主动动词在我们的思想中激发了第四格名词的形式。语气词если бы表明动词使用过去时，词语износить使我们想起платье, обувь，同样，词语внести与деньги, нанести与оскорбление, одержать与победу 组合。同样，词语собака与лаять, лошадь与ржать 相互激发所致。词语相互激发的能力是以心理性的邻接性联想规律为基础的：我们习惯于将某个词语与一个词语连用，而不是另一个词语。

36. 如果由于类比性联想规律词语在我们的思想中形成系统或者词族，那么由于邻接性联想规律，同样的词语形成系列。每一个词语都是双向联系：在语音、结构或者意义与同类词语之间有无尽的相似性联系，在各类句子中与不同词语有无尽的邻接性联系。词语是某个词族或者词语系统中的一员，同时又是某个系列词语中的一员。

这就给我们解释了，为什么我们能够轻松地记住每一个词语。而且，之前阐述的词语性质使得我们有可能避免每一次的直接记忆。我们只知道иду, идет, веду, 这样的词语足以构建词语ведет，即使我们从来都没有听说过这些形式。在多数情形下，我们无法自信地说出，哪些词语是我们从别人那里学来的，哪些又是自己构建的。在多数情形下，比如在上面列举的例子中，并列形式使得我们有可能构建一个固定形式，任何人都可以做到。因此，洪堡特指出了词语的永久创作性。

37. 我们再举一些能够证明上述观点的负面性质的事实。
如果我们分析很容易忘记的词语，那么我们可以发现它们的典型特征：

它们通过类比性联想联系在一起，但这样的词语数量并不多。这将是专有名词，尤其那些词源不是很清楚的词语，如外来词、技术术语等。在多数情形下，这些词语只能通过与所指东西的邻接性联想保留在我们的记忆里。（我们现在阐述这一类联想）。但这样的联系是不稳定、不牢固的，它需要借助与其他词语相似性联系固定下来。因此，外来词在更熟悉外来词的教育阶层，而不是普通民众的记忆中得以更好地保存。熟悉古典语言的男士们比女士们更容易掌握拉丁语或者希腊语来源的技术术语。普通人需要有特别强烈的邻接性联想，才能记住与本族语言的任何一个词语都不一样或者只是很少部分相似的外来词。因此，这样的词语在语言中永远都在经历着无意识的过程，也就是类推和民俗词源，关于这一点我们将在后面阐述。德语 wanne 变为 ванна，也就是就词尾而言与其他阴性名词相似。希腊语的 βίσεκτος，άσβέστης，德语的 ruff 被俄语的 високосный，известь，рубка 代替，也就是不仅词尾，其他部分也与自然的俄语词语相似。

38. 指出词语相互之间的联系——共存性（相似）和序列性（邻接性）之后，我们运用我们具有的所有其他手段，将各类词语组合成和谐的整体。

我们指出的联系只是词语之间的直接联系。词语与其他词语相关，或者作为词语，它们具有相似性，或者我们习惯将一些词语与这些词语一起使用。

但我们任何时候都不应忽略语言的主要性质：词语是物体的符号。物体的表象和表示这个物体的词语表象通过联想规律连接成为不可分割的两部分。当然，这是邻接性联想。在每一种语言中只有为数不多的拟声词类通过类比性联想与相应的物体联系在一起。比如，шушукать 等。如果物体表象与相对应的词语表象是一体的，那么结果会是什么？词语应在我们智慧中划分为能够表示物体的各类组合。

我们所说的表象将是物体和行为或者状态、这些物体的性质、它们的数量和关系、行为的性质或者状态的表象。在语言中我们可以分为名词与代词、数词、动词、形容词和副词。

这是词语的间接联系。如果我们用大写字母表示物体表象，小写字母表示物体的词语表象，那么它们之间的联系如下：

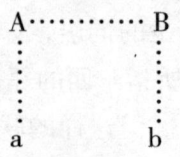

词语 a 和 b 没有直接联系，但又有联系，因为 a 与 A，b 与 B 有联系，而 A 与 B 之间是直接联系。

所以，两个规律对于语言学而言的意义与对于心理学一样重要。这一点很容易理解，词语只存在于人的精神中，而在人类精神中的一切只能从属于这些规律。

39. 我们刚才看到，我们所说的每部分在语言中都对应着某种类型：表示物体、性质、行为、状态的词语不仅在内容上，而且在表面结构上，甚至语音在某种程度上都是不同的。我们可以首先指出语言发展的基本规律。这将是词语世界与思想世界相对应的规律。实际上，如果语言是类似于符号系统的某种现象，那么语言的理想状态是符号系统和符号系统表示的东西之间完全对应的。我们发现，语言的发展就是永远追求这个理想境界。

我们在评述词语时，没有能力给出比我们之前提出的模式更准确的规律模式。随着我们对词语分析的不断深入，读者将对这种规律模式越来越清晰和确定。

在第五部分我们认为，如果语言是分散的词语的综合体，那么就不可能掌握和使用语言。词语之间是直接相互联系的：1）类比性联想。2）邻接性联想。因此产生了词族或者词语系统或者词列。类比联想保障语言中的创作。通过与其他词语之间微弱的相似性联系在一起的词语或者与这些词语不相似，或者很容易被遗忘。它们经历了无意识的，能够使它们更像其他词语的过程。除了词语之间的直接联系，还有间接联系，正是因为这些间接联系使得我们的智慧将词语划分为各种类别，与所表示的物体相对应。两个联想规律在语言学的作用与在心理学中一样重要。词语世界和思想世界的对应是语言发展的基本规律。

六、独立的词语形态元素及其性质

40. 在第五部分我们看到词语是借助于类比性联想与其他词语发生联系的，现在，我们更进一步了解一下这些联系。

我们以某个在意义确定，结构上清晰的词语为例。比如，приносить。它与词语 привозить, приводить 是通过内在的相似性，也就是根据意义，和外在的相似性，也就是根据结构发生联系。但我们也很容易看到，它不仅作为一个整体与其他词语之间发生联系：每一个部分因为与其他数千个词语中同样部分的相似产生联系。我们能够发现数千个词语，其中 при , нос, ить 都在重复出现。语音综合体 при, нос, ить 以其固有的意义不仅出现在相互组合中，而且每一个组合数千次与完全另一些语音综合体组合在一起，在我们的意识中，或者准确地说在我们的语言感觉中获得独立存在。只有这种情形使得它们成为词语的形态元素。正如我们在后来见到的那样，词语形态元素的独立完全取决于上述情形，与其他任何因素都无关[①]。记住这一点非常重要。

41. 我们首先分析一下词语的最重要部分，也就是нос。

在普通词典中我们找到了 200 个左右的词语，含有这个部分或者这个部分的变体。因为所有这 200 词是主要形式，也就是不定式或者第一格，那么我们可以大胆地指出，所有包含这部分词语的数量应该是超过一千的。

研究这些词语，我们发现词根部分的表面并不是某种固定的。也就是词根并不是指一个语音综合体，而是完整系列相像的语音综合体。实际上，我们的词根部分有下列几种形式：н'ес,н'е'с,н'ос,нос',нош,наш。

如果我们注意到，上述大部分分类可能是重读或者非重读，那么我们所指的列将大幅增加。我们回忆一下，实际上我们在阐述中指出了语言单位的两个典型特点：复杂性和不确定性。我们刚指出的词语词根部分的特点证实了第一个特点，即复杂性。

---

① 请参阅 Paul, Principien, 177.

42. 尽管形态元素之间的区别很小，但形态元素的分类对于这些元素的历史而言还是很重要的：语言学家与生物学家都认为，分类事实上就是产生的类型。

针对列举的词根类型，我们阐述几点意见。

1）分类与语音变体有关。而且，词根结尾语音的变体比词根开始的语音变体丰富。

如果我们分析完整系列词根，我们就可以得出结论，在大多数情形下词根结尾语音的变体是最丰富的，中间部分的语音变体次之，前部语音的变体最少。

2）一系列可能的（非现实的）词根分类是由它的语音决定的。所以，我们了解该语言的同源语音，可以进行预测。比如，我们根据含有结尾语音 г 的词根，就可以预测含有语音 г'，ж 的词根分类等。换言之，语音学起源于词根分类。

3）在词根分类中我们看到已经熟悉的两类语音关系。1）在这里我们发现一些受制于某些语音学原因的语音其实与这些原因是密不可分的。比如，在词根 нес 中，语音 с 只在非颚元音（н'есу）之前，с' 永远在颚元音（н'ес'и）之前，没有例外。元音 о 只在重音下（нос'и́ть）：元音 V[①] 只在重音前（нVс'ит'）。这样的交替语音常常表现为生理语音学同源，或者准确地说，它们的生理语音学区别并不是很明显。比如，с 和 с›，о 和 V，在使得词根多样化的语音中我们还发现了一些与语音学原因无关的语音，如果这些语音在此种情形下存在，只能归结为历史原因。在这样的情形下交替的语音完全不同：比如，нести, носить, нашивать 中的 е 和 о，с 和 ш。

4）我们经常发现，源于第一类语音变体的分类在意义上并没有什么不同。н'ес 和 н'ес' 的意义是一样的。至于源于第二类语音变体的分类，或者这些分类，或者拥有这些分类的词语在意义上是完全不同的。比如，ἔλειπον, ἔλιπον 中的 λειπ 和 λιπ，нести 和 носить 中的 нес 和 нос。当然，

---

① 因为缺少更合适的印刷符号表示 а 和 о 之间的语音，我们采用了 V。

在最后一个例子中特殊的意义特征不仅仅体现在词根部分。还与词尾 ить 和整个词语结构有关。因此，我们在这里看到了我们熟悉的语言单位特点，即语言单位的不确定性。

在此基础上，我们得出了一个重要结论：受制于语音学原因的语音变体一般在词语的意义上起不到类似的作用。与语音学原因无关的变体或者独立存在，或者与其他元素组合在一起，在多数情形下因词根的内在变体而相互联系。

43. 我们之前说过，不要认为词根就是一种简单的元素，相反，词根是某种复杂、完整系列的分类。我们还说过，从内在方面而言，这种不确定性体现在我们经常没有能力区分词根与相邻的形态单位。我们以最简单的一个词根为例，即便如此，我们还是遇到了困难。词语 несешь 分为 н'ес+ ош 是值得推敲的。我们完全可以将其分为 н''ес+' ош，也就是将音节 ош 与前面的软辅音视为单数第二人称的词尾。至少，活的语言在重新构建这个形式时，正是通过这个结尾构建。试比较：民间词语 текешь（т'ек-ош）源于词根 тек。因为语音组合不能被视为机械性的语音[①]对比，所以词语也不能被视为机械性的对比形态元素。我们在词语语音学和形态学元素的组合特点中发现了形态元素一体化的萌芽，我们之前提到最后过程的萌芽。

44. 之前我们已经说过，词根经历了中部和结尾语音各种变化之后，前部语音的地位几乎不可撼动。现在我们需要研究在词根前部发现的现象。

在我们的感觉中是什么助力词根 нес 与那些在不同词语中位于词根之前的语音或者语音综合体区分开？

我们以表示某种行为的词语 нести 为例。同时，我们可以列举下列词语：вз, в, воз, вы, до, за, об, от, пере, под, по, при, про, раз, с, у-нести。

每一个词语表示的行为与 нести 是一样的，附加上这个行为的某种特征，我们以与其在意义上相近的词语 везти 为例。我们在这里发现一列在结构和意义上完全与含有 нести 系列并行的词语。这两列动词甚至拥有相

---

① 请参阅前面第 8 节。

同的补语：

взнести	взвезти	ч.н. на гору
внести	ввезти	ч.н. в дом
вынести	вывезти	ч.н. из дому
донести	довезти	ч.н. до города
занести	завезти	ч.н..с собой

有关 перенести 这样的词义，我们认为它有两个中心：主中心是 нести，次中心是 пере。主要意义由 нести 决定，其特征才依赖于 пере。这与完整系列动词 внести, занести, обнести……中含有常态意义的 нести 有关；与另一个系列动词 перенести, перевезти, переложить 含有常态意义的前缀 пере 有关。

45. 我们现在看一下，在上述条件缺一的情形下，将会发生什么。

我们分析一下含有前缀的复合动词，这些动词没有相对应的简单动词。比如，动词 обуть, обувать，就没有无前缀的形式 уть, увать，与 обнести, обносить—нести, носить 完全不同。尽管有 разуть, разувать，但在我们的意识中词根 у 或者 ув 不是孤立的。由词根 обу 构成的 переобувать 已经很清楚地说明了这个问题。如果 об 被视为是独立的前缀，那么就一定有 переуть 的形式。

动词 находить 具有无前缀形式 ходить，但是在第一个动词中无论是 на，还是 ходить 都没有它们固有的常态意义（一方面是 наехть，наскочить，另一方面是 проходить, обходить）。因此，尽管词语结构清晰，只有组合 наход 作为词根独立存在。这样的名词例子还有 поднос, понос 等。这样的词义被视为是完整的，整体都在变化。比如，拉丁语的 collocare 在法语中变成 coucher。拉丁语的 computare 变成 conter。但在拉丁语的 reficere, contineo 中前缀和动词都具有常态意义，每一个部分都是单独变化。我们拥有 refaire, je, contiens，也就是这些形式构成的基础是 re+facere（而不是 ficere）和 con+teneo（而不是 tineo）[①]。在 переносить 这样的词语中两个部分都保持了固有的常态意义。这样由前缀和动词构成的词语不仅在俄语中，而且在任何一种外语中都存在。因此，我们有权利说，具有两个中心的词语仍旧存在。我们是否视其为在该语言中，在不同时代，按照先后顺序产生的现象。

除了动词 подозревать，还有 призревать, презреть 等。但 подозревать 和 призревать 与 подносить 和 приносить 不同，相互之间没有关系。我们不认为，зревать 在两个动词中是一样的，同样，我们也不认为前缀 под（о）和 при 拥有在大量其他词语中固有的意义。我们在这里看不到之前讲述的 перенести 中的两个中心。作为词根的 подозре（в）和 призре（в）是独立的。因此，真正的前缀不是附加到 зре，而是 подозре（в）：за-подозрить。所以，在这个动词的原始前缀部分我们发现了只有词根则具有的现象：词根 брос, строй, спор 与 брас, страй, спар 发生语音交替（бросить, строить, спорить-забрасывать, застраивать, оспаривать）。同样，我们的新词根与 подазри（в）发生语音交替（подозревать—заподазривать）。

显然，在缺少几个条件的前提下，原始词根越来越不像词根。比如，词语 затевать, исчезать, намекать, опасаться, разорять，不仅没有简单的 тевать, чезать……而且也没有含有其他前缀的复合词。

46. 我们未必在 ходить, находить, подозревать 和 призревать 这样的词语看到词根的前部变化：词语的意义完全不同，体会不到它们是同源词或者只是有很少的相似点。如果针对这些动词的同源性还有疑问的话，那么在 резать, образ, ухо, подушка, верста, сверстник 这样的词语中就没有任何可质疑点。我们应当在现在的语言中承认词根 подозр, призр, рез, образ, ух, подушк 的独立性。

但是，考虑到 обу（в）, разу（в）, уба, прибав 这样的词根存在，我

---

① 请参阅 Arsène Darmesteter, Traite de la formation des mots composes dans la langue française Paris, 1875. 他在第 75 页上写道："在罗曼语时代拉丁语大部分复合词都已经不存在。"

们应承认词根的前部是变化的。很容易发现这种变化与我们在词根结尾处看到的变化之间的不同。我们在那些将一类词根与另一类词根区分开的语音之间发现某种联系：它们相互之间或者在生理语音学上，也就是在生理语音学特征上很接近，比如 нос 和 нос' 中的 с 和 с'。或者在历史是同源的，比如，нос 和 нош 中的 с 和 ш。因此，我们了解一种语言的语音，根据这个词根，可以根据经验发现一系列这个词根的各种分类。以辅音 д 结尾的词根，可以拥有以 д,ж,жд,жд '（比如，род）结尾的词根分类。含有元音 у 的词根可以拥有含有 ы,о, 甚至零元音（比如 дух）的词根分类。但在词根前部的变化中我们看不到这样的变化。我们在这里时而看到原始词根与一个元素连用，时而与另一个元素连用（比如 обувать 和 разувать），这时，表示两个附加元素的语音之间没有任何语音学联系。如果我们将词根的第一个变化视为是词根的一个分支，那么我们可将第二个变化视为支干。第一个变化是语音学元音所致：而第二个变化则是形态学所致。

我们可以提一个问题，类似的支干在词根的结尾处是否存在。

дать（词根 да），дарить 词根（дар）这样的例子能从正面回答这个问题。但我们如果解释这个现象，只能在了解后缀之后。我们现在开始分析这个问题。

47. 在词根尾音之后，含有某种特征的任何语音或者任何语音综合体都被称作后缀[①]。一般在语法中区分后缀和词尾。比如，词语 носитель 中的组合 ител 被认为是后缀，而 ем 是词尾。那么词根与后缀 носител' 一起被视为是一个整体，称作词干或者变化类型词干。词尾与后缀的唯一区别就是词尾在词语的最后，是该词语所属范畴的特征。只有元音 у 使得语音组合 изнашивай 具有第一人称的意义（изнашиваю）。只有组合 ем 使得组合 носител' 具有第五格的意义。在其他方面词尾与后缀并没有什么不同。因此，如果为了简单明了，分析位于词根后面的部分，比如后缀，我们似

---

① 必须指出，词语与词根的不同体现在最后一个语音上。这种特点可以将该词语与其他源于该词根的词语区分开。比如，词语 гниль 源于词根 гнил。后缀的缺失也是词语的重要特点。比如，名词 ход 的词根是 ход。

乎并没有什么错。

与词语其他形态单位一样，我们认为，后缀并不总是处于独立状态。

1）即使没有这个后缀，甚至没有这个后缀在意义上表现出的特征，与其连用的语音综合体在语言中也存在。比如，词语 домик 的后缀 ик 作为单独的形态单位，使词语获得指小表爱的意义，因为没有这个后缀，甚至在意义上没有这个特征的词语 дом 存在于语言中。

2）后缀在一系列词语中使得词根语音综合体的意义具有同一种特征。比如，后缀 ик 在很多词语中都有，而且每一个词语都有指小表爱的特征。

3）最后，显而易见，如果该后缀总是能够给词根的意义带来某种特征，如果除了这个后缀，语言中没有任何表达这一意义特征的元素，那么这不可能不带来后缀的独立。在俄语和印欧语言中很难展现那些完全拥有上述性质的后缀。因此，我们可以以另一种方式改变一下所述内容：后缀独立的能力与它的意义及与其在意义上同源的后缀数量成比例的。比如，后缀 -онок 是独立的，因为它的参与只是表示年幼的动物[①]：котенок, медвежонок, утенок, 而为了表示这个意义，还有一个后缀 оныш，比如 утеныш。

48. 在缺少所述条件下，后缀无法独立，只是作为原始词根综合体不可分割的部分，能够感觉到它的存在。比如，我们在词语 сердце, солнце 中感受不到后缀 це。我们无法分离这个作为使词语具有指小特征的语音组合——后缀。这是因为不存在 сердо, солно。在所有被视为是 сердце 同源的词语中，我们发现了 сердец, сердц, сердеч。两个原始独立单位融合在一起，除此之外，оконце, суконце 与 окно, сукно 也是如此。无论从表面，还是从内在都是独立的。这种现象成为新词根，语音丰富，但意义清晰确定的词根源头（试比较：сердце середина）。

名词 дар 与动词 дать 是对应的，但是语音 р 并不是作为后缀独立存在，因为我们找不到在意义上含有某种特征，含有后缀 р 的词语。我们甚至无法说出这个后缀能够赋予词语什么样的特征：在词语 дар 中我们感受不到

---

① 例外情形（бочонок）罕见。

两个中心的存在，也就是基本意义和存在于词语 оконце 中的特征。即使 дань 的存在，也就是同一个词根与另一个后缀的叠加，都无法助力后缀 p 的存在。因为语音和功能的接近，дать 和 дарить 被视为是同源词，也就是与上述现象类似的现象为词根的后部变化提供了形态来源（да—дар）。同样，我们还可以列举出 буд—бодр（будить—бодрый, бодрствовать）。

正如我们所见，很难确定词根语音和后缀语音之间的准确界限。如果我们将词语 носить 划分为 нос 和后缀 ить，那么这种划分与词根是 носи，后缀是 ть 的划分一样，是有争议的。

49. 后缀是否有变化，有什么样的变化？

我们在词根结尾语音中看到的变化是纯语音学来源的变化，这种变化并不多，很容易理解其中的原因。

1）在印欧语言中前面的语言变化是为了适应后者。后者的变化是为了适应前者的情形极端少见。如果词根具有各种语音学变化，那么首先是因为它的最后一个语音与能够改变词根意义的后缀的首音共同连用，而且这个语音不会对词根产生明显的影响。因此，我们认为后缀的前部语音变化是存在的，因为在该语言中前一部分语音对后一部分语音常常产生影响。比如，最高级后缀 ейший, айший（сильнейший, величайший），因为原始的 e 在后面的 ш 和 ч 影响下，逐渐被元音 a 代替。这里也包括后缀 ик, ица 及与其同源的 щик щица, ник, ница。

2）如果构成后缀的语音不是很多，那么首音在一种情形下变化，在另一种情形下不变化，结果不是后缀的变化，而是作为一个后缀消失。这种情形很常见。比如，拉丁语中的后缀 ti：试比较 vestis, messis, pars 与原始的后缀 ti。

至于说到后缀的结尾，除了因为语音消失而产生变化，我们未必能够说出其他变化。比如，ходить 和 нести, было бы 和 было б, рыбою 和 рыбой。

50. 但是后缀具有另一种变化。

我们只需要列举数十个词语，就能够发现后缀的特殊性质：后缀能够相互组合，构成一个复杂的后缀。

在俄语中有以语音 k 结尾，数量不多的名词。这个语音 k 就是古印欧语言的后缀 ka 的残迹。它与词根语音或者其他后缀融合在一起，已经不是一个独立后缀。我们分析俄语一系列通过叠加方式产生的后缀，在词缀结尾处残留了古代后缀的遗迹。从下面两个表格中可以得到关于这个系列后缀的某些概念和上面提到的后缀性质。

1)

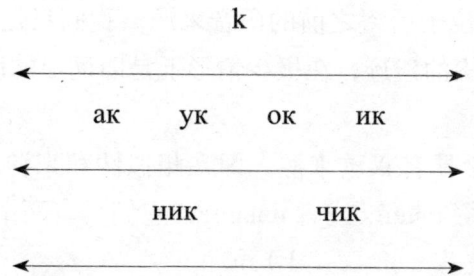

这里包括了词语：полк, дурак, пустяк, барсук, глазок, денек, домик, клеветник, стульчик, дымовник, дождяник, голубятник, поливальник, светильник, двойничник, тюремщик, гробовщик.

2)   к
    ик
      чик
        щик
          овщик

试比较：拉丁语后缀 um, tum, mentum, amentum 和希腊语后缀 ός, κός, τικος。

复合后缀具有双重性：

每一个构成复合后缀的后缀都将固有的特征附加到词根中。比如，ительство（пред-вод-ительство），ов-енький（шелк-ов-енький）。我们无法将这些元素视为后缀 тель, овый, ство, енький 的变体，就犹如我们没有将 переносить 视为 носить 的变体一样。

后缀之间还可能具有下列联系。一方面，我们看到了某个后缀，另一方面这个后缀的前部加上了某个语音或者某些语音。这些语音本身并没有使词根获得某种特征，也就是与原来的后缀或者某个其他的词根一样，扩大后的后缀，并没有使得词根获得某种特征，但在两种情形下都只是某一个特征，而不是像在词语 предводительство 中那样是两个特征。比如，后缀 ок-'онок（козленок, уголок），'ми-ами（столами, людьми），ик-чик, щик（стульчик, тюремщик, домик）。

我们不探讨位于后缀之前的语音来源。我们只是简明扼要地说一下，这些语音是旧后缀的残迹，在极少情形下是旧词根的语音[①]。

51. 复合后缀具有双重来源，即在相似性和来源方面与两个系列的后缀有关。比如后缀 овщик 或者 ильник，它们具有两个同源关系：

1）.ик　　　　　　1）ик
чик　　　　　　　ник
шчик　　　　　　ильник
────　　　　　　────
2）овский　　　　2）ильный
овый　　　　　　ило

我们以 ильник，ник，ик 或者 ильник，ильный，ило 为例，在两种情形下可以看到后缀的变化。在第一种情形下是后缀 ик，在第二种情形下是后缀 ило。我们发现，在两种情形下是同一个变化的原则：不同后缀的组合。我们认为不应当将后缀 ильник 视为是后缀 ило 的分类，而是作为后缀 ик 的分类，因为 ильник, ник, ик 是阳性名词词语范畴的后缀。

52. 关于后缀的意义。正如我们在上面提到的，后缀的意义是宽泛和不确定的。因此，毫不奇怪，某个后缀的两种分类常常使得词根具有某

────────
① 请参阅 Лингвистические заметки，21.

个特征。比如，词语 домик, стульчик 中的后缀 ик 和 чик：两个后缀具有指小表爱特征。但相反的情形也很常见。比如，德语的后缀 ung 在词语 Bewegung 中表示状态，在词语 Mischung 中表示结果，在 Kleidung 中表示手段，在 Regierung 中表示聚集。但是在多数情形下表面区别与内在区别是重合的。比如，表示物体所在地方的阳性名词拥有后缀 ник（цветник, каретник）：它的分类 -'атник 体现在表示某些动物构造的阳性名词中。比如，гусяник, курятник.

因此，我们得出结论，后缀的特点首先是前部变化，与形态有关。至于意义，虽然我们还不能认为该后缀的语音分类就是意义的分类，但这些语音分类具有不同的意义。这个形态单位的特点表面上具有与其他后缀组合的特殊能力，而从内在方面则具有意义的复杂性和不确定性。后一种情形说明后缀的外部与内部区别是不完全吻合的。

53. 关于前缀我们之前讲过。我们再次回到这个问题上，首先要强调意义上的特点。与后缀不同，前缀几乎永远都具有固定的意义，也就是它使得词语具有某种特征（比如，под）。除此之外，任何其他前缀都不可能使得词语具有这种特征。与后缀不同，并不是只有某个范畴的词语才使用前缀，前缀无处不在。如果说前缀 вы 只用于动词与动名词（вынести, выход）或者 па 只用于名词（патока），那么这样的前缀并不多。正因为使用率较高，前缀的数量将远远少于后缀的数量。通过后缀 ец 可以构成阳性名词，那么前缀 под 可以与各类范畴的词语连用，表示同一个意义：

под столом, столами

под большим, большой

под ним, ними

под-ложить, -ложу...

也就是我们在这里发现了黏着语的组合原则。比如，鞑靼语后缀 лар 在不同范畴词语中同样构成复数形式。因此，我们认为印欧语言的前缀比黏着语的后缀更容易记住，与后者一样，具有稳定性。实际上，前缀的变化是很小的。

54. 前缀没有形态起源的变化。它相对于词根所处的位置与词根相对于后缀的位置是一样的。但是（从历史发展角度）词根经常利用下一个形态单位的语音，但我们没有发现前缀利用词根的意义。前缀作为位于词首的极端形态单位，在词首处不会利用任何元素，因为我们需要看到，前缀并不像后缀那样，具有相互组合的特点。

但为什么我们没有发现前缀的某种语音学变化，外在变化与意义变化交织在一起的情形？为什么变化不大：под-бит, пот-пилит, раздвинут, растворит 似乎在这方面前缀的位置与词根的位置并无二样。但我们应当注意，第一，前缀的语音相对贫乏。如果在这样的情形下产生了某些重要分类，那么它们相互之间的相似处很少，我们就不能认为是一个形态单位的分类。所以，两种分类被视为是两个独立的前缀，与词根融合在一起，其中一个在与另一个竞争中消失。第二，前缀意义简单，具有确定性，因此，并不需要可能产生的语音分类。比如，与古斯拉夫分类 сѫ 和 съ（显然是重音的影响）相对应的俄语前缀没存留到现在：су=сѫ 作为前缀的分类或者与词根融合在一起（сугроб, сустав），或者让位于分类 с，со=съ（сосед 代替 сусед-сѫсъ）。因统一的 съ 而产生的俄语分类 со，с（сносить, составить, собирать）也是如此。

55. 我们在了解了词语的不同形态元素之后，认为词根是词语的最重要部分，无论是数量，还是性质上最善于变化，而且这种变化是最有意义的。也就是相对于其他形态元素而言，词根的表面区别与内在区别的一致性更强。在词根中我们没发现任何在后缀中出现的现象，即随着形态单位规模变大，内容变贫乏的现象。也没有过度简单的词根和限制词根长度到极限的确定内容，使得这个形态单位在多数情形下成为表示某一种关系的符号。至于前缀和后缀，我们认为它们之间的对立不仅是因为规模和内容相反：所有重要的特点都是相对立的。关于前缀、词根和后缀构成的复合词语，我们认为，在内容的确定性方面这样的词语是自低而高，在规模方面是自大而小的一系列元素。

因此，在这一部分我们了解了一部分词语的联想性联系，也就是形态元素的类比性联想，认为词语的典型特点是复杂性和不确定性。我们认为，词根变化是语音学性的，在词根的前部语音部分变化最小，在中间语音部分变化增强，在结尾语音部分变化最大。形态来源的变化首先体现在开始和结尾处。我们还发现，发生在后缀前部的变化与形态有关。前缀只有语音学来源的结尾才变化。我们在描述个别形态单位时发现，词根变化最多，表面区别与内在区别对应性更强。后缀和前缀与词根不同，几乎是相互对立：相比较前缀而言，后缀相互组合的能力更强。后缀倾向形态变化，前缀则是语音学变化。后缀意义各种各样，是不确定的，而前缀只有一个确定的意义。后缀只与某个范畴的词语连用，而大部分前缀可以与各个范畴的词语连用。

七、破坏性因素

56. 我们已经知道，表面分析的词语是由不同部分组成。从内在方面不能将词语视为某种不可分的整体：通常词语表示含有一个或者几个特征的某种概念。但是，从表面，从内在方面看词语都是一个整体。我们了解了词语的这些性质，可以勾勒出语言的理想状态。

1）每一个概念和每一个特征都与某种表面的，首先是语音单位相对应的[①]。

2）因为概念与固有的特征共同构成一个整体，那么这个统一体应是通过某种外在的形式表现出来，个别的形态单位应当通过某种黏合剂联系在一起。

57. 我们看一下第二个要求。在任何一个词语中我们都能看到将个别形态单位结合在一起的黏合剂。这将是形态单位针对邻近语音做出的细微性语音学退让，正是因为这些退让行为导致它的边缘语音适应于邻近形态

---

① 并不总是语音或者语音综合体。试比较：在"Мать любит дочь"这样的表述中第四格的特征是通过词语位置表示的。在所谓的分析性语言中这样表示概念特征的方法很常见。

单位的最接近的语音。比如，пот-п'ил'ит', з'д'елат', извош-чик, с'-т'ем 等。我们已经知道，而且不能忘记这些语音关系是自然的：它们在原始阶段与形态学没有任何共同的东西，也不是为了将个别形态单位组合为一体。词语语音中的重音和与其交织在一起的某些现象。比如，在词语 переносить 元音系统中的现象与最后一个音节中的重音交织在一起：在第一个音节中是短 и，在第二个音节中则是更短的 и，而在第三个音节中词源性质的 о 发音则是位于 а 和 о① 之间的元音。在图兰语中，按照博杜恩·德·库尔德内教授提出的正确而充满智慧的观点，元音和谐起着黏合剂的作用。只有元音和谐才能将个别的，在其他方面语音上没有变化的图兰语的词语形态单位结合为一个整体。

58. 我们现在分析一下第一个要求。显然，语言为了满足这一要求，针对每一个特殊概念和每一个特殊特征，应有一个特殊的表达方式。

我们没有看到任何违背第二个要求的行为。如果第一个要求还可能被遵守，那么我们就会看到词语世界和概念世界之间的完全一致和部分一致，也就是之前提到的观点：语言永远都在追求的一个状态。

在第六部分我们讲述了诸多对应的事实。但我们也发现很多内在区别和表面区别不一致的情形。显然，首先因为词语系统发展的不平衡所致。比如，该语言的变位形式体现了内在区别和表面区别完全对应，而与变位并列的变格形式，甚至还没有形成一个规整的系统，也就是在这个系统中各种表面的区别与某些内在的区别是对应的。最后，相对于其他词语的形式而言，一个词语的形式可以呈现更多的对应。比如：

дом, дома, дому, домом, в доме

рот, рт-а, рт-у, рт-омво, рт-у

我们假设所有词语系统的发展都是一样的，假设这种发展是平稳的②，我们忘记一些例外情形，假设语言在整个发展过程中呈现出表面区别与内在区别相对应的理想状态。语言的这种状态稳定吗？总是存在一些

---

① 请参阅 В.Богородицкий Гласные без ударения.

② 平稳的节奏。

因素，以不可阻挡力量终究破坏我们假设的和谐。我们来了解一下这些因素？

59. 语音退变：我们知道，语音按照某些规律组合在一起，而且前一个语音的性质常常取决后面语音的性质。因此，同一个形态单位在与各种形态单位结合时并不总是保持同一种样子。比如，形式：

дом, дом-а, дом-у, дом-ом, о дом-е

волк, волк-а, волк-у, волк-ом, о волк-е

在某种程度上呈现出理想的状态。形态单位 дом, волк 与格后缀的宽元音结合，保持原有语音不变化。这些形态单位与由窄颚元音 e 构成的第六格后缀结合时，最后是软辅音：дом', волк'。当 дом—дом' 之间相互区别还不是很大，当它们的区别与纯生理学原因有关，我们就不能在名词变格中确认与任何内在不一致的词根或词干的区别。分类之间的细小区别并不妨碍它们表达（与不同的形态单位组合）同一个概念，甚至是它们与某些后缀结合的黏合剂。但我们知道，语音是自发变化的。某个形态单位的区别很小的分类随着时间推移，可能发展成为更多相互不同的形态单位。但它们的功能保持不变。在完全没有内在区别的前提下，词语 могу, можешь 中的 мог 和 мож，noga 和 nodze 中 nog 和 nodz 呈现出了这样的语音区别。

在论语音部分，我们已经认真分析了这个因素。我们发现，语音变化：（1）在物质上是必须的，（2）是普遍现象，处于语音学条件之外，与其他任何条件无关。因此，即使没有新证据和例子我们也能想象，词语的语音退变给我们设想的语言理想系统带来多大的混乱。语言常常存在数千年，但还没有完全理顺因语音学因素而导致的同源词语之间的区别。按照保罗[1] 的观点最显著的例子就是印欧语时期因词语重音而引起，在印欧原始语[2] 的后代语言中没有理顺的音高或者二合元音。

---

[1] 请参阅 Paul, Principien, 104.

[2] 关于破坏性的语音规律行为请参阅 H.Osgoff, Das physiolog und psycholog. Moment, 13.

60. 形态退变。之前我们发现，很难确定个别的词语形态单位之间的界限。我们回到已经熟悉的例子：ношу, нос'ишь, нос'ит, нос'им, нос'ите, нос'ут[①]，很难确定词根和词尾之间明显的界限。

我们尽可能根据语音历史，将这些形式归为更符合我们设想的理想状态一类：nosi-ą, nosi-ši, nosi-ti, nosi-mu, nosi-te, nosi-nt[②]

对于我们而言，这些构拟形式的正确程度有多高并不重要。我们甚至将属于两个时代的形式：nosia 和 nosint 放入其中。而且这也不重要。我们假设，这些都是现实的、现代的形式。在所有这些形式中行为通过同样的语音综合体表示，而不同人称借助于特殊的词尾表示。这些形式是否会长期保持现状而存在？首先，颚元音之前有明显颚音特征（nośi-ą, nośi-ši）。元音 i 位于重音之后和元音之前变短（nośi-ą）。首先这些因纯物理原因导致的细小变化可以作为黏合剂将个别形态单位联合成为一个完整词语。但语音还在继续变化：元音 i 越来越短，被可能随着时间完全消失的辅音 j 代替。元音 ś 的颚音特征不断扩大，变为 š。产生了 nošą/ti[③] = 俄语的носят。在我们的形式体系中 nosi 已经不是词根或者词干：形式 ношу 的词根是组合 нош，形式 носят 的词根是组合 нос'。元音 i 得到了与词尾结合的机会，已经可以将 носите 分为词根 нос 和结尾 ите。这样，我们在古斯拉夫语中发现了第六格词尾 ахъ，ьхъ,ъхъ,ѣхъ,ихъ（рыбахъ，пѫтьхъ, сынъхъ, рабѣхъ,конихъ）。因此，存在一些形式，其中语音综合体被视为以辅音结尾的词根。通过这些语音学 - 形态学途径，拉丁语中的不定式结尾 re 在法语中变为了四个具有同样功能的结尾 er，ir，oir，re。因此，语音学变化促进词语形态学单位之间的语音再排列，也就是导致形态过程的出现。因此，某个形态单位变成几个语音各异的分类，但具有同样功能。

61. 可能没有语音学变化，也会有这样重新整合形态元素的形态表达形式出现。

---

① 形态替换更原始的形式 нос'-ат。
② 我们用斜体的 i，u 表示短 i，因为没有对应的印刷符号。
③ 与单数第三人称 nositi 相似的影响，导致音节 ti 的出现。

我们假设每一个概念和概念的每一种特征都有外在表现形式。但语音综合体和表达概念及其特征的语音，常常不可能同样程度使用。我们假设某个后缀相对较少使用。显然，我们可能因此不是特别牢固记住它，这时这个后缀将有机会与词根综合体形成一个整体。比如，原始后缀 d（印欧语中 dh，希腊语 θ）的残余形式与词根 и 在 иду 中的结合，在同源词语 иду, идти, дойти……中产生了某种无序性。当然，这样的结合有很多原因：因语音学变化导致后缀变成一个辅音，从而使得特征变得不清晰。词根长度还可能短。但除了这些原因，还有后缀的罕见性。同样，词语 пал 的消失使得原始的指小形式 палец 变为非指小形式。一方面是 беспалый, шестипалый, 另一方面是 хлеб-хлебец。所以，我们应当承认源于结合而产生的形式 палец 就是破坏了和谐的形式。

62. 如果每一个概念和概念的每一个特征在语言中都有特殊的表达方式，那么随着时间的推移，还会出现新的概念和新的概念特征。如果没有任何其他表达手段，我们将利用现有的语言材料，表达描写的、形象的概念及其特征。我们构建了 поднос, навоз 这样的词语，它们只是表面上具有两个中心，但就意义而言与具有两个中心的词语，比如表示 подвожение, подхождение 的意义与 подвоз, подход 还是不同。我们总是必须使用 "ржавчина есть железо" "тоска ест человека" 这样的表达方式。这一切都可能不破坏词语世界和概念世界相对应的和谐性。

63. 词语的产生。甚至词在语系统均衡发展的前提下，我们分析的两个因素足以破坏语言的完整和谐性。语言永远无法达到我们在上面描述的理想状态。但还有另外经常破坏语言系统的两个因素。

前面我们已经说过，在我们的言语中我们或者根据记忆复制听到的词语，或者重新构建词语。结果我们尽量详细分析词语的产生和词语的复制。我们在这里只是简短地说明一下，我们经常构造多余的形式。比如，иду, идет, веду 这样的形式使得我们构建一个形式，即 ведет。但如波兰语中从 no.syn-dat.synowi 得到 no.dat.bratu，使得我们可能从词语 chłop 中得到 chłopu, chłopowi。其中 chłopu 是通用，而且是正确的形式，chłopowi 较为少用，是第二性的，而且是不正确的形式。

因此，如果在形式系统中即使出现了一个重合形式（syn-chłop），那么就有可能构建平行形式。而这样的平行形式不可能不破坏语言的和谐性。在一定时间段它们还将共存①，形成了多余现象。如果语言没有利用这些形式表达不同的功能，那么其中一种形式消失，被遗忘。而且消失或者存在并不取决于一类形式，或二类形式。完全是其他元音所致：正是第二性形式（假如 chłopowi）保留下来。这时系统的正确性被破坏，也就是语言史为我们揭示了正确形式 synowi, chłopu 和不正确的形式 chłopowi。同样，дом, в доме 在 лес, лесу 的影响下，我们可以构建 в дому。或者，在 μειξων, μειξους 形式基础上，我们构建 μείξονος 等。

因为构建的形式与语言中现有的（μείξονος 和 μείξων, в дому 和 в лесу）某个类型相似，因为完成同一功能的两种类型随着时间的推移，通常只留下一种类型，那么我们可以得出结论，构建形式只是使语言系统暂时处于无序状态②。

64. 词语的复制。这个因素比构建词语更具有破坏性。我们不仅可能构建词语，甚至还可以根据记忆复制我们听到的词语，完全意识不到这些词语与我们的语言系统和谐度。一方面，我们必须在其他语言或者方言中构建词语，从另一方面在语言中听到更早期构成的词语，那么在每一种语言中我们看到了两个层次：共存的地理层次或者借用现象，和序列性年代层次或者继承性。这两个层次的词语将在一定程度上破坏语言系统的和谐性。

65. 当借用的形式凭借意义进入到其他语言系统中，忽略表面的不同，地理层次的产物就已经破坏了语言的和谐性。

俄语具有表示人的行为的后缀 ож：дележ, грабеж, кутеж 等。词语

---

① 一起，共同（拉丁语"promiscue"）。
② 下面将详述。

падеж, мятеж 因是宗教-斯拉夫源头，其中的后缀是 еж，但却是另类的。但如果我们认为这些词语破坏了和谐性，未必是正确的。词语 падеж 不表示人的行为，也感受不到由词根 пад 和后缀 еж 构成的复合词。同样，词语 мятеж 也是如此。

但是，我们在含有词根 солод 的词语系统中看到了和谐性被破坏，宗教-斯拉夫语形式 сладкий 嵌入到这个系统中，那么与这个词语同源的词语是以俄语的形式出现的：试比较动词 солодить, 名词 солод。

希腊语起源的词语 сорок 与拥有后缀 дцать 或者 десят 的这个系列的其他成员并不和谐。

我们后来发现，在多数情形下借用的词语适应于它们嵌入的环境中，达到了丰富语言的目的，很少破坏语言系统。借用词语与第一类民间词语之间的唯一区别就是语音历史和这些语言组合的历史。

66. 在形式系统均衡发展的前提下，一些词语能够被牢牢记住，而另一些词语则弱一些。显然，最容易记住的词语就是常用词[1]。因为几乎在所有语法中最常用的词语，比如 быть, иметь, ходить, есть, человек, уши, очи, я, ты, он, хороший, дурной……属于例外的、不规范的词语，它们的形式具有古代性，相互之间区别很大，和其他与其同源的形式在功能上也不同。这是为什么？因为我们经常使用，因此牢牢记住了类似形式，我们几乎不需要构建，只是根据记忆复制，我们毫不关心，它们与我们语言中的其他形式已经没有和谐性。所以，尽管在法语中以 ons（aimons）结尾的动词复数第一人称的旧形式在很多动词中已经变成 ons（aimons[2]），源于 être 的相对应形式还是继续保持原有的样子 sommes。所以。俄语动词 идти 的形式有三个不同的词根：ид, шед, ход。试比较：aller-je vais-j'irai, ερχομαι-ηλθον-ειμιν 等。其他的例子：εχω-εσχον-εξω, хороший—лучше, αγαθος-α-μενων-αριστος 等。

还有一些组成系列，特殊表达方式的词语也很容易记住，这是因为它

---

[1] 请参阅 Paul, Principien, 111.
[2] 是否可以在语音学方面将 aimomes 和 aimons 与 homme 及 on 进行对比？

们是建立在邻接性联想基础之上的。比如，在"по делом ему это"这样的系列中保留了旧式的第三个形式 ом，而 записаться в купцы 的旧式第四格与第一格一样。"Pater familias"以 ae 结尾的第二格，"i tre Re magi"中的第一格形式 "maghi, je, soussigné, déclare…" 的代词 moi。"Ouie la lecture de l'arrêt" 中的动词 ouir 在语言中被动词 entendre 代替。德语的 hier und da 中的 hier 等。

因此，在每一种语言中我们都可以发现很大一部分词语都是从较早期语言时代通过继承的方式得到的，与当代语言系统中的词语不一致。

本部分内容。为了使词语世界与概念世界的完全一致，（1）我们必须用一个特殊符号表达每一个概念和每一个概念的特征。（2）这个特殊符号具有将独立的形态元素黏合成一个完整词语的性质。两个相邻形态单位的语音之间的一致性、重音及词语语音中与重音相关的现象就是这样的黏合剂。大量偏离第一个要求的现象首先是词语系统发展的不平衡所致。但如果在平衡发展的前提下，由于四个破坏性因素的存在，语言不可能是完全规整的系统。

词语在语音学上发生了变化。因为如果语言中任何一个形态元素能够根据语音组合规律，将之前的元素与其他元素组合，以相互不同的各种分类体现出来，那么因为自发性语音规律导致这些分类随着时间的推移分化，变成完全没有不同的类型。这将与它们需要完成的统一功能完全不对应。

词语在形态上的变化。语音学的变化经常促使语音在词语元素之间重新分配。因此，若干个综合体完成一个功能。一部分词语（пал）消失，被一些表面属于另一个范畴的词语（палец）代替或者使用表面看来也属于其他范畴的旧材料（поднос）表达新概念，这一切必然对语言系统造成破坏。

从某种意义而言，因存在某些词语（дом-лес）而导致并列形式（в дому-в доме）的存在也会破坏语言系统。

最后，我们通过复制我们听到还处于较早阶段，但又不属于另一种语言系统或者我们语言系统的词语时，也在破坏者语言系统。首先被复制的词语都是因为与被表示的事物之间的联想或者与其他词语之间的联想所致。这就为我们解释了经常使用的词语和组成特殊表达方式的词语在语法上发生的偏离现象。

八、词语形态元素的历史

67. 很容易看到，我们在第七部分论述了具有破坏行为的因素对于语言极度有利的事实。这些破坏性的因素确实对现有词语系统产生影响。但是，它们还会不断给语言带来新材料。否则无论是在结构层面，还是物质、词汇层面语言都不会有任何发展。

我们知道，任何时候，语音综合体与现存概念及其特征在数量上不可能一样。从另一方面而言，我们在每一阶段都能看到语音的变化，有的语言从语音综合体中消失，却极少观察到新的、第二类的语音产生。如果没有形态过程丰富词语的语音，那么这些语音丰富的古词语在比较新的语言中语音变得贫乏，这是我们没有想到的。比如，拉丁语的 venditam，pater，sanitatem 和法语的 vat，per，sąte（vente，père，santé）等。同时，随着时间的推移、人类的发展，这个范围越来越扩大。所以，为了维持语言的存在与进一步发展，必须不断更新语言材料，而这个材料正是我们分析的破坏性因素为我们提供的。而且，这些因素在多数情形下起着积极的作用，注意到这一点非常重要。比如，动词 обязать 在词源上与 вязать,обвязать 同源。обязать 在词源上首先发生了语音变化[①]：词根语音 в 在之前的前缀 б 影响下逐渐消失。这种语音现象是导致形态变化，即原始前缀与词根的其他语音结合的第一个原因。我们如何掌握系列词语 обвязать 和 обязать，而且前者具有物质意义，后者只是道德层面的意义？如果没有创造词语的能力，就不会有词语 обвязать。而 обвязать 的存在只能用词语的再生能力加以解释。关于动词的不同意义，必须指出如下观点。我们可能从 вязать 中得到 обвязать 或者根据记忆复制词语 обвязать。我们希望在某种情形下表达的概念与动词 вязать 的概念越接近，激活类比性联想的机会越多，也就是更有机会从 вязать 中得到 обвязать。这个概念离 вязать 越远，在我们的思维中激活词语 вязать 的可能性越小，因此，就越

---

① 从表面判断，可以承认 обязать 是借自于教会斯拉夫语的形式。在 обертка,обод,оболочка,оборотень,оборот,обычай 基础上，我们认为它是俄语形式。

有机会根据记忆复制词语 обвязать。这样一来，动词 обвязать 逐渐获得了物质意义，而动词 обязать 具有了道德层面的意义。词语 обязать（"обязан службой"与"обвязан веревкой"一样）证明了词语的来源，同时也证明了以邻接性联想为基础的系列词语具有稳定性。

词语 обязать 具有年代特点，但与这个词语有关的内容同样具有地理特点。比如，法语词 penser 来自后期的拉丁语 pensare，与法语固有词 perser 并存。这对具有抽象意义的外来词和具有更具体意义的民族词语在其他罗曼语中也存在。试比较：普罗旺斯语 pensar—pessar，西班牙语和葡萄牙语的 pensar-pesar，意大利语的 pensare—pesare。

68. 我们现在阐述一下词语形态元素：词根、后缀和前缀的起源。

在第 42 节中我们说过，语言的分类实际上就是产生的类型。我们认为，形态元素的源头与它们固有的变化之间是完全对应的：它们的起源隐藏在这些变化中。

词根。词根的变化远胜于其他形态元素、后缀和前缀。所以，可以预期，相比较后缀和前缀的起源，词根的源头更多。

第一个源头是一个原始词根分裂为两个或者更多，而且这种分裂是因语音变化引起的。当然，这样的分裂也有我们熟悉的创造和再创造的力量参与。我们列举几个这样的词根：

будить—блюсти	_буд—блюд
ведать—видеть	вед—вид
город—жердь	город—жерд
зор—зр	заря—зори—зрение
корот—черт	короткий—чертить
кос—чес	коса—косматый—чесать
куд—чуд	кудесник—чудо
лой—ли	лой—лить
мук—мяк	мука—мягкость—мягкий
оруд—оруж	орудие—оружие

ров—ры	ров—рыть
скуд—щад	скудный—щадить
стол—стл	стол—стлать
тех—тих	тешить—тихий
туг—тяг	тугой—тяжелый
ук—вык	учить—привыкать
хват—хит	хватать—похитить

69. 语音变化常常与形态变化交织在一起。形态变化常因语音变化而发生。词根因语音而发生分裂，或者吸收后缀或者前缀。比如：

бык—бодр	будить—бодрый
бык—пчел	бык—пчела
вез—весл	везти—весло
верст—сверстник	верста—сверстник
ви—ветв	вить—ветвь
див—ден	диво—день
кон—нача	конец—начало
мет—мост	метать—мост
мух—мошк	муха—мошка
нов—нын	новый—ныне
пек—печал	опека—печаль
пис—пестр	писать—пестрый
пряг—упруг	запрягать—упругий
серед—сердц	середина—сердце
стл—сторон	стлать—сторона
струй—остров	струя—остров
сил—сет	сило—сеть
сып—осп	сыпать—оспа
сыр—суров	сыр—суровый

чит—числ—чест　　читать—число—честь

新词根的产生是形态方式所致，也就是通过简单的吸纳后缀或者前缀。比如：

скуд—скуп　　　скудный—скупой
ход—наход　　　ходить—находить
холоп—холост　　холоп—холостой
хором—хорон　　хоромы—хоронить

我们只列举俄语的例子，在其他语言中这样的例子也很多。

比如：德语的 nah—nach, genesen—nëhren, bestellen—bestallen；法语的 contraster, rester, arrêter, constant, distant, instant, nonobstant 就是由 stare 与不同的前缀组成。波兰语的 ślub 源于 libić, śmiecie-miotę, śniedź-jeść 等。还有希腊语的动词 καθιξω, εκαθιξοον, 词根 κιχ 由原始词根 χα 发展而来。某些词语的存在为我们观察完整系列的源词根提供了可能。在原始语言中词 an 与后缀 a, r 组合：an-al, r。逐渐地词根与后缀融合在一起，得到了完整的词语 anal，元音消失：nalr。

试比较梵语的 nar, 希腊语的 ανδρ, 萨宾语的 nero。新词根与后缀的结合：нра-въ，经过二次融合之后俄语得到新的后缀 норов（和 нрав）。

70. 在每一种语言中新词根，而且常常是很重要词根，也就是抽象概念产生的源头正是外来词。在另外一些同源语言，比如俄语在宗教-斯拉夫语或者法语，在拉丁语的常态影响下，一些语言具有了特别有利的条件：它们不仅可以广泛吸收外来词，而且外来词能够与其固有词和谐一致。通常，在这样的情形下固有词语的意义更具体，而外来词的意义是转义的，更抽象。也就是它们之间的区别体现在某方面，可以通过创造力和再创造力[①]进行解释。从表面看，外来词语和固有词语因同源。所以，多少有些相似：因两种不同语言的语音（有时形态）导致的区别在某些方面也相互联系（俄语固有的 оро，外来的 ра，固有的 ч，外来的 щ）。因此，内在的相似与区别与外在的相似与区别完美重合。

---

① 在第 67 节中解释动词 обвязать 和 обязать 的意义。

我们列举如下例子：

ворот—врат   своротить—совратить
голов—глав   голова—глава
порож—праздн   порожний—праздный
свеч—свещ   свеча—просвещение
серед—сред   середина—среда
хором—храм   хоромы—храм
хорон—хран   хоронить—хранить

还有法语词语 meuble 和 mobile，sembler 和 simule，sevrer 和 séparer 等①。

71. 虽然我们已经论述了外来词，但因为语法学家通常不喜欢它们，认为外来词破坏语言，我认为还是需要阐述一下。

众所周知，法语拥有大量固有词语。除此之外，还有大量拉丁词语、意大利词语等。

每一类词语都含有同样语音学规律的痕迹。因此，这些词语呈现出一致性和规整性。某一其他类词语也含有同样的其他语音规律的痕迹。

但我们能否指出将这些不同类的词语联合到一种语言的某种特征？

所有词语，无论属于哪一类，都含有法语长期发展过程留下的痕迹，含有法语被改变的痕迹。

无论这个词语的语音是什么样的，无论经历了什么过程，在目前而言这些语音从属于法语中的语音规律。这是形式方面，但这些词语在内在方面也是法语词：任何一个外来词都要表示法语中的一个概念，具有一定的功能，也就是除了这个词语，任何其他词语无法完成的功能。

换言之，任何外来词在外在和内在方面都要适应于被称为语言的整体，否则不可能存在。如果外来词的某些语音学特点与语言中正在发挥作用的规律不一致，那么这些特点一定被剔除。如果在一种语言中存在另一个具有同样功能的词语，那么这个词语不可能在语言中存在。

---

① 关系到罗曼语中借用的条件。

同样，俄语从宗教 - 斯拉夫语中借用的词语也是如此。

是否可以认为词语 глава 是非俄语词呢？

1）语音组合并不违反俄语规则。我们在词语 гладкий 中也会碰到这个语音组合。

2）与其他俄语词语一样，从属于所有语音学和形态学规律。

3）它具有的功能是其他任何词语无法完成的。

4）它的功能与俄语 голова 接近。在这种情形下，这个词语的功能与 голова 的功能接近，只是用于转义的和更概括性的意义。

因此，正如我们之前提到的那样，一类外来词与固有词的唯一区别体现在语言与这些语音组合的特殊历史中。

最后，如果需要证明，波兰语词源的词语 вензель 是俄语词，那么无论从语音，还是意义而言，波兰人并认为 вензель 是波兰语的词语，这就是最好的证明。德国人也没有将长期在俄语中存在，而且具有更多斯拉夫语和俄语特点的词语 хажина 或者 молоко 视为是德语词。比如，词语 молоко 中语音 k 的历史与在俄语其他词语中的历史不一样。一般的俄语语音 k 将是印欧语 k 的继承者，词语 молоко 是印欧语中 g 的继承者。

综上所述，我们不仅不能认为借用现象破坏语言，而且还要承认它们能够丰富词汇，补充新词根，或者扩大现有词根的变体作用。因为一种语言不可能完全摆脱其他语言或者方言的影响，那么我们所研究的这一特点就是必要的，因此也是完全正常和合乎规律的。

72. 后缀。后缀的产生常常是语音学分裂所致。我们已经从形态单位的描述中了解其中的原因。显然，俄语后缀 ик, ица 就是这样产生的。

词根的变化首先是尾音的变化。作为最后的形态单位，后缀尾音消失。因此，只有后缀首个语音不断加强的条件下后缀才能存在。确实，后缀的语音常常是因词干，也就是它之前的后缀而扩大。

比如，词语 домик, столик... 中的后缀 ик。我们不去探究这个后缀的起源。我们还有另一个语音更丰富的后缀 чик 。比如，стульчик, рукавчик, рябчик, вкладчик…。那么我们的后缀是如何获得 ч 音的呢？名词 конец, чепец,красавец 与后缀 ик 结合，随着时间的推移，得到了 кончик, чепчик, красавчик，也就是从组合 ец 只保留了 ч①。我们在 красавец—красавчик 中看到组合 красав 是词干，而后缀是 ец, чик。当我们创造新词时，我们将后缀 чик 与无法与后缀 ец 结合的词干组合在一起。

比如，рябчик, вкладчик, … 后缀 щик 也是这样的产生的。比如，词语 тюремщик, покупщик, 源于以 ский 结尾的形容词和后缀 ик：ямской, деньской 和 ямщик, поденщик。还有词根 воз,нос, приказ, пис, сыск, помест 和后缀 чик：извозчик, доносчик, приказчик,переписчик, сыщик,помещик。后缀 овщик 也是这样产生的。比如，以 овый 结尾的形容词与后缀 щик 组合的 бунтовщик, ростовщик,…（кормовой—кормовщик, часовой—часовщик）。

在希腊语中后缀 ακις 就是这样产生的。比如，πολλ-ακις。原始后缀 κις 与 α 结合，脱离词干，从音节构成音 n 发展成 επτακις, ενακις, δεκαακιςς。印欧语言的结尾 ην，其中元音 η 脱离词干，或者结尾德语的后缀 εσσι，其中 ες 曾属于以 ες② 结尾的词干等等。

我们看到，新后缀是如何产生的，旧后缀是如何脱离词干或者词干而丰富语音的。如果同一个后缀的各种语音都脱离了各种词干，分裂因此出现。比如，我们在古斯拉夫语（ахъ,ьхъ,ъхъ,ѣхъ,ихъ）第六格结尾中或者法语（er, ir, oir, re）中的不定式中看到的现象。

借用可能也是后缀产生的源头。比如，从宗教—斯拉夫语借用的俄语形动词后缀 ущий, ащий, 借用于德语（ung）的波兰语后缀 unek（rysunek, sprawunek）。

整个词语可能变成后缀。比如，俄语的 видный，法语的 ment（seulement），德语的 voll,lich（stilvoll, lieblich），英语的 ly（lovely）等等。因为这一现象关系到词语的历史，不属于这一部分的内容。

---

① 我们需要放弃语音学问题，即为什么在与上述内容类似的情形下我们却只有 ч。在历史发展中 ч 是否由 ц 而来，或者如博杜恩·德·库尔德内教授认为的那样，该语音是颚音的蜕变。

② 关于源于脱离词干的语音的德语后缀问题，请参阅 Paul, Principien,118.

73. 前缀。极度的稳定性和不变性是这些形态单位的特点。如果我们分析俄语的前缀，可以发现前缀的历史与细小语音学变化有关：与发生在前斯拉夫语时期 въ 和 въ；съ 和 съ 的分裂有关，与 въ 和 съ 消失有关；与俄语 во 和 в，со 和 с 的表面分裂有关。

在俄语基础上我们无法阐述前缀来源。现有的前缀可以追溯到远古时期：

в，во：试比较古斯拉夫语 въ，въ，拉丁语的 inter，梵语的 antara，antama。

до：试比较斯拉夫语的 до，德语的 zu。希腊语的 οικον-δε= 古波斯语的 vaêçmenda。

на：试比较斯拉夫语 на，哥特语的 ana，希腊语的 ανα，古波斯语的 ana。

про：试比较古斯拉夫语 про，哥特语 faur，梵语 pra，古波斯语 fra。

с, со：试比较斯拉夫语的 съ，съ。希腊语 α=δελφος，梵语 sa-krt，古波斯语 ha-keret。

no：试比较古斯拉夫语的 no，拉丁语的 sub，希腊语的 υπο，梵语的 upa。

根据我们列举的前缀，可以认为，这些前缀来源于实词部分：名词和动词，这些词语在远古时就已经变为语气词。试比较：

в，во 和斯拉夫语的 въ，въ，жтръ，южтро

根据勃鲁格曼[a]的猜测 с，со 与 εις，μια，εν 同源。

пере 和斯拉夫语的 прѣ 可以与 прь-въ，梵语的 pur-va 对比。

через 和斯拉夫语的 урѣсъ。试比较：урѣсло，波兰语的 trzos。

74. 如果我们现在概述一下第八部分论述的形态学元素历史，那么我们认为，这些形态元素的起源首先与再整合的过程有关。实际上，如果词

---

① 试比较 F.de Saussure，Memoire sur le système primitif des voyelles dans les langues indo-européennes，Leipsick,1879, 46.

根 ход 发展成 наход 或者 вез—весл，буд—бодр，сып—осп，如果后缀 хъ 变为 ахъ 或者原始的 ka 变成俄语的 овщик，那么我们发现，语音或者曾经属于一个形态单位的语音，成为了另一个形态单位不可分割的一部分。

语言中数量不多的词根主要是语音学分裂所致，比如 кос—чес，скуд—щад，那么这些词根在很大程度上与再整合过程相关，但这个整合过程是另类的，是生理行为群的再组合。

最后，我们认为，在借用时通常出现这样的整合过程。

我们在第八部分指出，破坏性因素为语言的存在和发展提供必要的材料。语音学和形态学变化本身以分裂旧词根的方式提供新词根。这样的新词根是通过借用的途径得来的。后缀首先是因为形态学途径而得到的。后缀常常分裂，因脱离词干的语音而不断扩大。前缀的起源不很明朗，但具有稳定性。再整合过程可以解释形态元素的起源。

九、形态元素的综合——词语及语言中的词语综合

75. 为了方便阐述，我们必须提前熟悉破坏系统的因素，熟悉系统本身。现在我们阐述系统。

我们已经发现，在无数个词语中总是有相似的形态元素在重复着，因此在语言中形成了诸多在词根、后缀或者前缀方面同源的词族。显然，该语言的词语由于构成的材料一致，所以应该在结构上[①]呈现出某种一致性。

在语言中总是可以发现某些词语类型和各类型之间的联系。换言之，我们发现这些类型的某些结构系、系统。从另一方面，所说的概念领域构成一定数量的一般范畴，包括物体、特征、行为等。每一个范畴都拥有广泛的族群。对正在作用的物体的认识、对体验其他物体行为的物体的认识，对行为工具的认识等构成一个组合。对于属于现在、过去和将来的行为的认识，对瞬间和持久性行为的认识等构成另一个族群或者系统。

如果词语类型与上述概念系统不相符合，那么语言的功能则无法实现。

---

① 我们能够记住词语类型，我们对该范畴的词语形成了一般的认识，已经了解了某些音节、结尾和重音，可以在言语障碍中找到证据。比如，失语症者即使忘记了诗歌，在记忆中仍旧记住了音节的数量和韵脚。

最著名系统的个别元素是相互紧密联系在一起的,这样的系统具有开放性,从古时被描述成变格系统和变位系统就是这样的。除了这两个语法系统,常常还有第三个系统,形容词的级变化。但上述系统并不是语言的唯一系统:语法中的构词是一个庞大系统,但在词汇的海洋中并不突出,只依靠表面的观察无法发现。

76. 如果变格系统和变位系统在语法发展初期已经被发现,那么正如我们所说的那样,首先因为与这些系统的个别元素密切相关,是最紧凑的系统。因此,我们首先分析一下这些系统。

我们看一下词语 волк 的变格。这个词的所有格形式形成一个和谐系统,所有格形式都有同一个或者几乎是同一个词根语音组合。但是,历史告诉我们,这种和谐不是固有的:在古斯拉夫语中不仅有组合 влък ,还有组合 влъц。在与大俄罗斯方言同源的小俄罗斯方言中 воук 和 воуц 两种组合共存。最后,大俄罗斯语还保留了 друзья, во лузьях 这样的残余形式。所有这些和很多其他事实有助于我们推测出与古斯拉夫语形式 о влъцѣ 类似的大俄罗斯语古时的形式。这个词语变格的和谐性说明什么?语言具有创作性,也就是创建词语的能力,而不是复制。如果我们需要构成某个系统成员的形式,那么我们可能无意识地和瞬间根据我们记住的词根,根据我们无意识从大量与其同类形式(о…е: о волке, о доме, о лесе)[①]抽象出的类型去创建这个形式。试比较类推行为。比如在意大利语的变格中,vico, luogo 根据 vichi, luoghi 而得到的。其他名词的新旧形式并存:mendici, sarcofagi 与 mendiichi, sarcofaghi。古法语中的 amons, amez(amamus, amatus)被由 aimons, aimez 构成的形式排挤出去。在其他动词中拉丁语的重音而导致的区别还继续存在:je tiens(teneo),nous tenons(tenemus),je meurs,nous mourons 等。

---

① 当然,词语 волк 及与其类似词语的变格确定以后,我们很难证明,在这种情形下我们是创造关于 волк 的形式,还是只是复制。当周围人都在说 волце 时,说 волке 的人们如果他们之前完全不知道这个形式,那么无疑是在创造这个形式。

77. 这里产生一个问题：我们记住了哪些词根。如果在系统中有两个词根（比如 волк 和 волц），那么什么因素决定哪个词根保留下来（比如，волк）？似乎最自然的解决方式就是研究一下哪个词根更常用：在系统中有多少个包含这个词根的形式，每一个词根的使用频率是什么样的。而且我倾向于进行详细的研究，才可能发现其他一些次要的原因。某些事实告诉我们，这样的系统规范性借助于创建同类形式，取代通过继承得来的异类形式，与语言的语音学特点相关。或许，确定其中一个词根形式不仅取决于是否容易记忆，而且还有语言对语音的倾向性。至少，我们在研究创造出的形式时，可以经常发现语音的一致性。我们曾经分析了大俄罗斯语含有舌根音 к，г，х（волк, порог, дух, рука, нога, сноха, молоко, иго…）的名词变格，发现语言倾向使用含有舌根音的词干。

由此，我们可以轻松判断含有舌根音的词干经常使用的原因，也就是这样的形式在系统中多于含有 ц，з，с 及类似语音。我们看一下动词变位。标准语 пеку, печешь, …, берегу, бережешь… 等在方言中使用 пекешь, берегешь…，也就是倾向于使用舌根音。但是我们并没有认为在变位系统中含有舌根音的词干，与在变格中一样比较常用。如果不能认为这样的形式（现在时系统）是两个形式 -пеку, пекут, 还是含有 ч，ж 的 печешь, печеть, печемъ, печете 四个形式，那么预测大罗斯语方言中常使用单数第一人称，复数第三人称，而小罗斯方言更常使用 печешь, печет, печем, печете 就很奇怪。同时，至今为止，这些还没有规范的含有舌根音的名词变格系统规范这样的动词变位系统，与大俄罗斯方言不同，并不倾向于舌根音：печу, печут.; можу, можут.①

78. 但是，某类词根的取胜决定了系统的规范性，但无论决定取胜的

---

① 梵语的 pácâmi，tyájâmi 等与这个小罗斯方言中的简化完全相似。试比较斯洛文尼亚语的 pečem，pečeš，peče 与塞尔维亚语的 печем，печеш，пече。

原因是什么，在语言中经常发生规范化过程的事实是真实存在的[①]。我们在语言中永远能发现三类系统：

1）非规范性系统。比如，波兰语 noga, nogi, nodze, noge, noga, wnodze 或者小俄罗斯语中的 нога, ногу, нозі, ногу, ногю, унозі.

2）正在规范化过程中的系统。比如，希腊语的 μειξ, μειξονος 与 μειξους。在语言中不仅使用新形式，还使用（一部分或者在方言和语言中）旧形式。显然，在这样的情形下，旧形式被遗忘，新的形式 μειξ-ονος 可以被创造，也可以被复制，这时旧形式 μειξους 只能被复制。

3）完全规范化的系统，比如，俄语词语 волк 的变格系统。

可以说，在类似于俄语语言这样的变格和变位中，也就是借助于不同词尾表达格、人称、数的语言中，可以看出在不同的词尾中发展同一个词干的意图，可以描述为：

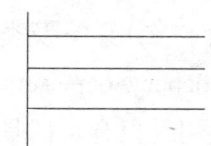

那么在类似法语的语言中，概念特征首先借助于前缀表示，变格和变位的理想状态可以描述为：

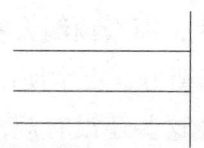

前面列举的例子足够阐释上述词尾的情形。这样的例子还有很多。如果我们分析一下法语的词尾，也能够发现大量证明我们观点的例子。几乎所有变格都可以用上面的图示表示。只是复数作为残余保留下来。变位也很有意义。比如，现在时第一变位[②]的六个形式中只有四个形式较为活跃：

---

① 在科学中创造的形式被称为类推。在这本书中关于这个类推与语音学过程之间关系的阐述第一次在刊登于《俄罗斯语文通讯》（1879年，第3期）中的一篇小文章中体现出来："定义语言的两个因素同化（类推）和语音学发展是一个很难的问题，需要进行专门的研究。似乎，语音学规律的作用首先体现在语法和词汇材料的构建中。同化的作用首先体现在由这个材料构建的词典和语法中。"

② 3620个动词属于法语的第一变位法，其他三个变位法共有440个动词。

je chante，tu chantes，il chante，ils chantent。同一个词根，只是表示人称的前缀不同。之前结尾的残迹继续以书写的形式，在词尾中存在，但不发音。但语言是发展的：尽可能抹掉在书写方面的冗余差异，实现书写一致化，实现在语音方面已经达到的那种理想状态。这就解释了为什么单数第三人称没有尾音 t，为什么旧形式 il parlet 被 il parle 取代。这也解释了旧书写 je croi，je voi，je tien 的位置被 je crois，je vois，je tiens（试比较 tu crois）取代的原因。同样，现有的书写形式 je fus，je sois，j'eus 或者 nous fûmes 得到了解释。在文献与学校不再永远对立的前提下，书写规范化进程还会继续下去，因为任何一个没有受过教育的人，在语法上都会无意识地将所有发音一致的形式写成一样的。

　　词尾的失去与专门前缀的出现有关，我们可以在俄语中找到证据。比如，在民间语言中有 со сливками, за грабами 这样的形式，也就是第五格形式的结尾与第三格（сливкам, грибам）相似，只是因为前缀 со, за 可以表达格的特征。因此，在晚期的拉丁语中 ad legere 剔除了类似的 ad legendum 等①。О волке, наилучший, самый лучший 的意义特征通过前缀和后缀表达出来，应当将这样的形式视为从现在"综合"型（比如 Кыеве）向"分析"型（保加利亚语 добръ, по-добръ, найдобръ, 法语的 grand, plus grand, le plus grand）过渡的一种形式。

　　79. 系统的同质性并不是固有的和稳定的。我们已经发现，此时的系统具有同质性和规整性，但之前却并不总是这样。我们从之前的阐述中得知，系统的同质性不是永恒的，迟早都可能变成包含若干词干的系统。如果系统的同质性是语言持续行为的结果，那么决定语言持续行为的因素是什么？显然，为了创建 пекешь，还必须记住词语的类型（…'ош），必须记住词语的组成部分（тек, 'ош），我们创造的形式与它的同源形式在基本意义和意义的特征方面必须有相似性。如果所有这些词语没有借助于类比

---

①　同类事实表明希腊语复合过去时中词根的第二个完整形式是不稳定，时间的特征可以用两种方法表示：πεπλεχα，πεφευγα 等。试比较保罗在《Principien》中针对哥达语言中的复合过去时而列举的有趣例子。

性联想形成一个族群，如果我们没有记住这些词语，那么不可能有创造的形式 пекешь。因为词语的相似性对于记忆这些词语非常必要，那么，我们可以说，系统的规范性是建立在类比性联想规律基础上的。

在任何一组同源词语中，我们发现一些词语之间的同源关系较近，一些则较远。比如，相比 безобра́зный 而言，образный 更接近 образ，напа́дать 比 напада́ть 更接近 падать，христианин 比 крестьянин 更接近 Христос。试比较：列托罗曼语词语 christiaun 和 carstiaun。试比较德语的 Gold—Vergolden—Gulden，gedeihen—gediehen—gediegen。法语的 viens—viendrai 代替类似于 vendre 的 vendrai。如果在所有类似情形下，明显的外在相似伴随着明显的内在相似，不太明显的外在相似伴随着不太明显的内在相似，那么这说明创造力参与到了其中。

80. 我们列举了不规范系统。每一种语言都有很多这样的系统。当然，很难回答为什么俄语规范了类似于 нога 这样的名词变格，而在波兰语中至今还是不规范状态。但是，如果我们分析一下不同语言中的偏离形式，那么我们就会注意到这里的某些一致性：1）我们发现了一些不规范系统，它们的特点就是完全不变化。它们的共同特点就是构成组合的词语都属于常用词。2）某些偏离形式的共同特点就是它们出现在同一样条件下。比如，作为语气词和在多数情形下被视为语气词的特殊短语出现在诗歌和谚语中。

显然，为了促使属于某系统的形式首先被复制，我们必须记住这个独立的形式。但前提是这个形式是常用的①，也就是它通过邻接性联想与被表示的概念发生联系或者它是某个系列词语（短语、诗歌和谚语）的成员，也就是借助于牢固的邻接性联想结与其他词语发生联系。我希望，之前举过的例子能够证明，在所有语言中的最常用词语却常常是最不规范的系

---

① 请参阅 Paul, Principien, 127.

统①，在不同系列中我们常发现偏离的、陈旧的形式。我们在这里不再增加例子，而是利用机会做一下说明。当然，常用词的系统没有失去规范化和通过创造更新的能力。但相比较其他词语系统而言，这个过程发展缓慢。比如，法语的 imparfait étais 是根据 mettais-mettre 的样式由 être 而来，替换了陈旧形式（14 世纪之前）j'ère, il èrt…德语的 mehrest, die mehrsten 代替了源于 mehr 比较级的 meist，die meisten，或者尝试规范不规范的词干系统，比如小俄罗斯语的 иду, ишоу，或者塞尔维亚语的 идем, ишао。

俄语歌曲中 во лузьях（в лугах），或者波兰语中的 na czele（na czole）就是针对词干而言偏离的形式。

因此，我们发现，语言中一切旧形式首先是建立在复制基础上，建立在邻接性联想基础上的，那么一切新形式则是以创造为基础，以类比性联想为基础。我们认为，语言发展的过程从某种角度而言就是类比性联想决定的进步力量和邻接性联想决定的保守力量之间永恒的对抗。

81. 我们暂时只分析了针对一个词干系统的规范化问题。但是我们得出的结论完全适用于下列情形。

语音组合 волк 总是表示某种动物或者组合 пек 及与其同源组合 печ 表示某种行为，而且语言总是追求提出后者，某个概念特征。比如，可以通过各种方式描述"很多"（множество）这个词语，而且语音或者作为表现形式的语音组合常常完全不相似，也不同源。如果我们能够清晰地想象印欧语后缀的特点和扩大这个形态单位的方法，我们就可以预料到这一切。用于表示"很多"特征的各种后缀的例子：полки, отцы, солдаты, дома, крестьяне, руки, воды, хорошие, те, носим, идем；它们是否具有不同的意义？完全不是。它们表示同一个特征"很多"。在一种情形下是一个后缀，在另一种情形下是另一个后缀。这是由什么因素决定的？首先是该词语的范畴、它的结构或者它所属的系统。名词有表达多数意义的后缀，动词也

---

① 比如，不同语言中的动词 mi，表示最一般的概念。或比较少用的 łani（15 世纪）在现代语言中被更接近其他阴性名词的 łani 替换。在法语动词变位中最常用的拉丁语结尾 atis 变成 ez。但常用的 dites, faetes, êtes 保留了原有的形式。只是形态和语音有细小的变化。

是。名词 отец, отца, …, купец, купца…, 复数 купцы 的 ы 带重音。солдат, солдата…студент, студента…, 复数 студенты 的 ы 没有重音。在一些情形下，后缀与词干最后一个语音与语音学有关。полк 可以有后缀 и，而不是 ы，而 отц 是 ы，而不是 и，因为语言中没有 кы, ци 组合。

82. 我们使用这些表面各种各样，但在意义上一致的后缀。我们将如何阐释？我认为，证明我们没有权利经常复制所有类似形式，完全是一件徒劳的事情。显然，我们在创造所有这些形式，但是要根据模式在创造。那么在我们的思维中任何思想都是与某个固定组合联系在一起的，思想特征（比如很多）没有固定的表达法。由于存在很多表达同一功能的后缀，由于功能本身的一般性和抽象性，我们的记忆为我们保留了并列的模式。比如①：

单数	第一格	волк	рук-а
	第二格	…a	…и
	第三格	…y	…e
	第四格	…a	…y
	第五格	…ом	…ою
	第六格	о………………e	
复数	第一格		…и
	第二格	…оф	ам
	第三格	…ам	
	第五格	…ами	
	第六格	о…ах	

如果我们必须创造 нога 的第五格形式，那么这个词语因在形式上与 рука 具有相似性，从而在我们的思维中引发第二个模式，而不是第一个，我们创造出 ногою。在我们记住的并列存在的模式中某个模式越强，被我

---

① 我们不考虑例子中涉及的重音区别。

们使用创造形式的机会就越少，也就是在该范畴词语中针对后缀而实现的一致性机会就越多。所以，这里出现了根据不同类型创造形式之间的对抗。在语言中我们经常可以看到形式数量减少的情形。比如，法语的 ons，拉丁语的 amus 成为复数第一人称的唯一结尾，其他三个结尾 emus 和含有短 i 和长 i 的 imus 消失。因此，ax 成为复数第六格的唯一结尾。还有上面列举的几种一般形式。如果新后缀没有借助于我们熟悉的方式产生，那么形式数量的减少促使结尾完全规范化。

83. 因为在词尾规范化时，一部分后缀让位于另一些后缀。那么究竟是哪些后缀在这方面表现出活力。显然，是那些容易记住的后缀。但如何更好地记住？当我们论述词干时，我们可以指出一个促进更好记忆的条件——经常使用。毫无疑问，经常使用在这里起主要作用。但可以指出其他有利于更好记住后缀的条件。后缀越有表现力，听起来更悦耳，保存在记忆中的机会就越大。至少在不同语言历史中我们发现，正是这样的后缀在语言中保留下来。我们已经提到俄语中逐渐普及的后缀 ов，波兰语的 ów。毫无疑问，如 местов, rybów 这样的形式具有特殊的表达思想和特征的语音综合体，要比 мест 和 ryb 完善。波兰语中更有表现力的后缀 dat.sg.-owi 剔除表现力较差的 u。Schön-heit 这样的名词含有更悦耳的后缀，代替了 Schön-e。

除此之外，后缀有更多机会与某些词干发生联系，与之相一致[①]。比如，波兰语的其他形式 w bodze，w wilce 等被 w bogu，w wilku 代替，也就是这些词干与后缀 u 连用。而如 w wilku 这样的形式比 w wilce 更有机会保留下来，因为这个形式与其他形式：wilk, wilka……更相似，再比如卢日支语的 wjelku, bohu（bozy），duchu，捷克语的 vlku, vlkovi, bohu, duchu，斯洛伐克语的 volku, bogu，塞尔维亚语的 вуку, богу, духу。

语言元素——语音、形态单词语、短语不是单独产生的。语言创造一系列这样的元素。更适应于周围环境，与本身功能更匹配，含有更多生活内容的元素排挤出竞争者，在语言中规范化。

---

① 我在这里采纳了博杜恩·德·库尔德内的观点。

84. 我们已经指出，变格和变位只是更紧凑，因此是更著名的系统。但这不意味着其他系统不重要，只是因为没有被认为是语法系统。一个在语法上没有受过教育的人，虽然不了解变格和变位的存在，他们使用变格和变位并不比受过教育的人差。同样，我们也在使用语法还没有发现的系统。

很容易发现，很多词语群是根据同一种类型构成的。比如，борода, борозда, борона, болона, сторона…

完整系列词语在某个意义相近，同时还表现为表面的相似。系列动词водить, возить, носить, ходить, 就是这样的例子。或者后缀为ний，表示地点和时间的系列形容词。或者系列后缀为与ний同源的шний及其变体的形容词：

ближний	весений	внешний	всегдашний
верхний	вечерний	домашний	вчерашний
внутреннйи	зимний	здешний	домашний
дальний	летний	тамошний	нынешний
задний	осений	сегодняшний	
крайнийп	оздний	теперешний	
нижний	прежний	тогдашний	
передний	ранний	третьягоднишний	
утренний			

试比较带有后缀ом, ком, иком的副词。比如, бегом, пешком целиком等，德语的 abseits, anderseits, diesseits, einseits, jenseits, dritthalb, vierthalb, anderthalb（古时为 anderhalb）等。拉丁语的形容词 ferreus, ligneus, vitreus 或者 anserinus, caninus, ferinus 等。

虽然我们在每一个系列中都能发现例外，但这并不重要。这样系列的出现不可能是偶然的。如果我们创造词语不是按照其他与这些词语在意义或者语音相似的样式，那么就不可能产生这样的系列。前面列举的第二系列后缀 шний 就可以为我们呈现这一点。这个后缀是 ний 的变体，而语音

ш 源于原始 c。因此，c 只在源于副词 здесь, днесь 的形容词中保留下来。其他带有这个后缀的形容词都是根据其他形容词的样式创造的。同样，在波兰语 niz˙ej-wjz˙ej 中只有通过 niz˙ej 才能证明语音 ž 的来源。wyz˙ej 是根据 niz˙ej 的样式被创造的。如果这对词语的相似是因为词语意义及语音的相近，那么词语 серьезный 和 курьезный 的意义没有任何联系，它们的相似只是语音相近的结果：词语 серьезный 常常被发成 сурьезный，与 курьезный 很相近。

85. 在结构和意义上相似的形式还有相似的同源关系。

动词 ать, ить（жевать, носить…）预测了 ы\ивать（пережевывать, нашивать）的出现。同样，以 a 结尾的单数名词（борода, земля…）预测了 ы\и（бороды, земли…）的出现①。我们越准确地判断该范畴词语的类型，就可能越准确地回答问题：预测的范畴是什么？比如，单数第一格：组合 оро，后缀 a 和这个后缀上的重音（бородá, земля）预测复数第一格：后缀 ы，重音在第一个音节（бóроды, скóвороды…）。同样，还有重音在结尾 ить（носить）双动音节词预测后缀 ивать，重音在词根的元音上（нáшивать）的三音节动词。如果第一范畴的动词词根中含有 o 或者 a，那么第二范畴动词的 a 带重音，含有 д 的动词预测含有 ж 的动词（ходить—хаживать），т—ч（платить—выплачивать），唇音对应着 л'（кормить—вскармливать），с-ш（носить—нашивать）。

当然，每一个词语范畴都与很多个范畴，而不是一个范畴有联系，因此尽管有偏离，语言还是一个和谐的统一体。

86. 由于经常使用的原因，很多类型在语言中固定下来，而由于黏着性因素的存在，这些类型的恒定性并不逊于变格和变位形式。比如，后缀 ный（ной）及结尾是舌根音词干构成含有 ж，ч，ш（подножный, ручной,

---

① 试比较语言学家的话："既然有动词 пособлять, пособить，那么就会有посабливать，但是在我们的书中没有提到。"（达里，《详解词典》，第四部分"回复评论"，第3页）

душный）的形容词，就犹如名词 отец 第一格构成复数第一格 отцы 一样具有恒定性。再比如，由结尾是舌根音的名词：ножка, ручка, мушка, ушица 构成带有后缀 ка 或者 ица 的名词。正如谁也不会说 отцы 一样，没有人会说 рукной, мукха, ухица。

我们可以听到儿童或者外国人说类似于 ухица 的形式，也可以听到 отцы 这样的形式。但这只能说明，我们分析形式的恒定性与哪些因素相关。存在一系列与 отцы 类似的词语 (купцы, вдовцы...)，我们可以根据这一系列类型创造词语。同样，我们也可以根据与 мушка 类似的词语类型，比如 старушка, рубашка 创造词语。因此，如果没有特别牢固记住这些系列，只是没有掌握语言的外国人和儿童才这样说，那么 отец, муха 借助于后缀 ы,ка，构成新形式。也就是或者根据生产词，主导词（отцы, мухка），或者根据该范畴已经存在的词语（отцы, мушка），创建某种形式，只是需要考虑哪种类型更容易记忆。词语 волк 的变格及与其类似的形式被规范化，都有同样的组合 волк，形容词是 волчий，与物主范畴的词语：собачий, кошачий, беличий, бычачий……一样。我们不认为类似于词语 волчий 的形式存在是因为这个词语经常被复制。这个形式是根据结构，而非物质同源词①构成的。

因此，我们认为，不论复制，还是创造都会成为一种力量，制约物质性同源词系统的绝对规范化，因为我们可以利用一个词根，按照两种不同模式去创造词语形式。

但是，我们可以说，以创造为基础的一切是追求规整系统。最后一个例子说明，如果是源于一个词根（волк）的词语规范化阻碍了创造行为的实施，那么这种创造行为就能够为语言带来秩序，但只是相对的秩序（以 к 结尾的名词 — 以 чий 结尾的形容词类型）。

87. 所以，以复制为基础，只有作为独立形式被记住的形式，本身是独立的或者是系列的组成部分，但是在语言系统之外的。我们已经知道，

---

① 在 волчий, мушка 这样的词语中词根不是很明显，词语的划分也不稳定。在бабушка, дед-шка 这样的词语中词根 ш 成为后缀的组成部分。

最不规范的常用词语系统并没有保证通过创造的方法实现规范化。而某些作为系列元素被复制的形式逐渐摆脱系统，在外部和内部特征上与原有的同源形式越来越不同，获得独立。成为独立词语、语气词（за-муж, по-делом）或者术语（i-tre-re-magi）之后，与其他根据记忆复制，在起源上具有年代特点（кануть, обязать……）或者地理特点的独立词语一样，已经很难破坏系统的和谐性。

88. 因为功能具有相似性（前置词），形成了一个系族词语或者因为邻接性（数词）的原因形成一个系列词语，逐渐通过创造的途径获得了相似的外部特征。比如，波兰语的前置词 przed, pod, nad 的尾音是 d，因此词源的 ot 被替换成 od。就如很多俄语副词一样，原始第六格状态结尾是 ђ，在 гдђ 中也是如此，但根据词源应写成 где（къде）。之后甚至失去了词根语音 d，逐渐与其他副词更相似。同样，波兰语的 teraz, zaraz 在方言中变成与 wczora 相似的 tera, zara。在法语中语气词的特征之一就是 s：sans, tandis, volontiers[①]。

任何系列元素都可以呈现出同化趋势。在 quattuor 的影响下，词语 pinque 被词语 qunque 取代，在 fünf 的影响下，hvidvor 被 fidvor 取代。试比较 oκtω, επτα（teb.heracl）。在所有斯拉夫语中由于 десять 的影响，девять 代替 невять。试比较立陶宛语的 devyni，阿尔泰语的 6 алты-7jämmi, 8сäггиз-9 токуз, 60 алтмыш-70jätmiш, 80 сäксäн-90таксон 等。

我们认为存在与概念系统相对应的词语和系统类型。最著名的变位和变格系统早已阐述过。这些系统通过创造的途径在词干上也在同类化。不同类型词干之间最容易被记住的词干占据优势，这是因为经常使用或者是语音学的某个特点所致。为了创造形式，必须记住一些在物质和结构上相似的词语。被记住的形式是独立的，但并不是因为与其他同源形式相关，这样的形式通常被复制。最常用的词语及系列中的某些词语就是这样的形式。以邻接性为基础的保守力量和以类比性联想为基础的进步力量之间的对抗由此开始。

---

① 试比较 F.Diez, Grammatik der Romanischen Sprachen.Bonn,1871,II,456.

从词语结构方面分析词语比较复杂，缺乏规范性。首先与印欧语言后缀形式有关。在语言中首先确定几个变格或者变位系统。所以，这个形式将与其他构成一个结构系统的形式协调一致，与在功能上与其同源的形式不同，属于另一些系统。但是这里也有完全一致化、系统化的倾向。这是因为一部分后缀被另一部分替代所致，而且占据优势的后缀常常是容易记忆，经常使用，音色清晰，具有表现力，所以与这些词干更加吻合。

除了变位和变格系统之外，语言还有其他系统。这些系统也在追求一致化。但首先是范畴内部的一致化，结构的一致化，从而阻碍源于同一词根词语完全规范化。我们发现，创造虽然是词根同源词语规范化的阻碍，但是也可以为语言带来相对秩序。

所有因复制而导致与语言系统不相一致的形式逐渐消失，或者让位于系统化的创造行为和革新性力量，或者完全脱离同源形式，获得独立。

十、词语历史

89. 针对词语的外部历史，我们未必能够指出类似于词语在语音方面逐渐衰退的一般性事实。几乎每一个词语都能作证我们提出的这个论断。我们将几个旧词语与对应的新词语作比较：

accaptare	acheter	computare	conter
adjutare	aider	constare	coûter
adnare	aider	deaurare	dorer
auscultare	écouter	duodecim	douze
benedicere	benir	ministerium	métier
calefacere	chauffer	sacramentum	serment
collocare	coucher	suspicionem	soupçon

再比如，古斯拉夫语的 сльза 与波兰语的 łza 及卢日基语的 za。

如果我们回忆起词语尾音在多数情形下消失，长元音随着时间的流逝变短，短元音消失，剩下几组不便于发音的辅音被简单辅音替换，那么我们就能理解上述现象。显然，我们只指那些作为遗产代代相传下去，不断被复制，任何时候都没有被创造出的形式更新过的词语。确实，可以列举与所述内容相矛盾的事实。我们可以列举因语音学原因在词语中出现第二性语音的词语。比如，остров，ноздри，法语的 gendre。拉丁语的 sumpsi，小俄罗斯语的 павчук，法语的 je tiens，голова 等。尽管类似情形有很多，但与一类语音消失的情形相比，微不足道。尽管某些元音的二合元音化和很多二类辅音的产生，通常罗曼语词语比相对应的拉丁语词语短。同样有很多全元音组合的存在，俄语的词语比斯拉夫语的词语短。

90. 尽管语音丰富和语音贫乏的词语表面上是对立的，但事实它们之间有很多共同点。

第一，共同特点就是两种形式都是复制而来，任何时候都不能因为创造形式的存在而得到更新。第二，两者的存在任何时候不能因为创造的形式而被破坏，它们不断追求得到相对简单和完善的生理语音学结构。当然，在语音方面简化的同时，形式可能经历相比较早期阶段在生理语音学方面不尽完善的阶段。比如，波兰语的 trzcina（tścina）比相对应的词语 trustina（短 u）在生理语音学方面完善度略差一些。但是波兰语形式 łza 比斯拉夫语的 слъза 短一些，而卢日基语的 za 更短。对应的形式 tuxori（短 u 和 i），波兰语的 tchórz 和俄语的 хорь 相互联系。为了正确评价类似于词语 trzcina 的过渡形式，必须记住，形式可以通过双重途径简化：减少行为和缩减时间；简化系列发音，减少发音的数量。形式 trzcina 只是为我们提供缩短时间的可能：这个形式由六个发音组成，而其相对应的原始形式由八个发音组成，而且必须注意到，原始形式有两个长元音。形式 ноздри 与 носри 相比，则为我们提供相反的例证：时间增加，发音行为简化。被复制的词语在生理语音学比被创造的词语①在生理语音学上更完善，是源于语音贫乏的词语（обязать—обвязать，métier-minis-terium，prudens-probidens 等），还是语音丰富的词语（ноздри-носри，sumpsi-sumsi）已经不重要。有时被复制的词语常常借助于语音替换在生理语音学上更加完善。比如，民间词语 пролубь 代替 прорубь，小俄罗斯语的 підлебéньне。试比较波兰语词语 podniebienie。或者借助于语音变化的方式，比如波兰语词语 pchla 代替词

---

① 试比较：常常是有意识创造的词语，比如 dénationaliser，inconsitutionellemnt，desassociation 等。

源的płcha。试比较блъха。

外来词词语也可以倾向于通过某种方式，甚至其他途径达到比较完善。在生理语音学上比较简单的结构。这些词语不是创造出来的，因为形态组成不清楚。比如，кострюля源于意大利语的casserola，波兰语的krochmal源于德语的Kraftmenhl，法语的orphelin源于orphaninus，ορφνος等。

与任何外来词语一样，波兰语词语zszdrość从形态组成而言几乎无法理解。当词语的发音为zazrość，形态组成（za+zr+ość）还能够识别。但当词语与物体逐渐形成一对，它的形态组成被遗忘，更便于发音的组合zazdrość获得了更多存在下去的机会。现在，当语音d在词语中完全固定以后，已经无法识别形态组成。因此，我们认为，相比词语的生理语音学完善而言，语音过程可以带来更重要的结果。如果我们站在历史观的角度，消失（serment）、替换（пролубь）和新语音出现（zazdrość）的过程导致词语的原始起源和组成淡化与消失。如果我们站在形态学角度，这样的过程能够整合词语。

91. 究竟是什么因素导致了词语的原始起源和组成消失？为了回答这个问题，我们分析一下消失过程。

当然，我们无法论述词语的原始起源。我们只能借助于在历史中产生的词语。比如，词语весло，与动词везу同源，但如今我们已经感受不到这种关系。可以根据其中的一个特点[①]命名物体。如果某一个人并不知道词语весло，怎么办？他一定会说：这是由木材制作的东西，一面很薄，很圆，另一面很宽，是一块很平的长板，用于滑行。我们选择最后在我们看来此时很重要的特点，我们选择一个已经存在的，可以表示某种与这个特点相关的词语命名物体。因此，物体的名词开始只是用部分描述代替全部描述。我们不得不承认，这样的替代就是语言的一个伟大优势。但是类似于весло这样的名称在原始阶段是非专有名词，物体得到了名称只是因为与某种已经存在的物体有相似性，而且还是不完全的，因为名称只强调

---

① 在没有反射行为的民族语言中这是常见的词语产生的方式。试比较，чугунка—铁路，огнева—轮船。

物体的某个显著特征。但由于不断经常使用，词语与物体的概念联合成为不可分离的一对，成为物体专有的和完全的符号，每一次都能在我们的思想中激发物体的概念及其物体的特征。因此，如果我们的词语在起源上与类比性联想有关，那么词语的意义则是与邻接性①联想有关。因此，词语使用越长久，保留起源和形态组合痕迹的机会就越小。对于词语的意义而言这并不重要，因为即使词源很清晰，结构很清楚，也还是常常被忽略。试比较：民间诗歌中的"На солносходе красного солнышка."或者屠格涅夫《猎人笔记》中经常重复的"курносый нос"。除此之外，就像物体的某一特征完全不重要（比如，подушка），甚至是不准确（比如波兰语的 mosiężе żelazko, konno na osle, 俄语的 красные вернила）一样，起源也常常显得无关紧要。

另一个证据就是词语能够失去所有原始词根中的语音，但保留意义。波兰语中的命令式 weź 没有一个词根 yam 的语音。原始词根唯一的痕迹就是语音 z 软化。词根完全消失。比如，在列济阳方言中 tit 的构成与晚期拉丁语 essere 或者俄语的 идтить 一样。源于拉丁语 av+uncullus 的英语词 uncle 或者新希腊语的 mati 源于 oπ+μαt+ιον，就是这样的情形。因此，法语 rat 通过 ratus 和 muratus，源于 mus 的说法并不像第一次听到的那样可笑。

由此我们可以认为，词语的使用导致词根消失，词语得以整合。起源痕迹的消失，词语整合使得各种语音学变化成为可能。这些变化又使得词语更加完整和孤立，摆脱原有的同源词语。

92. 现在我们暂时放下词语历史，分析在上一节中分析的几个问题。

---

① 这里需要做两点说明。1）显然，具有完整系列同源词的词语意义是以类比性联想为基础的。比如，видит。但系列同源词的意义则与邻接性联想有关。2）我说过，词语的意义是因为邻接性联想所致，因为在这种情形下词语意义的获得不仅因为与表示的东西相关，而且还与其连用的词语有关。在这里另外一个方面凸显：像 дуб 之所以具有意义，是因为这个词语指称某种树木。词语 вид 的意义是部分因为词语所在列的成员。比如，Перед нами прекрасный вид, Плод этот имеет вид яйца, Я имею в виду сделать то-то，词语 коса 的意义与它所在的词列有关：У нее была русая коса. Он пошел с косой в поле. 试比较书写和词源完全不同的 mer 或者 coup 在不同系列具有不同意义。

我们已经发现，命名过程是以替代为基础的。这里不需要分析什么是替代，它有什么意义。我们只强调，我们在一般语言、在聋哑人语言、在文字中，在代数和几何中处处都与符号打交道。替代某个部分或者一部分取代某个整体处处都在发挥着主要作用。没有替代，我们的思维既没有最简单的，也不可能有最复杂的机能。在 Tiane① 的《论思维与意识》中有详细的阐述。

93. 当我们第一次命名物体时，我们是否偶然选择了物体的某个特征？在不同时期，不同地方人们看待同一个物体几乎是一样的，停留在同一个特征上。语言为我们证明了，不同民族或者同一民族的各代人以同样方式命名同一个物体。我们首先列举在同一种语言中的发生重合的例子（或许在不同的方言中）。

о-стровъ\\о-токъ. 试比较词根 sra_1w течь 和 теку

за-мок\\за-движка 试比较 мчаться 和 двигать

дитя\\помет 试比较词根 $dha1_a$ класть 和 метать

край\\рубеж 等

我们还在不同语言中发现了以同样方法命名同一些物体的例子。因为我们在某些语言中可以质疑简单的转换例子（试比较 influence-Einfluss-wplyw—влияние），在可疑的例子上打一个问号。

ager\\выгон, wygon

окомигъ（momentum，Mikl.lex）\\Augenblick

in-venio\\находить\\z-na-leźć\\na-dybać

compagnon（cum+panis）\\однокашник

sanglier（porcus singuis）\\μονιος\\odyniec②

толма,τληος,τληναι（试比较 tollo）\\выносливость

съвѣть\\（conscientia？）

---

① H.Taine, DeL'intelligence, Paris, 1870. 我在《符咒——俄罗斯民间诗歌的类型》中指出了词语、思维和书写的类推现象。

② 波兰语从小俄罗斯语借用的词语？

ravir\\восхищение\\za-chwyt（？）

demain（de+mane）\\за-втра

âtmanâtrîya\\сам-третей

bardzo（试比较 борзый）\\шибко

опашь\\ogon

окно\\прозор

oreiller\\под-ушка

gebilder（Bild）\\Wykształcony（kształ）\\образованный（？）

abhi-rupa（rupa）\\gebildet

yuga\\saeclum 两个词语都表示"поколение"，都是源于表示"соединять"意义的词根。

Invideo\\завидѣти\\zazdrościć\\pavidéti

Quisquis\\ 阿尔泰语的 кажыкажы

ἐπισταμαι\\verstehen

sa-krt\\крать\\ 两个词都是源于表示"резать"意义的词根。

Sunrta\\virtus 两个都源于表示"муж"的词根。

94. 任何物体都是根据某一个特征命名的。但有些物体在数百年和千年内一定会发生变化。因为词语的意义是因使用，而不是因原始起源而被人们掌握，那么词语根据自身语音学和形态学规律不断变化，但这些规律与被表示事物的历史没有任何共同点。词语可以按照顺序作为符号表示无限系列随着时间而变化的物体。比如，词语 стол 起始时只是祭祀时使用的简单垫板（试比较梵语：pra-stara）。如今，这个词语不仅表示我们家里大量各种各样、用于使用的物品，在漫长的时间里还曾经表示与这些物体相关的东西。梵语的词根 piç 开始时指使用锋利的器具去刺痛、做某件事情（колоть,отделывать），然后才有了"刺绣"的意义：peças-kâri。试比较拉丁语的 acu pingere。最后，piçâmi 指"我装饰"。拉丁语的 pingo 意味着用色彩画画，而共同斯拉夫语 писать 也是表示借助于符号表达思想。无论在未来发明了哪种用符号绘画的方法，任何一种方法都有可能成为词语

писать 的名词。同样，最初源于表示"挖出、凿出"（выдалбливать）意义的词根 -графия,- граф 可能在之后成为表示书写和描述的方法。波兰语源于 отърьсти 的 powróz 表示门没有上锁，只是拴上的状态。梵语源于词根 vah 表示婚礼的 vivâha 指出带走新娘的习俗。法语的 fusil，（试比较拉丁语的 focus，意大利语 focile，fucile）用于表示火镰。随着武器的发明，fusil 成为表示武器的词语。梵语的 daksinas，凯特语的 dess 用于确定民族的居住地。波兰语的 zwłoki，证明词语源于基督教。

因为与其他词语一样，需要从词源分析表示我们至高无上的情感、外部和内在世界的复杂思想名称，那么对于文化历史学家而言词语的上述特点也具有伟大的意义。语言拥有自身的考古学。词语的活年鉴可以追溯到远古时期，人类还没有谱写历史时，这部年鉴为我们讲述了任何考古行为都无法发现的人类内部历史事实，在任何文献都无法找到。这部年鉴能够为我们讲述人类的精神历史[1]。

95. 还有一些物体，即使在漫长的时间里变化都不大，以至于我们无法发现。比如动物和植物。如果我们分析一下这些物体的名称，那么我们可以发现，它们中的大部分，我指的是众所周知的动物和植物名称具有稳定性。当我们分析现代语言中的这些名称时，则发现每一个名称都可以表示某个清晰确定类别的物体。比如，корова, дуб。词语 стол，дом 可以用于表示完全不同的物体，具有不同意义。如果我们从历史角度分析这些词语，我们发现它们中大部分表示的物体与现在是一样的。因此，很多这样的名称能够揭示远古时代[2] 的事实。另一个特点就是它们没有同源词。它们的起源或者词源不仅感受不到，而且甚至完全不被科学熟知。显然，物体的概念越常态化，越确定，与名称的联系就越紧密。这种情况一方面导

---

[1] W.Scherer, Zur Geschichte der deutschen sprache 2. Ausgabe, Berlin, 1878, 453: "Der Wurzelvorrath unserer Sprachen gleicht einem alten verblassten Manuscript, von dem wir Enthüllung der wunderbarsten Geheimnisse erwarten dürfen, falls nur einst die richtige Tinctur sich findet, welche die vieltausendjährige Schrift erhellt".

[2] 在 Fick 词典中表示动物的俄语名称：блоха, бык, волк, выдра, гусь, дятел, жеребенок, коза, корова, кур(ица), муравей, птица, рак, сука, тетерев, уж. 产生于印欧语时期。

致词语失去了同源词，切断了与同源词的相似结，呈现出完全孤立的状态。另一方面妨碍了语言通过使用这些词语表示某些物体增加词语意义的可能性。因此，类似物体的名词几乎是稳定的和不变的，也就是具有作为术语的特点。语言发展自然的术语，不仅没有逊色于科学的人工术语，甚至超越了它。毫无疑问，自然术语绝对高于我们时代各民族在特殊爱国主义思想影响下使用固有的语言材料，也就是避免使用希腊语、拉丁语及其他任何外语词根而构建的术语。

96. 现在我们论述一下可以作为独特术语使用的外来词。我们已经说过，词语起源和组成痕迹的消失促使词语摆脱同源词，缩小意义，变成了表示该物体现行的名称。在这方面外来词具有借鉴意义。正如我们所知，语言中的任何词语都有很多词根：它永远是某些相似词语系的成员，某些被一起使用的词语系列的成员。我们在借用词语时，将这个词语从母语语言系统中剥离出来，放到没有同源词和伴随词语的生疏环境中。因为通过原词和伴随词语能够赋予词语意义，那么在外来词语中我们通常发现意义减少的情形。比如，波兰语 węzeł 与 wiązać，wiezy 同源，表示"结"的意义。俄语借用了这个词语，以 вензель 形式体现出来，但这个词语的意义更窄，成为拼在一起的花字图案。同样，德语的 gemach 源于 machen，表示某个完成的建筑。波兰语的外来词 gmach 只表示高大建筑。

波兰语词语 gwałt 从德语中借用了 gewalt，表示暴力、求助声音、大声。被借用的俄语词 гвалт 只表示无序的喊叫声。原因是什么？显然，原因就是词语只在一个意义上，而不是在所有意义上被借用，也就是在一个系列，而不是在全部系列词语或者思想中被借用。gwałtu krzyczeć, robić gwałt 被借用，而 wyrządzić, zadać komuś gwałt 则没被借用。还有几个例子。波兰语的 zrazy 表示某种食物以及嫁接时使用的接枝。俄语被借用的词语 зразы 只表示食物。波兰语的 blacha, blaszka 表示金属铁皮：俄语的外来词 бляха 表示车夫等手中的金属牌。波兰语的 szereg 指房屋、树木、字母、事件等。俄语的外来词 шеренга 表示一排士兵。

还有一些既没有较近的同源词，也没有不同的意义，在被借用时意义也没有变窄的词语。比如，波兰语的 ogółem, ogólny 与 goły, gołić 同源，但如今被遗忘，不久前借用到俄语中的 огулом, огульный 意义几乎与波兰语的词语意义一样。

不难发现，被借用词语的形态部分总是处于整体化状态。原因很清楚，我们不展开论述。

97. 我们在这里论述一下有趣的语言现象，在科学中被称为民俗词源。

"民俗词源"的本质是什么？我试图在刊登于《俄罗斯语文通讯》的一篇文章中解释这个问题。所以，我在这里只强调几点，作为这篇文章的补充和修正。

与这个过程有关的词语：1）外来词，比如 керосин。2）含有对于民族而言无法理解或者体会的词根的词语。比如，моровей,。试比较古斯拉夫语 мравии。3）与地点有关的词语。在极罕见情形下，我们可以感受到它们的词根和形态组成。比如，波兰语的 skon，词源性的 свидетель。试比较古斯拉夫语的 свѣдѣтєль，波兰语的 swiadek。

首先，需要注意一点，民俗词源与属于类似于变格、变位系统的某些词语无关，只涉及被复制的独立词语。

我们分析一下第一和第二范畴。想象一下，我们第一次听到类似 керосин, моровей 这样的词语。接受的过程并不完全是消极的过程：如果很多人都在看同一个物体，那么这并不意味着他们所有人都看见了同一个物体。如果每一个人看到的东西都不一样，只是因为按照联想规律，被接受的东西激发了每个人心中已有的东西，并且与之①无意识地融合在一起。同样，如果有人当着我们的面说出一个我们不知道的新词，那么我们并不是接受这个词语的发音本身，我们可能听到某种在我们语言中已经存在，

---

① 因为不同个体的内涵不同，必然反映在词语变化中。比如，小俄罗斯人和波兰人不懂的词语 эконом 变成 оконом，因为在波兰语和小俄罗斯语中名词词尾为 мон。但是波兰人将这个词语变为 okoman，因为他们知道很多含有词尾 man 的德语名词。

与我们听到的发音①相似的发音组合。在我们接受一种完全未知语言的词语时，特别明显。在多数情形下，我们无法做到只重复听到的词语②。因此，无法保证准确理解类似于 керосин, моровей 这样的词语。但我们假设，我们正确地理解了这个词语。那么在复制时会发生什么？我们还不习惯于复制新的语音组合。所以，我们每次复制的形式都不同。在周围人身上我们可以看到复制类似词语时发生的各种情形。确实，我们分析的词语常常以各种相互类似的形式存在。比如，对于用词语 sera 表示"晚上"这个概念的意大利人而言，就不理解词语 vespertilio。这时就会发生民俗词源的过程，与 vespertillo 并存的词语还有 vispistrello，vipistrello，pipistrello。但在语言中不可能保留所有形式，只能保留一个，其他形式消失。在这样为存在而竞争的过程中，相比较对语言不常见的组合而言，常见的语音组合有机会保留下来。所以，就 najtyczajnka（试比较 Neu-Titschein）和 nietyczanka 而言，后者保留下来，因为这个形式是对于波兰语而言更常见的语音组合。具有某种意义的组合比失去意义的组合更容易保留下来。比如，карасин（试比较 карась）比 керосин 更容易迅速确定下来。在意义和物体之间存在某种联系的组合有更多机会保留下来。比如，муравей（在绿草上爬行的）比 моровей 更容易保留下来。

在形态组合能感受到的词语中"民俗词源"出现的情况少很多。比如，法语词 toutes voies。试比较意大利语的 tuttavis 被 toutefois 代替。源于 modry 的波兰语词语 modrzeń 被词语 modrzew 代替。尽管有动词 konać，skonać 的存在，词语 skon 在 zgonić 的影响下被词语 zgon 代替。obejde się 被动词 obęde się 代替。这样的现象体现在书写中。比如，свидетель 代替了词源的 сведетель。类似词语的变化还需要特殊条件：语言中的词语不仅在语音上提示经历民俗词源过程的词语，而且还可能与该词语在意义上有某种联系。我们是否在最初见到 skon 或者 zgon 时就去复制这个词语，

---

① 在儿童语言中很多不清晰词语的变化很有意义。比如，儿童第一次听到词语 wagon。尽管这个词语很清晰，但他现在重复时却是 wogon，使用较为习惯的组合，借自于词语 ogon。同样词语 Костя 在词语 gość 影响下变成 gość。两个词语以这样的形式留在了他的语言中。很难说，类似现象是因为理解不准确和复制不准确所致。

② 请参阅 Paul, Principien, 41、60、120。

取决于我们复制的词语在词源上与哪个词根联系更紧密。

如果上述变化是因变化的词语与其他词语的类比性联想所致，那么，我们可以指出在邻接性联想影响下变化的情形。比如，служаночка—полоняночка，служаночка—полонялочка①。显然，这里的变化与邻词 служаночка 有关。

必须注意到 карасин, муравей 与 zgon，полонялочка 这两种情形之间的区别：在前两个词语中出现民俗词源现象的原因是 керосин, моровей 这样的组合对于语言是不常见的。组合 ring the bell 在俄罗斯水兵的嘴中变成 рынду бей，因为它不可能不发生改变。在其他情形下就是另一回事。这里变化的原因与经历变化的词语无关。如果没有词语 zgonić，skon 就不会被 zgon 代替，同样，如果没有 служаночка 的存在，погоняночка 就保留了自己的形式：词语 полон, полонить 经常在歌词中使用，所以，人们自然也就不明白 полоняночка 的意思。

没有被创造行为更新的词语倾向于接受更完善或者该语言特有的语音结构。根据这样的取向，我们无法在民俗词源，尤其卡尔洛维奇②所指的和音现象（ассонация）与我们之前在第90节分析的内容之间确定明确的界限。新组合是否在词根上与词语意义有某种联系，这是个别情形。根据如下两种观点，我们无法发现语言将不清楚的词语归类到某些词根中的倾向。第一，很多和音现象与此相矛盾，因为其中没有与任何词根③发生联系。比如，nietyczanka。第二，我们已经发现，起源痕迹不明的词语也一样存在。因此，在每一种语言中都有大量在词源上不明的词语，而且这并不妨碍理解，相反有助于成为相关物体的不同符号。

98. 我们再回到在第91节中分析的词语历史中。

我们已经发现，当我们需要表示新物体的名称时，我们利用表示与这种物体相像的某个词语创造出新词语。但我们并不总是这样做。我们经常

---

① 我感谢阿·伊·阿纳斯塔西耶夫提供了这个有趣的例子。
② 请参阅 J.Karlowicz，Sloworod Ludowy, Kraków, 1878,16.
③ 请参阅 K.G.Andresen. Uber deutsche Voklsetymologie,Heilbronn,1876,2.

以相似性为基础，用另一个物体的名称表示没有名称的物体。我们没有创造，只是将词语用于新的意义。词语的起源痕迹消失之后，使用词语的方法简单化。比如，对于法国人而言，完全不清楚具有各种不同意义（击打、跳动、一口、射击、行为、眼光、线条、帮助等）词语 coup 的起源。我们可以说"Дело идет."当我们在使用词语 дело 时，还使用一些伴随词语："Дело идет медленно и быстро, останавливается, принимает оборот, идет прямым и окольным путем, заходит слишком далеко."等。词语 идти 不仅与表示人或者动物的词语连用，还可以与表示物体的词语连用。比如 гвоздь 等。除此之外，这个词语还可以与 свет, тепло, холод, зима, война, молва 连用。因为在多数词典中一些词语经常有 50 个左右的意义。

99. 在词语意义无限扩大的情形下，词语本身会发生什么变化？词语容积和内容之间的反向关系定律应当在这里发挥作用：词语使用越广泛，内容就越贫乏。作为诸多各种系列词语中的成员，没有常态固定的特点，每一次都接受新伴随词语的特点。因此，没有在语言中固定下来。实际上，我们已经从词典得知，法语并没有从拉丁语中继承类似于 agere, audire, cadere, capere, dare, edere, ferre, gerere, stare, os, parvus, magnus 等词语。正如我们所知，这些词语只留下了一些残迹，如 j'irai 或者 ester en jugement, ouïe la lecture de larrêt 等。但是这些词语的生产词，与缩小词语意义的前缀、后缀构成词语继续存在，如 déchoir, échoir,（cadere），concevoir, décevoir, percevoir, recevoir,（capere），donner 等。词语 chef, caput[①] 几乎被词语 tête, testa 取代。而在方言中后者又被词语 boule, trogne 代替。同样，俄语词 голова 在方言中被 башка 代替，在波兰语中 gława 被łeb 取代。

很多词语保留了原形，变成后缀。比如，полный。在德语中有些词语变成了后缀 voll。试比较法语的 fier-ficare, ment-mente 等，

100. 我们需要为无数个永远在变化，永远都在增加的概念命名，但语

[①] 关于这个词语的诸多意义请参看 A.Fuchs, Die Romanischen Sprachen，195、196.

言永远都没有，也不可能有如此多的词语来满足这个要求。语言就必须使用创造，或者扩大某些词语的意义，所以，必须有一定比例的词语消失。

　　我们从什么渠道去弥补这种亏空的状态？我们之前已经发现，在语言中有助于语言材料多样化和增加的语音学和形态学力量永远都在起作用。记忆力不仅为我们保存数个世纪通过语言本身的行为而得到的材料，而且还有偶然从其他语言系统中获取的材料。通过语音学变化，一个词根变成几个。很难猜测 hemdehe 和 himmel 是同一来源的词语或者 bahre，eimer 和 Zuber 之间有某种共同点。如果由于语音学变化，词语的语音变少，创造行为起到辅助作用：借助短词创造长词，语音变多，能够与语音学变化抗衡。因此，起初的指小词 отец，палец，fabula，oculus 等成为非指小词。所以，在没有较短相对应词语 quiere，noere，nai 等词语存在的情形下，我们不止一次发现较长的词语 quiescere，noscere，nasci 的存在。通过一个词语创造大量词语。试比较罗曼语 casa[①] 的生产词。具有广义，不确定的意义（голова）的词语被还没有扩大意义的同义词（башка）替换。在这样的情形下，部分替代整体。比如，łeb 代替 głowa，feu-focus 代替 ignis。种属代替类属。比如，jeu-jocus 代替 ludus 等。

　　101. 为了大致了解某些语法范畴的词语是如何产生的，我们应当首先提出问题，即存在两千年语法中的分类是否合理。但在这本简短的概论中我们不可能为这个难度很大又复杂的问题找到答案。词语分类经不住严厉的批评，我们可以在保罗的著作第 11 章中找到证据。我们现在没有可能研究这个问题，只能说正确的分类应当是所有词语分为实词、名词和动词、非实词、虚词或者不同级别的语气词：第一级别是副词，实词的元素非常明显。第二级别是前置词，实词性次之，一直到语气词。比如俄语的 то，希腊语的 γε，失去任何实词性和独立性的语气词。我们在语言史中发现，一个实词范畴通常产生于另一个范畴，语气词源于实词系统的残余形式。较低级别的语气词从较高级别的语气词发展而来。

[①] A.Fuchs. Die Romanischen Sprachen,154.

102. 现在我们分析一下动词。法语中哪一类动词代替了没有意义的 ire？被意义更为确定，使用不是很广泛的词语 adnare（aller），vadere（je vais）代替。语言还使用 ad-rip-are（arriver），也就是语言根据现有的和最常用类型，利用名词创造出动词。俄语也是如此，适用于人、动物、铁锈、贫穷、忧愁等的无内容动词 есть 被含有内容的生产词 завтракать, обедать, ужинать 或者 кушать 代替，法语的动词 edere 被含有内容的 manducare 代替。

如果出现了某些新动词，那么首先是源于名词①的动词。因为动词系统与名词系统相关，因为它拥有某些过渡的动词-名词性的范畴。比如，不定式和形动词②，那么名词性词逐渐从动词系统中分离就不足以为奇了。比如，源于动词 ста-ть пе-ть да-ть，的名词 стан, о-ста-ток, пе-н-ие,дар。形容词也是如此产生的。比如，стоячий, могучий,горячий。这些名词性词首先是在 дар-ить, горяч-ить, бодр-ствовать 等基础上产生的。比如：

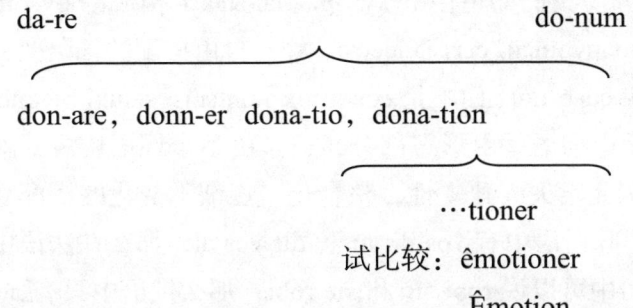

试比较：êmotioner
Êmotion

谁可以确认，беру, несу 这些被称为非派生的动词，不是以这样的方式产生的？针对名词也可以提出这样的问题。比如，因为勃鲁格曼的研究成果，类似 danra οδούς dens Zahn 的古代名词源于形动词的观点不再受到质疑。

在名词和形容词之间也不是没有可以逾越的界限。比如，动词 жить 源于形容词 жилой，而名词 жилец 又源于形容词。形容词 знакомый,

---

① 我研究了 252 个日常语言最常用的法语动词。新动词 78 个，即：源于法语、拉丁语、日耳曼语、凯特语和希腊语的 46 个词语。源于法语、拉丁语和日耳曼语元素含有后缀和前缀的词语是 25 个。不明来源词语 6 个。拟声词 1 个。

② 副动词成为动词和语气词之间的桥梁。

нищий 变成名词。同样，形容词也可以源于名词。试比较 уръновласъ，ροδοδακτυλο（ροδοδακτυλο 及类似词语有两个结尾，而非三个）。试比较 es schade，er ist schade，er ist schuld[①] 等。

两个表示不同功能的名词之间不太可能有明确界限。比如，невежа 开始是抽象名词，старшина, мужчина 是集合名词。词语 воз 作为 nominis agentis 使用之前，表示 nomen actionis。перевоз 或者类似构成的词语 ход，звон 等就是这样的例子。

代词源于实词。比如梵语的 âtmâ，拉丁语的 nemo，cuncti，立陶宛语的 pats，法语的 on，德语的 man。

103. 我们发现，语言中并不缺少创造新词的材料。我们的记忆为我们保留了一般的词语类型和创造力，将一部分词语变成另一部分。我们知道动词，可以根据名词类型创造名词或者相反。因为有一般的类型存在，完整的短语变成言语部分。我们知道由 руку прикладывать 构成的рукоприкладчик, наместник, подручный, сызмалееества 等。自由搭配的词语变为固定搭配。比如，тайный советник, 而不是 советник тайный, sztuki piękne 而不是 piękne sztuki。无论词语是由形态部分，还是由整个词语构成，融合的过程是一样的：个别元素失去独立性，整合化。逐渐不变化的搭配变成完整词语。如果在普罗旺斯语中有 vos dir ai 和 dir vos ai，那么在法语中可能只有 dirai。在波兰语中可以说 robi się 和 się robi，那么俄语中只有 делается。各种语音学过程永远都是促进这样的融合。比如，在 malade 已经找不到原始的 male aptus, méchant-minus cadentem, ennui-in odio 等。

德语的 kleingeld 在俄语中的对应词 мелочь，也是由形容词构成的名词。波兰语的名词 drobne，剔除了位于这个词后面的名词 pieniądze。再比如 sause-salsa（aqua），aube, soir-alba, sera（dies），linge-lineum（vestimentum）就是这样构成的。

104. 我们在第 73 节时提到语气词源于实词。比如，与俄语 ни зги, ни на волос, ни крошечки 类似的 pas-pasus, point-punctum, goutte-gutta, rien-

---

① 请参阅 Paul, Principien, 205.

rem，或者类似于 chez-casa，or-hora 的词语。它们可能由实词或者语气词组成。前者包括 сегодня, heute（-hiu tagu），波兰语的 wbrew（=w brew），西班牙语的 quiza，拉丁语的 quare 等。后者指 devant=de+ab+ante，dans=de+intus，一个元素出现两次的 здесь=сь+де+сь。试比较：aujourd'hui 包括 diurnum 和 hodie。我们在整合的不同阶段都可以发现这样复合式的语气词。比如，不变化系列的 ни на волос, между тем как，或者作为完全整合的语气词 здесь，devant。

我们在上面已经说过，实词性不是很强的语气词，通常源于实词性更强的语气词。比如，波兰语语气词 gdy 来源于副词 kiedy。前置词 перед 与副词 прежде 同源。

105. 我并没有打算写出语法范畴的历史概论。但我需要用不多的笔墨阐述这个重要问题，因此，我只能写一下不连贯的观点和想法。如果我没有错的话，对于我而言，我已经达到了目的。读者可以认为语法范畴的历史就是再整合：一个范畴由另一个范畴发展而来。

我们可以提一个问题，新词能否在某个时刻真正出现。新词不是某个人想出来的。我们知道，词语本身并没有意义。词语因为使用（与被表示的物体之间是邻接性联想）或者同源词（与其他词语之间是类比性联想）的原因才获得意义。无论是前者，还是后者，都不适用于新词。因为周围的人不会习得这样的词语，并且很可能连造词的人也很快忘记。在不同的行话中产生的新词完全证实了所述内容。如果 ci się już wtrynili, a tamci dię jeszcze nie wydziendziurzyli 这个句子还能够被理解，部分是因为两个动词虽然源于未知词根，但根据波兰语中现存的类型（所以，它们并不是完全具有独特性），词语的意义是因为语境而获得的。因此，如果我们将句子变为 ci się już w, a tamci się jeszcze nie wy 时，句子几乎保留原义。试比较 er ist schon fort 等。只有组合 мсс, брр 被视为是原有的形式，可能有机会存在，但只是因为它们是拟声词，借助于类比性联想与被表示的物体发生联系。因此，在语言中我们可以发现了"不可能无中生有"[①]的定理。

---

① Ex nihilo nil fit（拉丁语）.

因此，类比性联想是词语的基础。但因为词语的意义不是因词源，而是因使用，也就是邻接性联想所致，那么语音学过程可以去除词源的痕迹。因此，词语在生理语音学、结构和符号学方面得到完善。词语变成更简单和更便于发音的语音组合，在整合过程中，词语获得更简单的结构。最后，与物体无关的符号变成表物体的符号。

被创造出的词语常常没有这些特点，意义与同源词相关。

我们在命名物体时，并不总是创造新词，而是使用已经存在的词语。因此，某些词语的使用范围逐渐扩大。但同时使用范围扩大，内容在变窄，词语在语义上被破坏，被遗忘。这时语言使用另一个词语或者创造新词。在创造新词时，名词性词语源于动词，动词源于名词，实词性较强的语气词源于名词和动词系统的遗留部分。低一级的语气词源于实词性较强的语气词。当然，名词性词语也可以源于名词性词语，动词也可以源于动词等。通过整合短语或者若干原始独立词语方式产生词语。因此，语法范畴的历史就是不断再整合的过程。

理论纲要

（1）语言因为发音、语音、形态部分等元素的复杂性和不确定性而发生变化。

（2）词语的符号性可以解释这种变化的无限性。

（3）语言的元素：发音、语音、形态元素和词语，不仅发生变化，而且还可能消失。所以，语言常常借助于整合旧的、已有的材料创造新材料。

（4）无论对于心理现象，还是语言现象，联想规律同等重要。

（5）这些规律将无数词语变成一个和谐整体。因为类比性联想，词语构成无数个规范化系统或者词族。邻接性联想将词语归为系列。

（6）只有这些规律能够保证语言的存在：没有类比性联想不可能创造词语，没有邻接性联想不可能复制词语。

（7）类比性联想决定词源，而邻接性联想赋予词语意义。

（8）语言在发展过程中，倾向于词语世界与思维世界的完全或者部分对应。

论类推和民俗词源学[1]

(《俄罗斯语文通讯》,华沙:1879 年)

任何一门科学的新理论、新流派因为有新意,所以在最初阶段能够得到广泛的应用,而且是呈风头占尽的态势。但新理论的完善却往往受到限制。最近时期,语音学在语言学中占据了主流地位,成为知识领域第一个科学流派。但语音规律能否解释语言中的一切?关于这个问题,即使对语言现象一窍不通的人,他的回答也是否定的。与其他复杂现象一样,语言现象的形成也有诸多原因。确实,除了语音规律之外,有些词语并没有受到任何因素的影响,我们只需要遵循这些语言的语音规律,就可以直接将这些词语从一种语言翻译成另一种语言。比如,古斯拉夫语的слама(共同斯拉夫语的 salma),俄语的солома,波兰语的 sloma,捷克语的 slama,德语的 halm,希腊语的 καλαμ=o=ς。

但这样的词语在语言中占比不是很多。

如果我们以波兰语中的前置词 od 为例,则无法将它译成古斯拉夫语отъ,俄语的 от:不存在能够使古斯拉夫语和俄语辅音等同于波兰语中的浊辅音的规律。因此,从语音学角度只能解释波兰语的 ot,而波兰语中并不存在这样的前置词。前置词 od 的产生是所谓的类推过程所致。这个过程是这样的:在很偶然的情形下,波兰语的前置词开始以语音 d 结尾:przed,pod,nad。因此,结尾的 d 似乎成了这个范畴词语的重要元素。而这个范

---

[1] Об аналогии и народной этимологии // Русский филологический вестник.- Варшава, 1879.- Т.2.- №3-4.- С.109-120. 博杜恩·德·库尔德内教授并没有为我提供关于斯拉夫语言在民俗词源的材料。除此之外,我利用了该教授的讲义和指南。

畴以 ot 结尾，没有任何支撑的词语的结尾也获得了语音 d。

我们再举一个例子。

正如我们所知，根据语音规律古斯拉夫语中的 pa 在波兰语中变成 ro，可以将古斯拉夫语中的 мравии 转换成常见于波兰词语 mrowka 中的 mrow。如果将 мравии 转换成俄语，那么就是 моровей，但俄语的形式是 муравей，我们无法从语音学角度进行解释。这个词语是独立的，没有源头，词根也不清楚。因此，人们只是认为它与 мурава 相近。мурава 对于词语 моровей 而言具有强烈的吸引力，不仅语音相似，意义也接近。似乎 муравей 的由来正是因为在绿草上（мурава）爬行，才有了这样的名称。这个过程被称为民俗词源（Volksetymologie）。学者 Förstemann 是第一个发现这一现象的。

认可类推和民俗词源并且有意识用这些因素解释语言现象的语言学者并不是很多。关于类推和民俗词源的研究成果更是少之又少。术语本身还没有被确定，还没得到推广，以至于很难提出类似于这些术语是否在正确，是否能够表示现象本身的问题。

我们再回到刚才的波兰语 od 和俄语 муравей 的例子上。

在这些组合中有什么共同特征呢？

第一个共同特征：这两类组合都有一个负面性的特征，即无法用语音规律解释两个词语的语音组成。

第二个共同特征：od 中的语音 d 是前置词 ot 被其他词尾是 d 的前置词同化的结果。语音组合 мурав 也是词语 моровей 被 мурава 同化的结果。

第三个共同特征：这些词语的变化和转换是被孤立的结果：无论是 ot，还是 моровей 都没有源头，只有它们的词根语音。

这些特征 1) 是存在的。2) 这些特征能够判断被称为类推和民俗词源的组合。

如果上述内容是正确的，那么 A 和 B 拥有共同的本质特征 a，b，c，这些就可以构成一个范畴，不可能用两个不同的术语表示。这是第一种反对"类推"和"民俗词源"的观点。

我们分别分析一下这三个术语。

（"类推"）在哲学中"类推"的含义如下：如果 A 和 B 具有同样的特征（性质），这表明 A 和 B 具有相似。如果 A 和 B 具有同样的尺度（数量），那意味着 A 和 B 是等同关系。如果 A 属于 C，就像 B 属于 D 一样（A：C=B：D），那么这就是类推，也就是这种一致性的关系被称为类推。显然，这样的类推与语言学中的类推没有任何共同之处。

　　古典语法学家使用术语类推，但来自 Gellius'a① 的定义 "…Αναλογια est similium similis declinatio,quam quidam latine proportionem vocant . Αναωμαλια est inaequalitas declinationum consuetudienem sequens"（这个术语的意义很广，因为除了表示人的语音科学之外，还可以表示任何其他有机体语音的科学）。显然，就像语言学家的类推与哲学家的类推一样，语言学家的类推与古语法学家的类推之间的相似之处也很少。

　　最后，在日常的语言中任何相似的现象都被称为类推。因此，语言学从日常语言中借用了这个术语。

　　术语本身并不代表任何现象，而是用这个名词表示一种过程。在日常语言中这个术语应用很广，但未必适用于科学术语。

　　民俗词源。词源意味着 a 产生于 A，a 源于 A，或者 a 与 A 同源。

　　在之前谈到的组合中我们看到的不是生产行为的结果，而是 a 源于 A（муравей）的再生和表面的同源（比如，波兰语中的 kosciol 好像是与 kosc 同源，其实是源于 castellum）

　　修饰语"民俗的"并没有给术语"词源"带来任何特殊的，展示这就是唯一的词源的东西：任何一个词都是因民族而产生，任何的同源关系都是民族需要感受到的。换言之，术语"民俗词源"完全适用于 метать 源于 места, играть 源于 игры 这样的词源现象。

　　因此，术语"民俗词源"等同于"词源"，而后者并不能表现出词语 муравей, kosciol 经历的过程。

　　为了弄清楚，类推和民俗词源表示的过程，如何命名这个过程，我们分析一下几组词语。

　　1. 德语的 kelle 在波兰语中是 kiel-nia（石匠的铁锹），拉丁语的

---

① 请参阅 Ersch'a 和 Gruber'a 的百科全书中的"Analogie"。

patella 在波兰语中是 patel-nia（平底锅），也就是这些词语在波兰语中都有一个后缀 nia（试比较 gorζel-nia 酿酒厂）。在拉丁语 architectura 中我们也看到同样的现象，希腊词语带有拉丁语的后缀。

如何阐述在这些词语中发生的过程？人们对一个在构成方面感到陌生的、独立的词语被其他更多、更普通的词语同化。因为在这种情形下同化只涉及后缀，那么这个过程被称为后缀同化。

2. 俄罗斯民族不理解的词语 рекрут 与含有前缀 не 的范畴词语（比如，не-христь）发生同化，得到 некрут。同样：мебель 与 небель，波兰语的 nieszpory 与 vesper，niedzwiedz（熊），nietoperz（蝙蝠）等都是如此。

词语 потчивать 的词源被遗忘了，被含有前缀 под 范畴的词语同化（比如，под-нимать），得到 подчивать。同样在 17 世纪波兰文献中 potkac（встретить）常常被写成 podkac。

波兰语 zarzewie（огнище，源于 zar）由于被含有前缀 za（比如，za-lesie）的范畴词语同化，从而变为 zarzewie。同样，小俄罗斯人的语言中 залізо 取代了 желізо。

这样的同化现象被称为前缀同化。

3. 在塞尔维亚语中有五种形式：dam，das，da，damo，date 都是被第六种形式 dadu 同化，得到新的词干：dadem，dades dade，dademo，dedete。还有 znadem，znades，……imandem，imades……等。

波兰语词语 ociec 的间接格为 occa，occu 等，这些形式在语音上应转化为 ojca，ojcu。ociec 的语音能够保留下来，因为被多数变格发生了同化，成为 ojciec。

还有一个波兰语词语，其中两个软辅音之间是元音 e，而不是 a，o。比如，czas（时间），czasu，czasowi，czasem，非 loc.czesie，czolo，czola；是 czolu，czolem，非 loc.czele；独立的 locativus 被多数格同化，得到 czasie，czole。副词 na czele，没有被同化，保留了原始形式。这就是词干同化。

4. 在变格及变位领域广泛使用同化现象。如果我们没有失误的话，可以说变格及变位的历史与原来越广泛使用的同化现象历史是吻合的。

我们以俄语名词的复数第六格为例。现今的词尾是 ах：столах, рыбах, костях, детях, зернах……但在古斯拉夫语中只有词干以 а 结尾的词才有 ах，并且不是词尾：рыба-х，而是 костьхъ, сынъ-хъ. 在俄语中以这样的方式变短，形成词尾 ах，所有词语在复数第六格情形下被词干同化为 а。

在变格及变位领域的同化常常是因为存在相对应的形式。我们首先用下列表现形式呈现出来：如果 A 和 B 是等同的，而它们的对应形式 a 和 b 又不等同，那么或者 a 被 b 同化，或者 b 被 a 同化，取决于（a-a, B-b）哪种情形在语言中更常见。

比如：опенок（A）= теленок（B）

опенки,ов…（а）≠телята,ят…（b）;φφ

因为 теленок—телята（B-b）在语言中比 опенок—опенки（A—а）形式更常见，那么 опенок 的复数形式是 опята（а 被 b 同化）[①]δ

词语 Володя 中的语音 d 在元音 а 之前成为软辅音，表明在古斯拉夫语中这个词语具有反射形式 влад，并且在俄语的间接格中可以预见是 Володяти（试比较 дитя—дитяти）。但因为 Володя 在形式上与词语 земля 是一致的，那么在间接格中得到了与 земля 一样的形式。

作为变位领域类似的同化现象的例子，我们可以指出复数第三人称的形式 ходют, носют, возют。这样的现象被称为构形同化。

5. 我们讲一下整个词语的同化。

某类轻便马车在波兰语中被称为 nietyczanka。这个词语只是表面看起来是波兰语的形式，换言之，这样的语音组合只存在于波兰语中，但这样的组合与词语意义没有任何关系。这是因为在 Neu-Titschein 是一个地名，在这里生产轻便马车，所以这个词是由曲解这个地名而来。波兰人将 Dünamünde 称作 Dyjament。德国人将 Claudii forum 称作 Klagenfurt。

керосин 在维尔诺被称为 karasina，而在乌拉尔以外则是 карасин（好像是来自于 карась）。

德国在拉丁语 cuniculus 听到了熟悉的词语 kunig 和指小名词的后缀，因此产生了 Küniglin, Künigel.；波兰人用词语 królik 翻译这个词语，在俄

[①] 在喀山省的斯帕斯县使用 опята, опят……的形式。

语中变成 кролик。树木 παγχρηστος（Apothekerbirne）被法国人借用，成为 bon chrétien，被德国人说成是 Chriistbirne。雅典人使用的新希腊语 Ανθηνα 是因为被 ανθος 同化而来。德尔菲 —Αδελφοι 是因为 αδελφοθς 而来。

在所有这些情形中一个民族在源头上不理解，常常语音是因为异类的词语被某个著名的，在语音上相近的词语同化。这时可能有两种情形：

1）因为同化得来的词语可能在词义上与名称表示的物体没有任何共同之处。

2）因为同化而来的词语本身已经失去了任何意义。

这是词汇同化，即同化的特殊类型，被称为和音同化①。

6. 还有一种特殊的联想类型，就是词语的使用频率低的形式被使用频率高的形式同化。

Варшава（华沙）在俄罗斯被称为 Аршава，因为经常使用 в Варшаве, в Варшаву，而这些形式被理解为 в Аршаве, в Аршаву。

同样，波兰语的 lbiag 取代 Elblag，被 w Elbiagu（we lbiagu）同化。Опсков 被 во Пскове, во Псков 同化。Омценск 取代 Мценск, овторник 取代 авторник。波兰语 Welwowie（gen.Welwowia）取代 Lwów。波兰语 wewtorek（gen.wewtorku）代替 wtorek。小俄罗斯语 віvторок（gen. Віvторку）代替 втóрок。捷克语 Cachy（Aachen）因此经常被听成 ze Aachen。

7. 注释。因为只关系到意义，所以必须强调词语的一般意义。在词语的内在方面应当区分两种意义：词语的发生学意义和词语的个性化意义。

比如，светляк 的发生学意义是某种发亮的东西，而个性化意义是指某种昆虫。

下列词语的意义应当被理解为发生学意义。

古斯拉夫语的 сведетель，塞尔维亚语的 svjedok，波兰语的 swiadek 的存在，表明俄语最初的形式是 сведетель，只是因为被 видеть 同化变成了 свидетель。

---

① 我认为，卡尔洛维奇成功地想出了术语"和音同化"与其他两个术语"语词同化和意义同化"。

俄语的词语 седой 与波兰语的 sedziwy 相对应。很难说，如果词语 седой（试比较 сера—siarka, серый—szary）翻译为波兰语，会出现什么结果。毫无疑问，在这个词语中不可能有语音 e。词语 sędziwy 就是与词语 sędzia 同化的结果。

波兰语的 zwietrzały 与俄语的 ветхий 同源，被 wiatr 同化，结果是借助于 rz 表现出来。

之前提到的 муравей 也属于这一情形。

法语的 passeport 在德语中是 Pass-wort，拉丁语的 Mediolanum 在德语中是 Mailand。

法语的 Charlemagne 来自于 Charlemaine（-Karlman）。

法语的 toutefois 代替 toutevoie。试比较古法语 toutes voies，意大利语 tuttavia。

在所有这些情形下，语音的相近，意义之间的某些联系都有利于同化。这种词汇同化现象被称为语词同化，也就是独立的、不理解的或者很难理解的词语与某个词根联系在一起。

8. 还有一些词语没有任何语音变化，但却获得了完全新的意义。比如，阿波罗的修饰语 λυκειος 在最初时与拉丁语 lux 同源，后来被理解为 λυκοκτονος（杀死狼的人）或者与 λυκlα 地方有关。

波兰语的 kosciół 源于 castellum，但可以感觉到与词语 kosc 是同源关系。Czestochowa 在最初时源于 Czestoch。德国人将专有名词 Claubrecht 理解为 Glaub-recht，视为是 Glaubrecht 的分解形式（试比较 Klau-precht, Albrecht）。

这种类型的同化被称为意义同化，只限于词语意义。

9. 还有半词汇同化现象，比如在希腊语中 Ιεροσολυμα 中我们就发现了这种同化：犹太词语获得了一半的希腊语。同样，我们在波兰词语 bawelna-Baumwolle 的另一半中也看到了类似现象或者俄语的 вакат 代替 вакация（试比较 закат прокат 等）。

语音的接近常常将读者们带入误区，促使他们书写和解释 posthmus（代替 psstumus)"qui post humationnem patris natus est"①或者 Beischaf（代替 Bischof）"der bei den Schafen sein soll"。

有时语音的接近带来一系列故事。比如，癫痫病与圣瓦莲京联系在一起，Valentins-krankheit, Fallsucht, fallende Sucht, 这个圣者成为患癫痫病人的保护者。在波兰语中这个迷信说法偶然得到了其他的名称：Walenty, Walek 及 walic。甚至还有一个谚语：Swiety Walek tych powali co patronem go nie zwali。

勋章的名称 Dominicani 在语音上与 Domini canes 接近。……实际上，Dominicani 源于词语 Dominicus, 圣者获得这个名字时还没有 Dominicani。

需要将另类体现人有意识的意志的同化现象与我们分析过的同化现象区分开。比如，波兰的一个笃信宗教的农民将誓言 dalibóg 变成了 dalibod（没有任何意义）。德国人说：Ach Je！O Herr Je！代替 Jesus。法国人用 parbleu 代替 par dieu, mortbleu 代替 mort de dieu, corbleu, ventreblleu。波兰人在恐惧情感的影响下，用 dyjasek 代替 dyjabel。在这种情感影响下犹太人不说 холера（霍乱），同样，人们更经常说和写阿斯特拉罕疾病，而不说鼠疫，词语常常在民族幽默感的影响下改变形式。比如，Cajus Tiberius Nero 被某个爱说话的人改成 Calix Biberius Mero。

……

在所有我们分析的词语中发现了如下特征：

（1）或者词语的某部分或者整个词语，或者词语的意义都是第二性的：原始的 a 变成 a_1。

（2）通过 a_1 被替换的 a 具有不稳定性，或者由于在语言中是独立的，或者比较少用，或者表现力弱，或者在语音上与 a_1 接近。a_1 或者在语言中常见，或者经常使用，或者比较有表现力。

（3）并不是根据语音规律 a 替换成 a_1。所以，可以将同化确定为自然的语言过程，本质就是去除语言中较弱的元素，用更强的元素替换。词语的各个部分、完整的词语或是表面，或是内在，或是两方面都经历着这个过程。

---

① 最小的，在埋葬父亲之后出生的孩子。

关于同化这个术语，我们可以这样描述：

（1）它表达一种过程，如果我们使用常见的表达方式的话，就是物体受到周围事物的影响所致。所有分析的词语都经历这个过程，最后就是某种另类的东西，是这个共同过程中的特殊类型。

（2）由于共性的存在，这个术语可以表示另外一些发生在语言中的相关过程（比如，语音同化）

对语言中的各种同化大致可以作出如下分类：

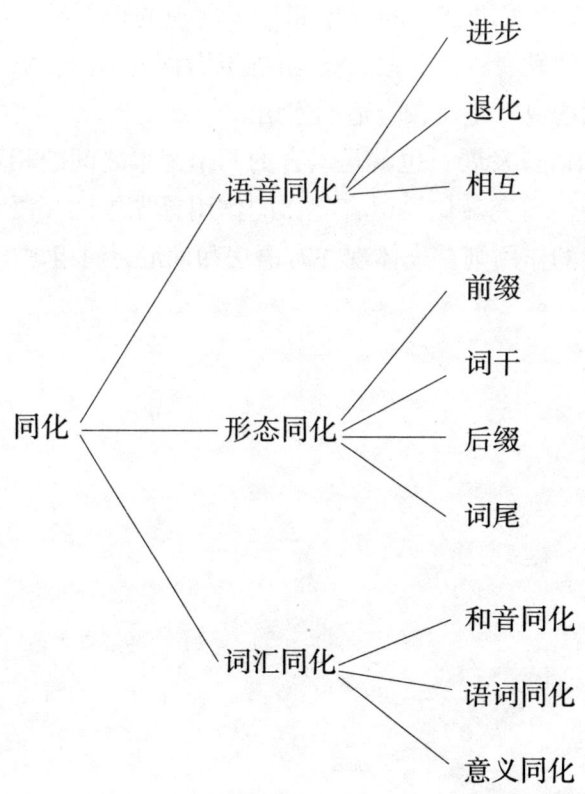

有时同化被称为是非正常的过程，因为一种科学中的现象用另一种科学术语表示，在多数情形下是不科学的。即使在这种情形下，也是如此。通常我们将这种非正常的过程理解为一种追求终止机体存在的自然过程。但同化完全不是终止语言的存在。相反，这是一种整合的力量，决定了语言的形态过程。

在构词领域同化通过去除很少使用的词干和后缀，追求限制它们的数量。

最后，在语言的丰富词汇领域追求将鲜活的词根加到独立的或者被弃用的词语中。

术语"新词"也不科学，因为具有不确定性，导致虚假的结论：

（1）较古时期的语言不具备同化的性质，只有新时期的语言才具有这一特点。

（2）现在发生在语言中的现象和将来出现的现象都只能是同化的结果，而不是语音学发展所致。语言结构的透明性与同化行为的广度成比例。我认为"次类的构成"是比较合适的术语。

确定同化和语音发展，也就是语言的两个因素之间的相互关系是相当困难的，需要专门研究。似乎语音规律的作用首先体现在语法和词汇材料的产生中，同化的作用则首先体现在有语法和词汇材料组成的结构中。

语言科学的对象、分类及其方法[①]

(《俄罗斯语文通讯》,华沙:1894年)

语言学论纲

II 生理语音学

语言学研究的对象是语言,即词语和句子。语言学的任务就是研究语言发展的自然过程,即揭示语言在形式和功能层面发展的规律。

命名一门科学是根据研究的对象,而不是方法。

(1)比较法并不是只属于语言科学的方法。其他科学同样需要这种方法。

(2)因为我们不仅需要研究名称本身(这里指术语'比较语法'),而且还要研究与此相关的概念,所以必须去探究。我们所说的"比较"通常被理解为将一种语言的词语和形式与另一种语言的相关词语和形式进行比较。而这样的比较不仅不是语言科学唯一的,甚至不是主要的方法。我们通过研究某种语言中的词语和形式,能够得出重要的结果。

我们科学研究的对象就是词语和句子。我们仔细地研究一下这一对象,即词语本身,因为句子几乎还没有成为语言科学的一部分。

词语是与某种思想相关的人类语音的组合。第一,语言学家需要研究这些词语的语音或者语音单位。必须研究人的言语器官是如何发音的。语

---

① Предмет, деление и метод науки о языке // Русский филологический вестник.- Варшава, 1894.- T.XXXI.- C.84-90.

音是如何变化、相互影响的，变化的性质和语言的历史及在亲属语言中的反射。

这样的研究能够揭示语言中发挥作用的生理语音学规律和语音规律。

几乎任何词语都可以分解为有意义（直接与某个意义相关的）且在其他词语中出现的语音综合体。比如，在词语 подсвечниками 中语音组合 под-，свеч-，ник-，ами。这是词语的形态单位。每一个形态单位都存在于其他词语中。描写和归类这些单位，研究它们的历史和在亲属语言中的反射，将揭示出语言的形态规律。但就像没有一个组成词语的形态单位一样，词语具有内在的方面：被称为词根的主要形态单位在功能层面上表达某种意义。被称为前缀、后缀及词尾的二级形态单位，在功能层面上表达某种关系。完整词语具有某种意义。每一种功能都具有自己的历史，不仅在该语言中，而且还在其他亲属语言中都需要得到研究。

因此，语音规律、形态规律及其他相互对立和相互阻碍的不同规律控制着语言的发展。

我们很难想象出科学分类的哪些方面还没有得到研究。但因为分类是必要的，那么我大概说一下语言学分类。

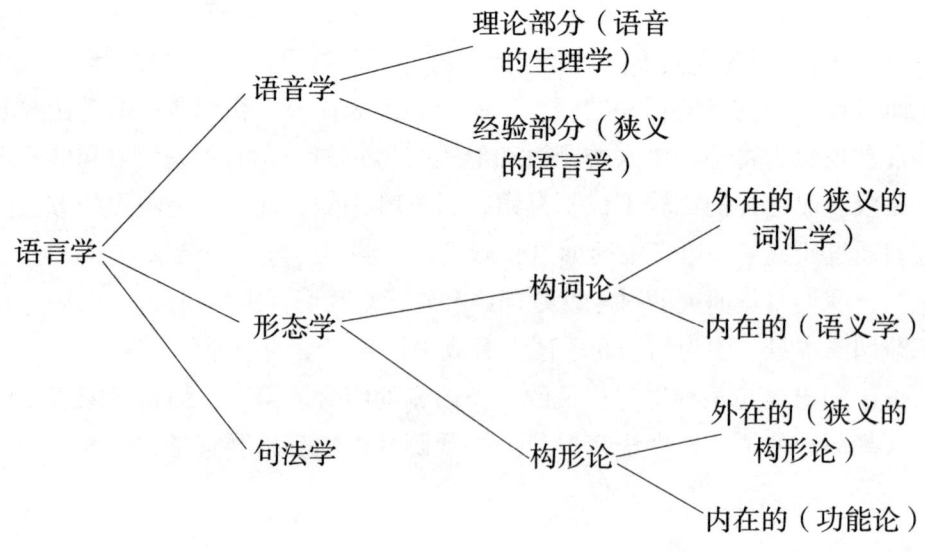

我尽量简单明了地阐释被普遍认可的公理，这是任何一个语言研究者都需要了解的。我必须用更多的时间阐述一下语言学的性质和方法，因为科学界的主流针对这一类科学的认识是不正确的。

语言科学产生于历史-语文学科学领域，研究这门科学的学者也是接受了这些科学的教育。因此，毫无奇怪，语言学从历史-语文学中借用了一些方法，甚至科学思想。历史学家和考古学家的任务就是恢复那些在较远时代占据一席之地的事实，根据至今还存留的遗迹和残骸构拟这些事实。

我们从历史提供的例证看出语言学的最高境界就是构拟印欧语原始语及它的分支，确定不同民族语言的发端及相互之间同源关系的亲近程度。构拟已经消失的语言，我们只能根据我们熟悉的某些活的或者已经死亡的发端语进行判断，这就是著名学者之一，米兰的教授阿斯克里（Askoli）为语言学者描绘的理想画面。

在这项宏伟的工程中已经使用了哪种方法？正在使用哪种方法？虽然方法非常简单，但科学性却不够。这种方法可以阐释为：如果我们在语言 B 和在语言 C 中发现现象 X，那么这一现象还诞生于语言 B 和 C 的源头语言 A 中。κλυ-θι 源于希腊语的动词 κλυω（第二人称祈使式）。与之相对应的梵语形式将是 çru-dhi。

由此我们得出结论，在产生希腊语和梵语的语言中已经存在这种动词命令式 krudhi。这种情形可能存在。但我们如何证明，就是这个词根与这个后缀相结合？希腊语、梵语及其他用于表示第二人称祈使式的后缀，还有 dhi 可以在希腊语和印度语的基础上独立并入到 kru 中。

因此，这种印度语和希腊语的重合并不能从严格科学的角度得到证明 krudhi 在印欧语中存在。在探讨语言同源程度问题上各种词汇材料的意义更是微不足道。我们在曾德人的语言中发现与古波斯语 baga 和共同斯拉夫语 бor 完全相对应的 bagha。在这个事实及其他类似事实基础上施密特（J.Schmidt）认为斯拉夫语系与伊朗语系是同源的。伊朗语言和斯拉夫语言从印欧语言用于表达概念 бor 的词根中选择了 bhag 具有什么意义？能否在一些完全偶然性特征（也就是即使没有这些特征语言同样存在）基础上构建分类？可以说每一个著名的语言学家都有自己对语言和同源关系分类的看法，这不足为奇。每一种观点都完全不同：梵语的 a 因偶然特征而与希腊语接近，b 与斯拉夫语接近。

可以说，最近一段时期，这种较为拙劣的外在倾向被精细的内在倾向取代。内在倾向首先创建原始语言的语音系统，揭示不同语言中语音之间的渊源关系。因为这种倾向与刚提到的倾向不同之处是研究对象，而不是原则，因此只是看起来具有科学性。原始的 k 在很多毫不知情的情况下，在梵语和曾德人的语言中变成 c。

由此我们可以得出结论，在这些语言的源头，也就是原始印欧语中 k 已经变为 c。同一个语音 k 在几乎不知情的其他条件下变成擦音。一方面，我们在印欧语系中可以看到这种现象，另一方面在立陶宛斯拉夫语系中同样能够观察到这种现象：梵语 daça，古波斯语的 daça，立陶宛语的 desimtis，古斯拉夫语 десять，希腊语的 δeka，拉丁语的 decet。由此我们认为，还在立陶宛斯拉夫语言分离之前，但在希腊-意大利语分离之后，k 在原始语中已经变成了擦音。但是还有其他的结论：在印欧语和立陶宛-斯拉夫语区域是擦音的原始音 k 在转换到其他语言中成为软音 k'，但在印欧语和立陶宛-斯拉夫语中进一步软化，在希腊-意大利语中消失。我们举例说明。印欧语中有三个元音：a，i，u。在印欧语中 a 的位置，在所有欧洲语言和亚美尼亚语中是 a，e，o。这些元音几乎出现在同一些词语中，这些语音出现的条件却不得而知。我们因此认为，印欧语原始语只有 a，可以在欧洲语言和亚美尼亚语言的源头变成 a，e，o。在原始语中的 a，e，o 的语音，印欧语区域合为一个语音 a。

这样的研究无法解释语言分类：根据 k 变为 s，立陶宛-斯拉夫语支与印欧语语支接近，根据分出的 a，立陶宛-斯拉夫语支与欧洲语支接近。如果注意到 naktis，ношть，пох 的情形，那么可以做出结论，斯拉夫语更接近于拉丁语，而不是立陶宛语。

在所有这些观点中隐藏着无意识的结论，即语音只能产生一次，语音是单源的。但所有事实都表明语音是多源的。我们发现，同一些变化出现在不同时间，在不同语言中完全是不相关的。

语音学的主要任务不是恢复原始语的语音系统，而首先是研究语音的性质、变化和消失的条件和规律及新语音产生的条件。同样，变化（mutatis mutandis）也与语言科学相关：语言学的主要任务就是研究各种语言现象，包括变化的规律和条件。

人们崇尚考古式的语言学流派，存在藐视新语言的情形。只有不多的语言学家不顾无根据反对新语言的警告，开始研究这些语言。但是，面对从昆虫，从古生物学开始研究的某个动物学家我们能够说什么呢？只有研究新语言，我们才能揭示各种目前未知的语言规律，因为在死亡的语言中或者无法揭示语言规律，或者相比较而言，在新语言中更容易发现语言规律。

最后，只有研究新语言，才能确定个别规律之间的相互联系。无论构拟原始语，还是阐述印欧语的历史都将获得牢固的基础。如果动物学家根据身体的某个部分可以恢复某种具有这个部分的动物，那么只是因为他知道，某种构造的牙齿与某种构造的胃之间是因果联系。因此，作为语言学家暂时无法揭示各种语音和形态特点的相互联系。

所以，如果从新语言开始研究语言学是理所当然的事情，那么我认为相对于任何一种新语言而言，首先应当研究母语，这一点不需要证明。

与其他科学一样，在实践中研究语言学方法是最便捷的方式。我们不知道任何能够借助于演绎法研究语言科学的一般性的真理或者公理。从这个意义而言，我们的科学是纯归纳式的，而且归纳式的科学通常运用通过归纳途径而得到的一般性真理，得出演绎性的结论。这样一般性的真理也可以用于语言学，尤其被称为生理语音学的部分。

元音规则问题：对古斯拉夫语元音系统的研究[①]

（《俄罗斯语文通讯》，华沙：1881年）

一、通论语音交替

当然，被我们称为语言的现象综合体就是语言学的研究对象，关于这一点谁也不会反对。这门科学的最终目标就是揭示主控这些现象的规律。但如果我们不是根据自葆朴以来至今为止已有的研究著作来确定科学及其任务，那么我们未必能够得出这个结论。我们可以将语言学定义为追求揭示印欧语系语言之间的同源关系，构拟印欧原始语及个别语系（斯拉夫语系、日耳曼语系）原始语的一门科学。

如果有人试图证明这不是一门科学，其实是徒劳的事情。但是，我们假设这就是一门科学。那么显而易见：

（1）需要且必须有一门科学存在，它的任务就是揭示语言现象的规律。

（2）这门科学同时可以揭示印欧语系语言的同源关系并且（在某种意义上）构拟印欧原始语及个别语系的原始语。

探究为什么在语言学中实施考古式方法，我们觉得并不难。这种原因产生于历史-语文科学中，由历史和语文学领域的学者发现的。他们将自己的观点、意图和方法移植到语言科学中。重构历史画面是他们需要完成的唯一任务。

对于语言学者而言，这样对待语言学的最重要后果之一就是藐视新语

[①] К вопросу о гуне: Исследования в области старославянского вокализма // Русский филологический вестник.- Варшава, 1881.- Т.5.- №1.- С.1-109.

言。显然，如果我们追求恢复历史，那么对于我们而言，一切与这种历史接近的东西则更重要和更有趣。一切遥远的新现象被我们忽略。但当我们的任务不是停留在重构历史，而是揭示现象的规律，那么对于我们而言，一切看到的新现象则具有特别重要的意义。在过去或者死亡的语言中通常很难或者完全不可能揭示某些规律。

我们阐述完之后，明白了为什么语言学在概括方面如此贫乏。

我们首先研究形态学。这门学科除了有时揭示历史上的一些事实，没有取得任何成果。确定了很多规律和概括吗？在形态学中有两个概括：关于形态同化现象的概括（我认为，与将形态同化视为"类推"和"民俗词源"一样，大家将形态同化视为是两个完全不同的过程是不科学的。）和关于缩减词干保护结尾[①]。但当我们说到第一个概括时，第一，我们需要更加重视新语言[②]，而不是古代语言。第二，至今为止，这个概括在语言学者之间拥护者多于反对者。第二个概括是语言学者本人完成的，他并不熟悉那些反对新语言的观点。我已经尽力借助于发表在《通讯》上的文章阐述这个概括，但并没有人关注。推广和阐释这个概括，将其视为后位形态单位吸纳前位形态单位的意图，因此，这个概括能够变成形态学最广义的概括。

因为形态学是语言科学的一部分，相比语音学而言还不够完善，因为在语音学中已经有很多的概括存在。但相比形态学而言，语音学研究更多的事实，属于很完善的领域。但在语音学中并没有特殊的概括：即使我们提出的最简单问题，它都可以解答。比如：

什么是语音学规律？

如何理解被视为语音学规律的任何规则都允许有例外存在？

如果这些语音的生理语音学亲属联系很远，有时甚至没有这种联系，那如何理解一个语音变成另外一个语音的情形？

从性质而言，语言是某种完全独立的现象：是被物质规律控制的生理-

---

① 关于这些概括请参阅我发表在《俄罗斯语文通讯》上的文章（1879，N3、4，1880,N3）。

② 它属于博杜恩·德·库尔德内教授。

声学现象与另一类规律控制的无意识－心理现象的组合。由此，产生了一个最重要的问题：在语言学中，包括在语音学中这两种不同的基础——物质的和无意识－心理的基础之间是什么关系？所有之前阐述的内容都与这个问题密切相关。

　　首先，我们必须注意到一点，古代语言曾经是，甚至现在仍旧是语言学研究对象，但我们却不知道这些语言，我们只了解文字。因为语音学家不是研究符号，而是用符号表示的语音。所以，我们研究每一个古代语音学的事实，通过归纳发现每一个事实。古代语音学利用这种归纳法发现个别事实，与天文学很相似：在古代语音学中因为时间的流逝，很多事实我们无法触及，而在天文学中空间则成为了我们认识事实真相的障碍。

　　因此，如果我们没有进行特殊的研究，我们不仅无法知道，哪些语音是由文字的符号表示的，同样更是无法知道，哪些语音（或者语音特点）是文字的符号完全无法表达的。文字只为我们提供一定数量的语音学现象，还有更多现象是我们无法看到的。而且被文字隐藏了该性质的现象能够解释未被隐藏的现象。甚至可以说，文字给予我们的东西是无法理解的，而我们能够理解的东西又是我们无法通过文字了解的。在语言中我们常常看到一些不明原因的现象带来的后果。除此之外，还有各种原因之间的冲突：语音可能在语音学上发生变化，是组合变化的影响所致，同时也与时间有关（自发变化）。两种变化常常交融在一起。除此之外，词语之所以存在，是因各种形态原因导致词语中存在这样的语音。因此，语音常常是持续的、各种各样的、诸多过程的产物。

　　大部分文字给我们带来的不明原因的结果就是语音交替，准确地说语音与其他语音或者零语音交替。

　　字母 abc 的组合为我们呈现出某个形态单位（词根、后缀），而个别字母则为我们呈现这个形态单位的个别语音。单位 abc 可以体现为两种形式：

　　（1）abc 的形式，比如 прок。或者当这个形式与某个形态单位 def 组合。比如 проку。

　　（2）abn 的形式与某个形态单位 ghi 组合时。比如，прочный。

如果这样的现象经常重复，那么我们可以确认语音 с 与语音 n 交替的事实，无论从哪个角度分析，我们都无法理解这些语音交替现象。

从两个交替语音之间的生理语音学关系角度：一般情形下表现为语音 с 变为语音 n 或者语音 n 变为语音 с，根据各种生理语音学的观点或者语言同源关系的证据表现出来。但通常交替的语音相互并不相像。因此，认为一个语音直接过渡到另一个语音是违背常理的观点。

从交替的原因或者条件角度：在多数情形下，完全无法了解，是什么原因导致语音交替现象的出现，为什么就是这个原因导致了该语音交替的出现。

从语音交替的必然性角度：通常一个交替语音属于一个范畴，另一个交替语音属于另一个范畴。但我们有时候也会见到例外情形。虽然发生了语音交替，但并没有合理的解释。

如果我们研究活语言，比如俄语，问题就会迎刃而解。

我们在俄语中清晰看到了三类主要语音交替范畴。

第一类范畴

显然，在俄语中元音 o 与用 ω 表示的不明性质的某个元音发生交替。当元音 o 带重音时，就是 o 音。只要 o 出现在重音前时，就变成 ω。试比较：вωда.\\воду. 这种现象很普遍：在所有存在的词语中如果重音落在 o，则是 o 音。ω 是重音前的语音。如果俄罗斯人从含有重读 o 的词语中创造出一个新词，其中重音移向词尾，那么 o 变成 ω。如果俄罗斯人借用了外来词，那么这个词语重读音 o 之前的语音变成 ω（比如，专有名词 mωдˊèна，mωмасˊèн）。

辅音交替的例子：在颚元音 e，i 之前只能是含有共鸣特征的颚辅音。在其他元音之前没有这样的特征。比如，m'（试比较 на сˈвˈéте\\сˈвˈéта，mˈéхас）。

在上述条件下不可能有语音 o，m，而只有 ω 和 m'，这并不意味着在这些条件下俄罗斯人不能发出语音 o,m，而是他不想发出这个语音。换言之，在上述条件下的语音 o,m，而非 ω,m' 的出现可能是人的意志力的参与所致。但因为语言属于人类的活动倾向，通常不会有意志力的参与。所以，只有在非正常的条件下，我们分析的语音交替才可能出现意外情形。

我们在第一范畴语音交替中发现了原始语音的最小变化，这就是组合变化，是因为生理语音学原因，通常是物质原因所致。

显然，我们对于发生在古代语言的语音学变化完全是未知的：文字不仅无法呈现关系到语音性质的这样细小变化，而且也无法表现出另外一些变化，即在一个语音位置上出现了完全另外一个语音（试比较书写为 ходят，发音为ход'ут）。

我们通过公式概括一下分析过的语音交替，尽量确定它的典型特点。在 x 条件下是语音 s，在 x_1 条件下不可能是语音 s，应变为另一个语音。这个语音与第一个语音接近，用 s_1 表示。我们得到第一类语音交替范畴的如下特征：

（1）直接确定语音交替的原因。在某些语音 s/s_1 的任何语交替中，我们能够发现某些原因或者条件 x/x_1 的交替。

（2）语音交替的普遍性。语音交替 s/s_1 处处存在。也就是语音在所有词语中，在所指情形下都会发生语音交替，与这些词语所属的形态范畴没有任何关系。

（3）语音交替的必要性。语音交替 s/s_1 在 x/x_1 条件下是必须出现的，完全没有任何例外情形。也就是不可能在 x_1 条件下出现 s，在 x 条件下出现 s_1。

（4）语音交替的生理语音学同源关系。交替的语音 a/s_1 在生理语音学上具有同源关系，准确地说是同一个语音的变体。

为了定义语音交替是第一类范畴的交替，前三个特征非常关键。第四个特征的重要性次之：在第一类范畴的语音交替中，也就是 s/s_1 这两个语音交替中，s 和 s_1 在生理语音学上非常接近。在第二类范畴和第三类范畴的语音交替中它们可能在生理语音学上很接近。

为了给出定义，前三个特征中的第一个非常重要，因为所有四个特征是不可分的，换言之，第一类范畴的语音交替具有所有四个特征。

因为语音 s 和 s_1 永远是同一个语音的变体，我们称之为音位变体[①]。

---

① 这是博杜恩·德·库尔德内教授的术语。

而且语音 s 作为 s_1 的原始形式,可以被称为主要音位变体,而语音 s_1 是次要音位变体。

第二类范畴

我们研究一下这类语音交替,即元音 y 和 o 在词语 муха\мошка(试比较:глухой\глохнуть, сухой\сохнуть)的交替。有一种情况,那就是我们不能立刻判断语音出现的条件。条件或者原因只能通过历史研究确定。比如,在这种情形下,муха\мошка 源于原始形式 ma2us-ū/mus-i-kā---->моуха\мъшька。

在前斯拉夫语时期重音使得元音 a_1 弱化。这种弱化逐渐增强,最后,这个元音消失。因为像 ma1us 这样的词根可以有三种不同的类型:

有重音的 ma1us,有重音而且还有我们未知的条件下的 maus 及没有重音的 mus。

所以,当永远没有重音的后缀 k ā 出现时,词根中应有元音 o,当没有重音的后缀 ā 出现时,词根中应有元音 y。

由此可见,语音交替是以某种方式保留在某些形态范畴的现象。但是我们发现很多带有后缀的形式 —kā,词根的元音却是 y。比如,мошка-мушка, душка 等。

通过这个例子可以看出,各种各样的语言过程可以导致各种不规范的形式出现:

(1)由于自发过程的出现,两个相互交替的音位可能完全发生变化。比如,原始音位 a_2u/u---> 俄语的 y/o.

(2)语音交替可以消失,也就是某个语音可以取代两个交替语音。试比较:муха\мушка.

不仅是受制约的现象,还是制约的现象都可能经历不同的命运变化。

(3)两个制约现象的交替(准确地说制约过的)甚至可能消失,在某个语音交替情形下只出现其中制约现象中的一个。试比较:муха\мушка.

(4)制约的现象可能与被制约的现象相反。比如。ma_2us-ā/mus-i-kā 及 сухой/ сохнуть.

必须重视下面提到的情形:

（1）我们发现俄语的语音 y/o 发生交替的原始原因在俄语中能够引起与 y/o 完全不

相像的语音交替。如果我们研究 дýшу 和 душá 这样的词语，我们发现位于重音前的 y 在生理上表现为唇部的放松，使得这个声学意义的 y 不同于重读的 y，但是这种区别并不大：这样的 y 与 a 接近（我们表示为 y̌）。因此，重音的交替带来了 y/y̌ 的交替。

如果死亡语言的所有语音学现象如之前提到的现象一样很混乱，那么我们认为它们本身就是模糊的，很难发现它们的规律。

辅音方面的例子。俄语辅音 к,г 能够与 ч，ж 进行交替。这种交替的条件本身并不是很清晰。只有借助于历史的研究我们才能揭示出颚元音之前是 ч,ж，其他音之前是 к，г。但是，我们能够发现 руке, пеки, боги... 这样的形式。比如在变位中我们还能发现 к/ч，г/ж 的交替，但在变格中却没有看到这样的交替。

总之，我们在每一点上都能看到 к，г 与颚音，ч，ж 与非颚音进行交替的情形。如果在某个新词语中舌根音在颚音前，那么舌根音变为 ч，ж，而只有 k', г'（试比较：Кошкин, Брагин=ко´шки´н, бра´г´ин）。我们在外来词语中发现了类似现象（试比较：Кассинген,,география=k´ic´iнг´ен, г´еѡграф´ja）。

在呈现我们分析的语音交替区分性特征之前，我们必须对表示符号做一下改变。在第一类范畴的语音交替中我们用符号 s/s_1 表示交替的语音，从而指出它们之间的生理语音学同源关系。在第二类范畴的语音交替中交替的语音在生理语音学上并没有很近的同源关系，它们并不是一个语音的变体，而是不同的语音。所以，我们用 s/z 表示。

第二类语音交替的区分性特征：

（1）我们无法直接确定语音交替的原因（或者条件），在个别情形下可能根本不存在。只能通过历史研究的途径发现语音 s/z 交替的原因或者条件是 x/x_1。除此之外，在含有 s/z 语音交替的词语中也可能有无法借助于历史研究发现的原因。

（2）没有语音交替的必要。语音 s 可能出现在 x_1 条件下，语音 z 可能出现在 x 条件下。（可以大致阐述一下这一特征：在 x_1 条件下有可能不是语音 s，而是 s_1。比如，душа, ко́шки́н. 所以，这里已经不是相关关系，而是音位变异。由此可见，相关关系规则的例外情形从属于不允许发生例外的音位变异规律。）

（3）没有普遍性。语音 s/z 交替部分体现在某些形态范畴中（我们表示为 f/f_1）。

（4）交替的语音之间的生理语音学同源关系很远。语音 s/z 常常体现在并不很近的生理语音学同源关系中。

四个特征中前两个特征对于确定语音交替非常关键，第三个次之，第四个再次之。前两个特征是不可分的。

第三类范畴

在动词 строить /застраивать ,бросить/ забрасывать 中元音 o/a 的交替为我们提供了例证。

我们只能借助于历史研究发现这类语音交替的原始原因（在这种情形下，我们并不知道发生语音交替的原因）。这样的语音交替在语言中不是很普遍：俄语的重读元音 o/a 是独有的现象。但是，在动词 строить /застраивать 中的这类语音交替是必要的，而且不允许有例外。除了类似上面提到的动词，由名词派生的动词中也有这样的语音交替。

比如，простоволосить /простоволашивать >волос
мозолить /намозаливать >мозоль.

заподозрить/ заподазривать 更是与众不同，其中的语音交替出现在曾构成前置词（подо）和古词根 зр 残迹的音节中。换言之，这类语音交替出现在新的复合词根中（подозр）。

如果出现新的一对这样的动词，那么必然出现语音 o/a 交替：比如，如果由词语 пол 派生出动词 полить，那么与动词 застраивать 相对应的动词将是 запаливать。

因此，我们可以认为是形式 …ó…ит´ /…á…´i/ыват´，而非语音 o/a 发生交替。

（заподазривать 与 забрасывать 表明，第二类相关关系动词的类型并没有最终被确定下来：其中可能有元音 i 与之前的软辅音，和元音 ы）。

在名词和动词（прок/ пророчить）中的 к,ч 交替可以作为辅音领域的例子。这里没有例外：任何以 k 结尾的名词只能与动词中的 ч 交替（比如，外来人名 Ленок 对应着动词 л′екочит′）。这种语音交替就是形式的交替（名词）…k/（动词）чит′。

这种交替具有 1、2、4 的典型特征，与第二类范畴一样。所以，我们只能根据特征 3 和特征 5 进行辨别，即：

3 语音 s/z 的交替与 f/f_1 形态范畴有关。

5 语音 s 不可能出现在 f_1 形式中。或者语音 z 不可能出现在 f 形式中。

我们可以将第二类范畴和第三类范畴的语音交替称为相关关系：语音 s 是主要相关项，而语音 z 是派生相关项。

有人反对这个名称。他们认为相关关系只是通过某种关系联系在一起的语音现象，而变异语音也是相关关系。但这样的观点未必是对的：在 s/s_1 语音交替的名称中我们不仅需要表达它们的交替性质，而且还需要强调其他性质，即生理语音学的同源关系。在 s/z 语音交替的名称中我们只需要指出交替的性质，再也不需要做其他的事情。

所有研究的现象都是被称为组合语音变化和自发语音变化的物质过程及无意识－心理过程的结果。我们暂时不打算研究和确定这些结果。

某个语音 s 与条件 x 一致，但却与条件 x_1 不兼容：这个条件影响语音 s，也就是发生了微小变化，变成 s_1（组合变化）。因此，在所有词语中 s—x_1 消失，我们只得到 s—x 和 s_1—x_1。而且 s_1 和 x_1 之间是因果联系，也就是 x_1 改变 s，成为 s_1。（这就是语音 s/s_1 的交替没有例外的原因。）这对于我们分析的组合词语而言就是第一阶段。

但语音还经历着自发变化。尤其在产生了某些影响的词语中尤为突出。因此，语音 s_1 逐渐变化，最终变为某个语音 z：

s_1—x_1

z

这样一来，在第一阶段产生的词语在第二个阶段就成了词组：

s—x. z—x_1（1）

条件 x_1 与语音 z 之间已经不是因果关系，也就是条件 x_1 不可能改变语音 s 为 z，这将是共存关系。

因为我们已经无法体验到语音 s 和语音 z 之间的联系，所以，后者的变化较大。因为这个语音与条件 x 的组合在生理语言学层面是完全可能的，那么不同的无意识-心理过程还可以促使组合 z-x（2）的出现。

上述（1）（2）的状态只能为我们提供在第一阶段构成的词语，而且这种情形为语音学现象与形态学范畴之间的联系奠定了基础。

因为不同的语言过程，在第二阶段产生的词语中可能出现 s 和 x_1 的组合。这个条件将 s 变为语音 s_1。也就是在第二阶段产生的词语只能提供 s—x，s_1—x_1（3）组合。

相关关系 s—x/z—x_1 是不稳定的，因为这种不稳定与下列因素相关：

（1）x_1 不能促使 z 出现（语音 z 与条件 x_1 之间缺少生理语音学联系）；

（2）语音 s 和语音 z 之间的联系是感受不到的（语音 s 和语音 z 之间缺少生理语音学联系）。

（3）某些词语，也就是从第一阶段延续下来的词语具有这样的相关关系。（因为与某种形态范畴的词语属性无关，所以缺少普遍性）。

第二阶段呈现的不正确性只是表面的：这时我们需要研究第二阶段如何向第三阶段过渡。

这样一来，我可以使用比较法。当我们环顾四周，发现大量各种各样的人类愿望、意图、事件，那么我们能做的唯一结论就是我们的周围一片混乱。只要有事情发生，你们就会发现，一切看似混乱、偶然的东西，组合成为一幅有顺序和规律性的壮观画面。

同样，某个领域的语言现象的混乱只是暂时的：一切从生理语音学角度非必需的现象，都经历了无意识-心理因素的影响，这些因素对于相关关系而言（也就是因为共存而相互联系）可能被破坏，也可能是维持着。而且无论是被破坏，还是在维持现状，这些因素的终极目标是在语言中建立完善性和简易性。

（1）如果在某个系统的形式中一部分形式拥有语音 z，而另一部分形式是 s，那么或者前者被后者同化，或者后者被前者同化。

试比较俄语标准语的 пеку, могу 及民间语言中的词语。

п′еку́　　　　　　　　可́жу́

п′ек′о́ш　　　　　　　мо́жешь

пеко́м　　　　　　　　мо́жем

п′ек′о́т′е　　　　　　　мо́жете

п′еку́т　　　　　　　　можут

（2）（功能论的例子）。在语言中我们能见到一系列具有相关关系的形式（f/f₁），也就是具有常态关系的形式（n）。

比如动词（f）　　заподозрить　　　　（f₁）　заподазривать

　　　　　　　　бросить　　　　　　　　　　забрасывать

　　　　　　　　строить　　　　　　　　　　застраивать

它们的关系（n）如下：形式 f₁ 表达多次或者持续的行为，而 f 表达一次的、不确定性的行为。

如果 f 偶然拥有了语音 s，而 f₁ 拥有语音 z，那么语音 s 逐渐开始被视为是某种与形式分离的 f 的独立语音形式，而语音 z 则被看作是与形式 f1 分离的语音现象。在我们的例子中 s=o，z=a，语音 o 是形式 f（…о́…′ит′）词干的一部分，而语音 a 是形式 f1（…а́…′i/ыват′）词干的一部分。

因此，无意识的心理基础拯救了必然消失的语音交替 o/a，推进这类语音交替完成新的功能。

（语义学的例子）我们在词语 муха，мошка 中也可以观察到类似现象。不仅有 мошка，还产生了与 муха 更接近的мушка，从而取代了词语 мошка 的原始功能——表示指小意义。摆脱了消失命运的词语 мошка 开始完成新的功能，成为另一种昆虫的名称。

上面所述内容也涉及波兰语中的相关词语：mucha, muszka, meszka。

我以最简单的方式进行了概括，剔除了并不会产生影响的形式。我的想法是这样的：

（1）当第一次进行概括时，最好是以尽可能简单的、近似的形式呈现，天文学家虽然非常清楚真正的星球并不是圆的，而是一个近似于椭圆的形式,但他们在解释星球时却总是借助于圆。

(2)虽然可以更详细地进行概括,尽可能包含更多的事实,而且也不是很难,但是为此却需要专门的研究,我在这里不打算做这件事情。

(3)如果读者愿意思考我们阐述的概括,那么他应该很容易得出结论,认为这类概括,就是研究细节,有助于扩展、补充和纠正,但不能破坏其基本功能。

但是,我们也可以用几句话说明一下,哪些现象需要在我们的概括中更详细地扩展。

我们发现,x, x_1 是制约的现象,s, s_1 是被制约的现象。在如下五个原因当中我们重点强调一下被制约的形式 s_1 和 z。所以,我们需要专门研究制约的形式 x 和 x_1 级被制约的形式 s。可以提出如下问题:

(1)制约的形式包括哪些?显然,可以包括各种元素:语音、重音、词语的某个位置……

(2)制约的形式分类。

(3)制约的形式 x, x_1 的历史。

(4)被制约形式 s 的历史。

(5)根据它们的相互关系针对相关关系进行分类。比如,

Φευγω/εφυγον

воротить /ворочать

рука / ручка

在 ευ/υ 中 ευ 是原始形式,而 υ 是因为 ε 消失而得来的。在 ти/ч 中 ти 是原始形式,而 ч 是通过组合 ти 的逐渐变化而得来。

ти_____tj_____ч。

在 к/ч 中 к 是原始形式,而 ч 因为 k 发生变化(颚音化),将 k' 变成 ч。

二、引言

……我开始研究的目的就是尽可能将索绪尔的发现介绍到斯拉夫语言所在的大地上。我在尝试过程中遇到了很大的困难,因为索绪尔的元音系统很复杂。我之所以认为复杂,有难度,因为:

(1)相对于希腊语、梵语而言,斯拉夫语是一种较新的语言,性质不同。

（2）古斯拉夫语的特点也是不容忽略的因素。

（3）古斯拉夫语言科学的特点。

我们简单阐述一下这些原因。

A）我们研究的是古语音学，也就是具有的相关关系音位是借助于共同存在的关系而相互联系。几乎可以肯定，某个层面的相关关系的稳定性和丰富性直接取决于语言的古老程度。该语言存在的时间越长，在这个领域完全一致的无意识－心理基础就会产生越多的破坏。

B）古斯拉夫语的特点也是重要的原因。

语音学特点

根据某个斯拉夫语言的规律，即不允许有压缩音节的规律，斯拉夫语每一个音位，比如 a_1i, au, $a_1n\cdots a_2i$, a_2u, $a_2n\cdots$ 都应有两个对象，一个位于下一个元音之前，另一个位于下一个辅音之前。因此，索绪尔提出的模式在斯拉夫语言中变得复杂化。

我们研究的相关关系被另一个层面的相关关系掩盖。比如，在古斯拉夫语的动词中我们发现了下面的语音交替：（动词……v̄……ж，动词……v̄……аж。短元音与长元音发生交替。比如，ь//н（тьрж//затнраж），ъ//ы（сухж// оусыхаж），є//ѣ（плєтж//zапльтаж），o//a（бодж// бадаж）。

某些原始上不同的音位因为自发的过程变成一个音位。比如，原始的 ṇ（ṃ）和原始的 a_1n（a_1m）在古斯拉夫语中拥有同一个对应项 ж。有时在原始上不同的音位因自发的变化过程变为了相同的音位，成为原始后缀 tu, ta 的组成部分。因此，在起源上和对词根的元音影响完全不同的后缀合一。比如，在古斯拉夫语原始的后缀 tu 和 ta 的位置上我们可以发现一个后缀 ть。间接格常常无法表示这个后缀 ть 与原始 tu 或者 ta 是否对应。显然，类似情形加大了研究难度，唯一有用的元素就是后缀。

某些音位在一些情形下改变了组合过程，因而出现了一个原始音位分裂为两个的情形。比如，ѣ 变成了 a。

形态特点①

后缀的二次组合。

某个含有元音的词根因为形态同化而失去了原始后缀，得到另一个后缀。如果这个后缀在 a_1 消失过程完成后，被元音 a_2 替代之后与词根组合，那么这个后缀就完全可能改变这个元音。

比如，拉丁语的 porcus，立陶宛语的 pársas 借助于后缀 a 构成。含有 r 的拉丁语词根应有音位 or，而立陶宛语的词根是 ar（也就是词根应是第二种完整形式）相对应的古斯拉夫词语应是 прасъ，但我们并没有发现这个词语，而只看到 прасѧ。

如果我们想象，1）与原始的 an 对应的后缀 ѧ 不是与词根的第二个完整形式，而是与第一个形式组合（比如，тєа-ѧ=taII=an，жрьб-ѧ=ga1rbh-an），并且 2）同源语言为我们提供了含有另一个后缀的词语，也就是我们在词根的这个形式中希望看到的后缀，那么我们就可以质疑词根 прас 与后缀 ѧ 组合的第一性问题。

第二类后缀的加入。

显然，后缀是不变化的，与语言中所有后缀一样，拥有自己的历史。在另一篇文章中②我赞成后缀吸收词根语音，词根吸纳前缀的过程的观点。这个过程的后果之一就是出现了新的后缀。语言越新，这样新后缀取代原始后缀的情形就越多。比如，原始后缀 -ta1r 通常与词根的第一个完整形式

---

① 显然，任何一种语言都具有这样的特点，在任何一种语言中这点特点都会加大相关关系的研究难度。

② 《俄罗斯语文通讯》，1880，第五卷，53 页。

组合。但在古斯拉夫语中这个后缀几乎被新后缀 атєль，итєль① 取代，带有原始后缀的名词已经很少了。借助于后缀 ja 而得到普及的，含有原始后缀的名词：блюс-тєль-bha1ud-ta1r-，по-ѩ-тєль-ja1m-ta1r-，其中的一部分用于比较，可能在研究元音时有所帮助。

C）从科学角度研究古斯拉夫语，无法与研究梵语或者希腊语相比。我们需要指出的是，不仅没有任何词源词典，而且也没有令人满意的一般性词典。大部分词语的词源是未知的。因此，研究者不能像索绪尔那样自如地进行研究，因为索绪尔使用了从菲克（Fick）那里借用的现成材料。

我们不能忽略一种情况，"古斯拉夫语"对于其他四组不同的古老语言而言只是约定俗成的名称。

所有难题导致了我们将新发现用于古斯拉夫语言的尝试很肤浅、也很不完善。

（选自 Uber die Lautabwechslung.Kasan.：1881-S.28-36）

因为我在下面还想讨论我个人对于新语言学派的观点，所以不得不重复很多我在上面已经详细阐述的内容。

在不改变勃鲁格曼思想的前提下，我将他提出的四个著名纲要中前两个②，以最简洁的形式整合为一。

"应当将每个语音规律视为是没有例外的规律。一切例外可以用类推解释。"

---

① 新后缀的出现完全与变格或者变位新结尾的出现是并列的。如果我们说在形式 рыбах 中结尾是 ax，而词干是 рыб，这还没有足够说服力。但如果注意到 кон'ах, пол'ах 这样的形式，任何的质疑都随着消失：这里已经不涉及某些词干 кон'а'',пол'а''。新的结尾最开始产生于以 a 结尾的词干中，借助于形态同化过渡到其他词干，类似于 итєль 的后缀也是如此。如果可以质疑在词语 носитєль 中的后缀是 итєль，而非 тєль，那么这也关系到与动词 съпасѫ, съпасаѭ 并列存在的 съпаситєль。这是一个不符合逻辑的后缀学说，学者们不承认 итєль 是新后缀，而接受后缀 сть 和 zть。但是这些后缀与 итєль 一样也是第二性的：显然，是借助于词根语音的简化而来。

② 我不涉及其他纲要，因为要求新语言应为任何语言学研究的基础，作为主要理论，在我的研究成果《论元音规则问题》中已经论述过，与勃鲁格曼无关。至于构拟原始形式的纲要。读者已经清楚，我坚持不同的观点。构拟消失的语言现象本身并不重要，并且作为任何一种演绎法，只有当我们借助于归纳法确定语言现象的规律时，才有可能构拟。

因为这个纲要具有假设的形式，所以读者有权利以如下形式呈现：

每一个语音规律都有借助于类推进行解释的例外现象。

或者语音规律的行为可能被无意识－心理因素破坏。

但是这些纲要带来了很严肃的难题。我在这里只简单地描述一下主要难点，因为我并不打算详细讨论。

（1）显然，被称作语音规律的东西并没有足够力量与无意识－心理因素相抗衡。在哪些情形下心理因素更强？又在哪些情形下物质因素（语音规律）更强？如果我们熟悉所谓的"语音规律"，那么类推根据哪些规律在起作用，我们完全不知道。这就是我们感到很麻烦的事情。

（2）哪些语音现象被视为是语音规律？斯拉夫语言中的语音 k 变为 ć 或者日耳曼语的 s 变成 r 这样的现象被称为语音规律。而且通常应区分三类：

第一类语音：k，s。

语音变化的原因：紧随其后的颚元音及两个元音之间的位置。

在上述原因的影响下，第一类语音 ć，r 变成第二类语音（第二类语音与原因之间的联系）。我们是否有权利将颚元音视为斯拉夫语言的 k 变为 ć 的变化性原因或者将元音之间的位置视为是日耳曼语的 s 变成 r 的变化性原因？

1）对于 ć 或者 r 而言"这些原因"常常不存在。

2）严格地说，这些原因完全无法将 k，s 变成 ć 和 r。

3）这些原因将上述语音变成与 r 完全不同的语音（也就是 k，z）。我们没有权利沉默，因为在这些语音规律的例外情形中我们发现了理想的规律性（音位变异：k//k'，s//z）。

4）而且，即使有原因存在的情形下，这种原因与第二类语音 ć，r 之间的关系具有如下特点，我们只能确认 ć 与颚元音或者 r 与元音之间的位置。所以，我认为，用"规律"这个名称表示这个共同存在的状态从哲学角度而言是不正确的。

（第二类与第一类语音之间的联系）滥用术语"语音过渡"的情形很普遍。在大部分被称为"语音过渡"的语音现象中只有小部分可以利用这个建立在严谨科学基础上的术语。作为例子，我只论述一下辅音。众所周知，辅音是口腔中固定位置发出的特殊的声音。因此，从声学角度而言一个语音过渡到另一个语音，从生理学角度而言是发音位置的变化。所以，我们可以论述语音过渡，即 k 过渡到 t'，t' 过渡到 c' 等，但不是 k 过渡到 p 或者相反，因为发音位置的改变不能被视为逐渐的移动，因为唇部与舌部之间没有位置发生变化的路径。类似于 имя /имени 的俄罗斯语音现象，也就是元音 a 与前一个辅音的颚化音过渡到 en（'a 过渡到 en），或者俄语 ol 变为 olo（долбить //долото），或者 é 变为 oj（пѣть //пою）被称为"语音过渡"现象还不够。唯一合适的名称应是语音交替，可以包括所有情形，不需要提前做任何筹备。

为了得出如下结论，我们再看一下第二类语音和原因之间的联系。即使在 erkoren 这样的词语中 s 变为 r 的原因是存在的，我们也没有任何权利认为，就是这个原因催生了语音发生变化。这只是变化的起始原因（准确地说，这个原因是第一类语音 s 变为 r 的第一动力），而且这个原因还带来了其他现象。在 s 之后的元音将这个 s 变为 z[①]。比如，gewesen。某些语言学者（古尔提乌斯）试图克服这些困难，区分过去的和现在的规律之间的不同。他们认为，某种规律首先在某种语言中起过作用，现在已经不发挥作用了，被另一个规律取代。我们在创造一种在任何科学中没有听说过的东西。我们不能认为同一种存在于不同时期的领域被不同规律制约着。这种理论是不科学的。

我认为，我呈现出的理论可以解决上述难题。而且读者可以得出结论：我的理论不会迫使我们接受某些假说，只需要语言学已经取得的，被公认的事实。这个理论的基础就是将在宏观语音现象领域的发现移植到微观语音现象领域。只是在第二个领域我们可以发现严格意义的语音规律。每一个原因都是祈使性的，同时说明不可能有例外的情形。这时才可以解答无意识－心理和物质因素之间的关系问题。

语音的变化是双重的、组合式的和自发的。这两个过程之间没有明确的界限。因为同一个语音的生理方面在不同情形下可能是各种各样的，因为我们的声学接受的潜力只能触及狭窄的区域。显然，并不是每一个语音

---

① 如果在 s 之前是某个响音：元音，r，l，m，n，或者 o。

的发音（准确地说语音的生理方面）伴随着我们耳朵能够区分的声学效果。我认为只有组合过程、语音的部分同化能够带来不受我们声学接受能力控制的纯生理语音变化。但是组合过程与自发过程是相关的。语音的生理方面发音逐渐增强，开始发出声学效果，也就是语音开始具有了某种固定特点。这种特点在很长时间内不断彰显。我称之为组合过程的量变。这就是一般的语音变化进程。这种变化总是从最小的，因语音适应于条件而引起的纯生理变化开始，以语音的彻底变化而结束。

  毫无疑问，这是纯物质过程。无意识－生理过程与纯物质过程之间的关系是什么？任何心理因素都不能妨碍语音适应于条件，也就是任何"类推"都不能阻止组合过程的实现。同样，任何心理因素都不能妨碍俄语的 t' 进一步颚化，也就是变成 t''。如果这个过程达到了质变，就已经不再是自发过程了。如果自发过程已经导致某个词语的语音开始过渡到另一个语音领域（生理方面），也就是（声学方面）发生变化，那么具有同源关系词语的存在可能妨碍这个过程的实现。比如，俄语的舌根音在颚化元音之前变成颚化音。做好了过渡到前舌音领域的准备。我们可以发现，在个别孤立的词语中这种过渡已经实现：

t'is't

ăvdot'jă

ăkat'jĕv

d'ir'ă

an'd'ĕl

d'em'ĕnazjă

d'em'ĕtr'ja

同时在属于名词词族的词语中至今还保留着舌根音：

k'islɷj-kvas

g'ibnut-gub'it

但是即使心理学因素也无法消除语音规律，只是制约着它的行为：例子中的 k' 和 g' 可能只是在一段时间内抵制向 t' 和 d' 的过渡。

  是否存在作用于各个时代和所有语言的语音规律？毫无疑问，这样的规律是存在的。这是显而易见的，因为语言不可能失去规律的控制。比如，在所有语言中，在各个时代颚化元音导致之前的辅音出现不同程度的颚化音。但相对于非重读音节的元音而言，在所有语言和各个时期重读音节中的元音发音应清晰、有力度。

"这些语音"在不同语言中经历着变化。比如，拉丁语的 s 变为 r，希腊语的 s 变成 ⌒，这与上述内容并不矛盾。我觉得这里有误会，其中的原因就是字母和语音的混淆。我们说拉丁语的 s 和希腊语的 s，但没有意识到在这种情形下一个符号可以表示两种不同语音[①]。规律的形式不能表现不确定的单位"s"。这里只能说确定的 s。只有这样表述：s 含有拉丁语具有的某种声学 - 生理特点，逐渐变为 r。如果我们不满足于宏观性的探索，而是进一步采取微观性的研究，那么我们完全可以发现，所有具有 r 音化特点的语言，比如拉丁语、德语、楚瓦什语，具有同一个 s，这个 s 不同于没有 r 化音语言中的 s。

如果我们从纯语音学性质的现象过渡到与形态学相关的语音学现象领域，那么正如我们之前提到的，我们一定能够发现没有例外，但不属于物质领域，而与心理领域相关的规律。我们已经发现。只有当意志力起作用时，才可能有偏离音位变异规律的现象。同样偏离形态交替规律时也是如此。每一个德国人借助于 Muselmann 构成复数 Muselmänner，与 Ehemann 构成复数 Ehemänner 一样。如果一个德国人希望表明他其实知道在 Muselma 的 man 与德语的词语 Mann 没有任何共同点时，他就会构成另一个复数形式。

理论纲要

（1）语言学属于自然科学，而非历史科学。语言学的主要任务是揭示语言现象的规律，而不是构拟语言中的历史画面。

（2）研究语言的基础应是新语言，而非古代语言。

（3）在语言中发挥作用的规律完全等同于其他领域的规律，也就是没有任何例外和所谓的偏离自然规律。

---

① 可能这些语音没有明显的声学区别，但是它们还是产生于各种生理学条件下。尝试一下就够了：在言语器官的不同的位置上可以发出同一个语音 s！

（4）语言学中类推现象和民俗词源现象之间没有本质性的区别：两者都源于被称为形态同化的过程。

（5）必须区分词语的两类同源性：物质的或者语音的（比如，теку, течешь, течение, теч…）和形式的或者结构的（比如，ток, нос, воз, вод…тек, нес, вез）。这样的区别对于研究形态同化非常有用。

（6）词语的生理语音学划分并不总是与语音学的划分一致。

比如，生理语音学的划分：з-н-а-м-́а

з́-е-м́-л́-а

语音学划分：з-н-а-м-́а

з-е-мл́-а

生理语音学单位将只有一个语音。语音学单位却并不总是一个语音：两个语音 мл́ 或者具有另一个语音特点的语音就是不可分的单位（'а）。在对应关系和相关关系中语音学单位的不可分离性更能表现出来。比如，组合 мл́ 是波兰词语 ziemia（-zem'a）语音 m' 的对应项，а 与之前辅音的颚化音是词语 знамени, знаменательный 中的组合 ен 的相关关系项。

语音单位可以被称为音位。不接受音位不可能科学地阐述语音学和形态学。

7. 后缀吸收词根的语音或者词根吸收前缀的语音过程应被视为包罗万象的形态学过程之一。这个过程可以被称为形态简化。新词根、新后缀、新结尾的出现是这个过程的结果。形态简化的总流向是从词尾向词头，与印欧语言的语音学变化的总走向有关。

8. 语音变化的过程可能呈现出如下态势：组合－语音过程引发的变异关系（волк—волки）失去任何内在方面，任何心理意义。只有当自发性的心理过程完全破坏了这种关系，变成了对应关系时，才具有了内在的心理意义。这里应区分两个阶段。在第一阶段语言利用相关关系强调更细小的内在区别，即两个属于同一个物质性语族（мьрж—съмрьть—моръ）词语之间的区别或者一个形式族（бросить—забрасывать, кончить—заканчивать）。在第二阶段语言利用相关关系强调更广泛的内在区别，即强调整个词族（дьнь-диво-дъва），而不是个别词语的区别。也就是这些关系成为新词根产生的重要来源之一。

9. 由两个爆音构成的辅音组合的变化在 spir+expl 或者 expl.fortis 形式中能够描述语言。

我们有理由认为，第二个元素为 lingu.prior 的爆音组合的年代性变化顺序如下：首先同器官和同位置的语音组合（tt）发生变化，然后是同器官，但不同位置的语音组合（kt）。最后，不同器官的语音组合（pt）。所以，根据组合（tt）的某种变化可以预测其他组合（kt，pt）的变化。

10. 很多在梵语语法中的规则被称为连音（sandhi），即：

1) a+ā
    ā+a } =ā 等同于 a+a
    ā+ā

    ā+i
    a+ī } =e 等同于 a+i
    ā+ī

2）ai+cons// ā y+voc

au+cons// ā v+voc

可以用预设性的规律进行解释，根据这个规律长元音在与其他元音组合时变短。

语言学札记[①]

(《俄罗斯语文通讯》,华沙:1880年)

一、印欧语言元音系统领域的最新发现

在阐述索绪尔在元音系统领域的发现之前,我们必须承认这位学者的著作对于语音学的方法具有重要意义。词语的元音系统取决于词语的形式:比如,带有原始后缀 ti 的名词拥有弱性词根(съ-мр-тъ)、原始的强后缀 а。索绪尔只是为了在研究语音学时从形态学中发现线索,才利用了这一点。毫无疑问,这种方法可以使研究变得轻松。而且,这种方法常常有助于人们发现还未被发现的事实……

……很难想象类似索绪尔著作的内容。这类书内容丰富、阐述紧凑,常常不得不转述。我选择了在我看来最重要的内容进行转述,我要达到的目标就是吸引《通讯》的读者关注在研究印欧语音学方面引领新方法的法国语言学家著作,我认为这已经足够。

二、EE 类的辅音组合变化

在语音学中有一个问题,我们很难确定这个问题有多重要。这就是字母与语音之间的关系问题。尽管严格将字母与语音区分开的要求很简单,但只有极少数人能够完成。可以大胆地说,在书中遇到的一半的虚假观点都与阐述语音学有关,这种错误观点产生的根源就是没有区分或者没有严

[①] Лингвистические заметки. I. Новейшие открытия в области арио-европейского вокализма. II. Изменение согласных групп вида ЕЕ. III. О морфологической абсорбции // Русский филологический вестник.- Варшава, 1880.- Т.4.- №1-2.- С.33-62.

格区分字母和语音。

对于很普遍的双辅音阐述也包括在其中。我们只研究双爆破音（explosivae, EE）。

我们以 atta 组合为例。分析该组合与 ata 组合之间的区别。

因为第一个组合是由四个符号组成，而第二个组合由三个符号组成，那么通常人们认为 atta 具有两个 t。但从生理语音学[①]中我们得知辅音 t 的主要和必要发音条件就是舌前端发出的爆破音。没有爆破音就没有语音 t。因此，可以得出结论，在组合 atta 中需要两个爆破音。我们确实可以发两个爆破音，但发出的音组合并不是语言具有的双辅音组合：在我们熟悉的语言中组合 atta 通常只有一个爆破音。而且，也不同于 ata 组合的发音。区别在什么地方？我们分析一下两个组合的元素。

atta：语音 a 在继续发音时始终是同一个共鸣管。只有当元音的力量开始明显变弱，舌部顶住硬腭前部，发出爆破音 t。发出爆破音之后，舌部的位置与发元音 a 的位置一样。

atta（从生理学角度）。当 a 音很强，舌部处于紧张状态。舌部的这种动作改变（减低）元音 a 的共鸣，而且是在对于元音还需要的时刻发生改变。爆破音并不是舌部直接顶住硬腭前部的时候发出，因为舌部这时已经在硬腭前部处于平稳状态。其他如上面组合。

（从声学角度）降低舌部运动发出的共鸣音，使得元音 a 具有特殊的性质。如果我们注意到共鸣降低的声学效果时，我们很容易发现这种性质。我们发 ap, at, ak 组合时，不发出辅音具有的爆破音。这时我们就得到三个 a，但是相互区别很大。即使没有看到我们发音器官在运动的人都能识别我们发的 a 是哪一个。这是三个在不同程度上缩短的 a。我们可以表示为：a^p, a^t, a^k。当爆破音没有直接出现在硬腭前部时，出现小小的停顿，这就是声

---

① 虽然使用这个术语的人不多，但却因为如下原因优于"语音生理学"术语。

1. 源于复合式术语"语音生理学"完全是散乱的："语音生理的……"。

2. 这个术语过于宽泛，因为即可以表示关于人的语音科学，又可以表示任何有机体的语音科学。

3. 这个术语又过于狭义，因为表明这门科学不仅是研究语音产生的生理学条件，而且也无法指出语音的声学性质。

学效果。

由此可见，我们只能准确描述第一个组合。第二个组合应描写为：$a^{\llcorner}ta$。为了避免使用这样复杂的描述，我们可以将含有双辅音的组合写成 ata。

因此，当我们用耳朵去分辨 atta 组合与 ata 组合之间的区别，感觉这种区别就像一个整体，由特殊的元音及元音和辅音之间的停顿组成。

现在当我们得知双辅音的本质时，就可以分析由两个爆破音构成的辅音组合的变化问题。

综上所述，akta 应准确描述为：a^k-k-ta。两个辅音的声学力量不一样：辅音是噪音，听起来有些微弱。当辅音和元音放在一起时，对耳朵的刺激较为明显，在我们的组合中只有辅音 t 符合这样的条件。辅音 k 与另两个语音之间相隔两个停顿（声学、生理）。因此，我们的辅音 k 非常弱。而因为声学效果变弱通常与生理变弱相关（听起来很弱，发音就一定弱），那么这个辅音随着时间的变化越来越弱，没有连贯性。我们在语音组合中通常可以发现第二个语音游离到第一个语音中的倾向：这种倾向非常明显，可以视为是语音规律。因此，在我们的组合中，随着辅音 k 变弱，辅音 t 越来越有可能进入 k 中。结果就是原始的组合 a^k-k-ta 变成 a^t-ta。

但也可能有另一种情形。由于辅音 k 变弱，产生擦音，组合 a^k-k-ta 变成 ax-ta。

第一种类型或者第二种类型的组合体现出的优势使得语言独具特色，可以用于描述语言的特点。而且，在数千年的时间里不止一次地出现了以不同方式表现出的倾向（将 EE 变为强辅音，或者擦音和辅音）。

三、论形态简化

如果我们管窥一下语言学不同部分，则很容易发现形态学已经远远落后于语音学。尽管有很多的专著问世，形态学的研究成果总体还不是很多。其中一个很有分量的思想就是博杜恩·德·库尔德内提出的。这是一种概括，为了词尾①，缩减词干。比如在古斯拉夫语中的词尾中就有这样的形式：词干的尾元音剥离了词干，与词尾融合。比如，在 рыбах 中只有 рыб 被视为词干，而 ахъ 是词尾。我尽量详细阐述这一思想，甚至表现这一思想是如何变成广义的科学概括的。

除了 рыбах 这样的形式，还有：рыб-ы，рыб-ъ，рыб-ж，рыб-ож，рыб-оу，рыб-ъ，其中并没有语音 а。因此，这些形式中的语音 а 已经与词干无关。只有 рыб 是不变的词干，而 А 归到词尾部分。

我们来关注一下俄语的 восток 或者波兰语的 slub。它们的词干：восток, slub，而词源是：въ+ток，съ+любъ（试比较：подушка, запоздаривтать）。

由此可见，就像 рыб-ахъ 形式中词尾吸收部分词干一样，这里的词干吸收了前缀。我们发现在两种情形下属于同一形态单位的语音，剥离该形态单位，被另一个单位整合。而且，前一个形态单位的简化有利于后一个形态单位。因缺少更加合适的术语，我们将这个过程称为形态简化。

如果再补充一点，后一个形态单位的尾音逐渐消失②，我们就可能看到印欧语的完整画面。我们可以用下列公式描述，其中字母代表语音单位，而一组字母代表形态单位：第一个字母—前缀，第二个字母——没有后缀的词干，第三个字母——结尾：

---

① 请参阅 Einige fälle der wirkung der analogie in der polnischen declination. Berträge, VI. ALeskien'a：Handbuch der altblgarischen sprache. ЖМНП, 1876. Подробная программа лекций в 1876-1877 учебном году. Казань и Варшава, 1878.

② 我认为，应当将词尾语音的消失与词语其他位置上的语音消失区分开。如果我们分析词头语音的消失，那么除了 Alexander// 意大利语的 Lessandro，俄语的 Лександр；梵语的 idanim/danim, Акулина/Кулина（试比较：Лизавета, Настасья, Сидор, Ларион…）这些形式，我们未必能够发现其他情形。在所有这些及其类似的例子中我们能够发现没有任何活的词源支撑的非重读元音的消失完全属于与机体某部分衰退相类似的现象。在词语的中部只有我们熟悉的语音根据某些规律在消失，而且与生理–声学有关。词尾语音的消失则是另外一种情形。通常所有语音都有可能消失，但这些语音在词语中部却永远都不可能消失。（试比较：俄语的 было б\\было бы. 试比较很多语言，包括古斯拉夫语固有的词语词尾的所有辅音消失）。

Abc+def+dhi → abcde+fgh → abcd+efg…
　1　　2　　3　　　　2　　3　　　　2　　3

这样的简化过程可以一直延伸，比如波兰语的祈使式 waź，与原始的前缀 въз 相对应。消失词干唯一的痕迹就是软音 z。试比较，wez-nę 源于 wezm-ę，因为这个形式被现有的 ne 同化所致。

如果我没有错的话，那么形态简化是形态学中最广义的概括：1）任何一种印欧语的形式都能解释。2）这种概括关系到一般的印欧语形式。3）可以用下列公式解释源自综合状态的语言向分析状态过渡：

Abc+def+ghi → bcde
　1　　2　　3　　　2

上面的例子已经表明，简化过程是逆时方向。我认为，这个过程可以解释为什么成逆时方向，而不是顺时方向。组合语音变化通常是顺时针方向，例外情形不是很多。比如，хвалить，trwaly——хвалить，trfaly。因此，如果词干 def 出现在某结尾 x 前面，那么不是最后一个语音 x，而是前一个音 f 发生变化，得到 dez+x，def+y，也就是只有不变化的 de 才是词干。同样，我们以梵语的词干 mati① 为例。在结尾 a 之前的 i 变成 y，而在 m 之前保留。这样，我们得到了 matya 和 matim，也就是只有 mat 是词干，这一点在 matau，即 au 附加到词干 mat 的形式中体现出来（而且，我们发现，这个词尾 au 只是以 u 结尾的词干一部分）。因此，我们看到，逆时式的形态简化是以组合语音变化②的顺时方向为基础的。

---

① 如果我们接受了索绪尔的理论，那么 voc.sg.mate.;sūno 这样的格有助于我们接受第一类以 ai，au 结尾，而以非 i，u 结尾的词干。但这对于我们的例子而言并不重要。

② 我们假设存在相反的情形。语言 X 中的组合－语音变化具有呈退化的趋势，出现某些词根 ak 和 ap 和某个后缀 ina。假设在这种语言中存在一种规律，根据这一规律 k 之后的 i 变成 a。那么我们从刚提到的词根 he 后缀 ina 中可以得出：akana 和 apina，也就是词根吸收了后缀的第一个语音（aka-na，api-na）。换言之：退化式的语音同化引起了进化式的形态简化。

附录：

尼古拉·克鲁舍夫斯基、他的生活及其科学著作①

博杜恩·德·库尔德内

非同寻常的年份带给一定群体人们如此多的不幸，1887年给波兰语言学者也带来了如此多的不幸。在这一年两位最著名的波兰语言学者哈努施和克鲁舍夫斯基永远离开了我们。如果好好想一想，这样典范性的波兰语言学者屈指可数，也就二十位左右，两位学者就已经占很大的比例了。

这里提到的哈努施和克鲁舍夫斯基两位学者，虽然两人都是从事语言研究，但研究方向却有所不同。哈努施是雅立安语或者印欧语言领域的历史语言学者，非常全面地了解事实方面。恐怕，没有一个波兰人能够做到这一点。克鲁舍夫斯基属于语言哲学家，追求概括，追求发现和定义语言生活的一般规律。雅利安语为他提供了事实材料。虽然他对这些语言的了解不如哈努施，但他却具有非凡的使用事实信息进行概括的能力。

1851年12月6/18日，尼古拉·哈巴达克·克鲁舍夫斯基出生在卢茨克市的沃雷尼亚。他在故乡卢茨克城老式的设有三个年级的小贵族学校里度过了自己的小学生活。后来他转入了海乌姆的一所中学四年级学习。他以银牌结束了学业，考取了华沙大学的历史语文系。他作为最有才华的学生，在中学时期颇为引人注目。

---

① Бодуэн де Куртенэ. Избранные труды по общему языкознанию. М.: Издательство Академии наук СССР. 1963, Т.1. 146-202.

附录：尼古拉·克鲁舍夫斯基、他的生活及其科学著作

在大学，克鲁舍夫斯基注册到历史语文系的历史专业。但是他学历史并不多，主要研究了哲学，倾听了哲学课，独立研究英国的哲学家著作。他把自己看作是特洛茨基教授的学生，从教授那里他获得了很多有益的知识和准确的研究方法。研究英国哲学家的逻辑学和心理学主要著作，记录这些著作的要点，修改这些内容等等。这是一种最高级的思维方法，它有助于准确定义自己的思想，成功地概括细节。

除了哲学，克鲁舍夫斯基积极研究语言学，主要是适用于斯拉夫语的语言学。那时克洛索夫教授是华沙大学唯一的语言学者。所以，克鲁舍夫斯基尽量利用他的课，利用与他的个人交往。但不知是没有时间，还是其他原因，收效并不大。在这门学科上，克鲁舍夫斯基只是稍微前进了一点。但是他喜欢上了语言学并且希望献身于语言学。根据克洛索夫的建议，他整理了自己的学位论文《咒语——俄罗斯民间诗歌的一种类型》。

克洛索夫教授发现了年轻学者对语言学的执着和非凡的才能，为了让他在这个科学中进一步提高，建议他在大学毕业后去哈利科夫投师于波铁布尼亚或者去喀山找下面署名的人①。当时华沙大学的时任校长布拉格维申斯基教授也给出了同样的建议。但因为克鲁舍夫斯基不能在华沙大学得到为此目的的助学金，又不能寄希望于哈里科夫和喀山的收费名额（платное место），在其中一个专家指导下继续学习语言的计划暂时搁浅。1875年华沙大学毕业后，克鲁舍夫斯基很快就结婚了②。他为了养家糊口成为了一名中学老师。由于众所周知的原因，甚至不可能考虑在离华沙和其他更西部的大学城居住。所以，克鲁舍夫斯基利用布拉格维申斯基校长与奥伦堡学区督学（拉夫隆斯基）的人情关系，接受了位于奥伦堡省特洛伊茨克的古典中学古代语言教师的职位。但是他在特洛伊茨克要成为一名教师还需要上面的批准。

1875年克鲁舍夫斯基在去特洛伊茨克途中，顺路来到了喀山，希望能

---

① 译者注：指博杜恩·德·库尔德内。本文页下注所提到的"我"也是如此。
② 1875年夏天，克鲁舍夫斯基大学毕业后，很快就去国外施蒂利亚州的切尔文斯基医生的诊所呆了几星期，治疗支气管炎和神经兴奋。但是这并没有影响到他的仕途和科研进程。

够在喀山大学成功地申请到奖学金。当然，他的希望落空了。如果说在华沙大学他没有成功地申请到奖学金，在喀山大学这更是一件渺茫的事情，因为对于喀山大学来说，克鲁舍夫斯基完全是一个陌生人物。

1875年在喀山短暂停留期间，克鲁舍夫斯基同我谈了自己的科研计划，请求我对他未来的研究工作提出建议。在特洛伊茨克连续居住的三年间，克鲁舍夫斯基一直同我保持经常性联系，向我咨询各种教科书，研究个别雅利安语言的方法。请求我为他寄书等等。这种在三千里地之外的肤浅指导无法产生任何大的益处。虽然克鲁舍夫斯基很勤奋，虽然他自愿学习了最重要的教科书，还学会了一点梵语，但他不能理解许多细节，甚至不能用适当的方式理解科学的本质[①]。

克鲁舍夫斯基在特洛伊茨克的三年间尽量通过节约和课外收入凑齐足够的钱，只是为了能够在喀山自费呆上一段时间。这些钱再加上自己手头不多的钱共有约三千卢布。克鲁舍夫斯基带上这些钱，离开了特洛伊茨克，来到了喀山。一直到生命的终结时刻他都住在喀山，只是在假期间短暂离开过。克鲁舍夫斯基给所有与他有机会交谈的人留下的第一印象就是具有准确的思维、具有科学追求和非凡才能。我发现他有尽快掌握语言学材料和独立进行研究的愿望，为了让他能够立刻进入语言学的一些领域，我决定不吝惜时间，专为他开设了科研课程。克鲁舍夫斯基除了倾听普通语言学领域、比较语法和梵语这些大学课程之外，我还在自己家里每星期开设三次实践课，时间是8点至10点。斯拉夫方言学的练习目的，在于基本上掌握不同，且相互联系的斯拉夫语中典型语音和形态特点。阅读和解释吠陀经，甚至立陶宛语的篇章，从实践中，在一定程度上，从理论上使他了解了梵语最古的分类，认识了立陶宛语。第三类实践课，阅读和分析最重要的语言学著作，包括生理语音学或者人类语言的生理学著作、梵语和一般性的雅利安语言语音学著作。这一类课程开始只是针对克鲁舍夫斯基

---

① 有关自己的修养不够他这样写道："我惊恐地发现，我对《提纲》中提到的计划的很多东西一无所知。"（1877年6月5/17日的信函）。"在您的计划中有很多东西我略知一二，还有很多我却一无所知。"（1878年3月025日信函。）"只有当你成为自己科学主人之时，才可以选择论文的题目。我不寄希望，我会在语言学中尤刃自如。再说在特罗伊茨克我也不能写，因为既没有书籍，也没有导师。"（1878年6月10/22日）

附录：尼古拉·克鲁舍夫斯基、他的生活及其科学著作

开设的，只是后来，才有其他更加年轻的人，甚至年长的语言学者加入进来①。

自然，与其他较为年轻的（如果不是以年龄为基础，那么至少从事科学活动的时间上看）听这些实践课程的人，而且他们中的大部分与大学生相比，智慧是成熟的，能够独立思考的克鲁舍夫斯基很快地做出了成绩。这样一来，虽然他初到喀山时对语言学的任务和这门科学的本质还没有足够认识，但经过一年这样的钻研他已经完全成长起来了。在喀山语言学的捍卫者中间，他以高度的理论素质促进了思想运动的活跃。克鲁舍夫斯基在语言学领域如此快速地成长，除了他具有非凡的才能和扎实的哲学基础之外，还有一点就是他能献身于所选择的语言学。

在与我交往过程中，他从我这里得到不仅是材料，而且还有研究、思维和科学概括的成果。我在他面前从不隐瞒在思考语言学时产生的思想。我只是部分地发表或者在文章中提到过这些思想。在多数情况下，不只是由于懒惰和冷淡，还由于没有文学天分，或者完全没有发表，或者经常性地用一些片段和大纲的形式呈现出来，这样就使自己的这些思想处于被中立和被忘记的状态。但是在与具有如此高天分的学生谈话时，我也向他学会了很多，他就像兴奋剂一样影响到了我。我向他说出我的所有思想，无一例外，有意识地不保留任何思想。这样一来，克鲁舍夫斯基很轻松地不仅得到了思考的材料②，而且还有详细的结论及概括。他不能在科学著作中找到这样的概括，这样的概括使他能够轻松地形成科学概念，构建体系、获取新的、已经真正独立的结论或者至少是新的，比以前语言学者提出的

---

① 克鲁舍夫斯基本人在自己的《1878年12月5日至1879年10月1日期间讲授的比较语言学报告》中提到了这些实践课程的教学方法。

② 列昂纳德.科尔马切夫斯基先生于1890年去世。他先是在喀山，后来在哈利科夫任西欧文学教授。他撰写的纪念克鲁舍夫斯基及的悼念文章登载在《俄罗斯语文通讯》（华沙，1888年，第1期，第70-75页）。不知是因为不了解提到的学科，还是故意歪曲事实，认为克鲁舍夫斯基在喀山只是获取了资料。

结论更成功的定义①。他的非凡才能和对逻辑学和严谨的科学心理学的深刻了解使得他能够快速利用从他人那里得到思想的启迪。

克鲁舍夫斯基本人勤奋、聪明，因此，在一年间他阅读了大量新著作和一般性的、仅限于印欧语言学领域的语言学著作。他善于从中分离出主要的，摒弃次要的，并且将重要的内容用于下一步的独立思维。所以，毫不奇怪，一年后他成为了编外副教授候选人，而且是名正言顺的，不需要宽恕、也不需要优惠的待遇。

在1878—1879年的第一学年克鲁舍夫斯基以教授编外的享受助学金的学生留在了喀山。他虽然成为了有权利享受这样助学金的人，但实际并没有得到助学金，他需要用自己的钱养活自己。1879—1880学年开始，他获得了教授助学金（一年600卢布）。

在这之后他很快就提交了一篇研究观察与重音体系有关的若干语音现象的论文，而且还开设了两次试验性的课程②。他因此获得了编外副教授

---

① 克鲁舍夫斯基在著作的前言和各种谈话及私人信件中都承认这种对于他人思想的依赖性。比如，他在1885年3月28日写给我的信中写道："我虔诚地相信您提出的方向和方法。无论是哈努施，还是马林诺夫斯基，还是其他任何人都不能说服我。我不相信，您发现的方法，而且是我遵循的方法是不正确的。"这里当然有过渡评价方向及方法意义的成分，因为我并没有发现方法，可能只是在与我的学生交往中广泛使用方法而已。

下面，我尽量展示，哪些是克鲁舍夫斯基个人的思想，哪些只是他继续发展或者灵活叙述从别人那里借用来的观点。

因此，我禁不住提出一点普通的方法上的见解。我习惯于全面向学生转述自己还没有公开发表和证明的所有思想和概括，但这种做法未必有益：谁知道，是不是有害的。我完全不是从自私的立场出发谈论，因为自私和胆怯的保护"自己的私有财产"应当从属于更崇高的任务，既减轻他人的智慧付出。如果我谈危害性，也是从他人的角度，即学生角度为出发点的。他们用如此轻松的方式，在谈话时就能获取思考的材料，方法、一般性的指导及思考的最终结果之后，开始藐视他们如此轻松做的事情。另一方面，它们会逃避一些任务，解决这些任务只用概括是不够的，还需要认真地对比事实，详细检查。同时，完成这样具体的任务，对于每一个归纳性的研究者，毫无疑问是具有价值的。最后，在大脑中如此轻松的积累概括通常还会导致多余的和过渡的自信。

② 其中之一就是他选择的《有关类推和民俗词源》，刊登在《俄罗斯语文通讯》（1879年，第2卷）第二讲是由系制定，也就是关于俄语中的名词变格结尾与亲属语言中的相关词尾进行比较。除了叙述形式之外，这一讲没有显现出任何独立性，完全不适合于发表。

附录：尼古拉·克鲁舍夫斯基、他的生活及其科学著作

的位置，1880年初开设了生理语音学或者语音生理学课程。1880-1881学年度，他除了讲授作为生理语音学的后续部分俄语语音学以外，还开设了梵语课程。1881年，他通过了硕士考试和硕士论文《元音规则问题：对古斯拉夫语元音系统的研究》答辩，获得了比较语言学硕士学位并被聘为副教授。1883年克鲁舍夫斯基在《语言学概论》基础上又获得博士学位。之后很快，在我去杰尔普特前就已经是编外教授。他等了近两年的编制。1885年他被聘为比较语法学和梵语教授。

在近乎6年的教学生涯中，除了讲授过上面提到的生理语音学和梵语课程外，克鲁舍夫斯基还讲授俄罗斯比较语法、罗曼语比较语法的若干章节及实践练习，法语历史语音学及其实践练习、普通语言学[①]，雅利安语言的比较语音学[②]及实践练习、古代语言学。除此之外，1882—1883年期间还与我一起工作过。1881—1882年，也就是我不在喀山的一年间，克鲁舍夫斯基与著名的东方学家、突厥语－鞑靼语族（乌拉尔－阿尔泰语族）研究者拉德洛夫博士一道共同领导了在教师公寓举办的家庭实践课。

迫于养家的需求，逝去的克鲁舍夫斯基在1881年接受了罗季奥诺夫圣女学院的俄语和文学教师的职位。一段时间他讲授了类似于以俄语、法语和德语为基础的简单比较语法。他曾经与人承诺过，只要成为正式教授，立刻放弃这个职位，以便于专心致志地投入科研工作。但是由于逝者的经济状况不是很好，这些理想并没有实现。他一直在这个位置上工作，一直到身体状况不允许他继续讲下去为止。非常可能，就是这样特殊的教育工作致使被各种疾病折磨的虚弱的身体彻底垮掉了。由于遗传原因或者由于其他原因，他的身体天生就很弱，总是处于一种病态——被肺部扩张等病所折磨的状态。这时，他总是非常令人焦躁不安，非常容易激动。他总表现出一副病态般的自信，特别忧虑自己的身体，过度关注自己。这种状况也影响到自己的家庭。我们不应当忘记，克鲁舍夫斯基在大学时代被一条疯狗咬过，这件事情并没有带来直接的后果，伤痕已经治愈。但生性紧张

[①] 普通语言学课程与刚才提到的克鲁舍夫斯基的博士论文多少有些一致。

[②] 按照布鲁格曼在莱比锡大学的讲课笔记。这些笔记由哈努施记录并由我以手稿形式转交给了克鲁舍夫斯基。

的克鲁舍夫斯基却不能平静地对待这件事。克鲁舍夫斯基从1880年开始执着地用各种强烈和冒险的手段医治实际可能存在的或者想象的疾病。这种过度治疗的心态，已经比疾病本身更可怕。同时，他还经常性感到莫名的恐慌，经常有大难临头的感觉。对于强壮的机体而言，所有这一切都不至于产生致命的影响，但会彻底击垮他这样虚弱的机体。对于健康人而言，这样的工作量完全不大，但对于他而言就是非常大的，尤其在他几乎失眠的状态下。所以，我们有理由认为，克鲁舍夫斯基过度劳累。一句话，无论是身体原因，还是长期不断的焦虑，这一切彻底击垮了克鲁舍夫斯基的神经系统，逐渐使其丧失了功能。

从克鲁舍夫斯基本人的信中我可以猜测，他从1884年春天就已经被寒热病所折磨。到年底时开始出现了抽搐性的颤抖特征，手也发抖，在书写时常写漏和写错字母和词语。这之后，出现了抑郁症的特征，易激动、抑制不住的全身神经痛。丧失了劳动能力，"忘记了一切（除语言学之外）"，言语出现了障碍，非常虚弱，经常失眠，也就是不使用人工手段无法入睡。毫无原因的恐惧、身体发抖，颤抖的双手无法写字。这就是严重神经病的可怕征兆。一开始时，这种病被确定为神经衰弱。至少病人在医生对他所说的内容基础上可以确信这一点。那时已经开始用电疗方法医治克鲁舍夫斯基了。

1885年初，他的身体状况变得尤其可怕。他在一封信中写到："离精神病不远了，好几次都想自杀。"1885年夏天，根据医生建议，他本应当去位于施蒂利亚州的奥赛，但是可能由于医生在后期又给出了建议，他去了离格兰茨不远的城市。在这里医生们对他采取了简单的、单方面的冷水治疗，这对他身体造成了伤害。在格兰茨茨的克雷克教授的帮助下，克鲁舍夫斯基找到了克拉夫特·艾兵戈，他诊断克鲁舍夫斯基的病是神经衰弱。但实际上是吗？或者是为了安慰病人，我不知道。克拉夫特·艾兵戈建议克鲁舍夫斯基去离格兰茨半俄里的爱格尔斯伯格医院，在那里他接受了适度的水疗和电疗。应该说对他还是有帮助的。克鲁舍夫斯基非常喜欢电疗，回到喀山后他一直坚持电疗。可以说，他在拿自己去冒险。

1885年8月和9月，克鲁舍夫斯基不顾身体状况，成为了一名陪审员。

附录：尼古拉·克鲁舍夫斯基、他的生活及其科学著作

在这段时间他的病已经被确诊为普通的急性脑损伤，这种病的最终结果是大脑脂肪化。

克鲁舍夫斯基写给我最后的几封信的日期是1885年9月5/17日。很快，在这之后（1885年底）疾病完全控制了他。那时候开始出现剧烈的，任何外行人都能看出的无可救药的大脑精神疾病特征，持续的几乎不断的幻觉和很短暂的意识，疾病迅速恶化，出现了所有的特征和后果。

医生和朋友们对疾病的好转完全不抱任何希望，说服克鲁舍夫斯基向学校提出辞呈。他抵制了很长时间，最终于1886年2月13/25辞职。一星期之后他来到了喀山精神病院，在那里他一直坚持到生命的终结。可以说在近乎两年间，他的生活是在郁郁寡欢，垂死挣扎中度过。对于科学而言，从1884年底克鲁舍夫斯基就不再存在，而从1885年底开始，这就是一个憔悴的人，名存实亡的人，有时会恢复知觉，只是为了亲眼看一下没有出路和希望的可怕痛苦处境。

最后一次疾病发作后，他终于在辞呈书上签了字。他非常伤心并且对妻子说道："哎呀，我如此快速地走过了舞台"。第二天，他就完全失去了意识。

从生病的那一刻起，当他还住在家里，完全清醒时，他就非常忧虑，没有用波兰语写下任何的东西。他承诺，只要稍微好一些后，他就开始用这种语言写作。一直到住院这个想法还在折磨着他。只要他恢复知觉，他就会思考这个问题。他痛苦没有用波兰语写作，经常念叨着这件事情，承诺要写。他甚至经常抱怨，自己什么也没有做。科学在进步，他却没有能力赶上。他从家里把一些书带到医院，试图在那里阅读。但这只是毫无效果地与大脑不断持续的衰变过程进行斗争而已。所以，在他有知觉的时刻，人们可以发现他的智商越来越衰退，逐渐忘记了以前他所知道的事情。首先他开始忘记那些他了解的相对弱一些的学科，首先是数学。他记得时间最长的就是自己的研究对象语言学。如果说他在生病初期，在一昼夜内有时可以连续说话的话，那么到最后时他已经处于消沉的状态。如果别人不向他提问题，他可以连续坐几个小时，不说一句话。有时他在毫无意义重复着同一个句子，比如，这样的问题；"你吃午饭了吗？你吃午饭了吗？"

一个令人震惊的事实展现了克鲁舍夫斯基言语功能衰弱，一直发展到纯机械的一连串动作，不能有意识和熟练地控制言语行为的地步。每当有人用某种固定的语言，比如用波兰语向他询问时，他就会定格在波兰语上，对其他的问题，无论用什么语言问他，他只用波兰语回答。如果休息一会，有人开始同他说俄语，病人开始用俄语回答，然后不仅用俄语回答所有的问题，而且对用波兰语和德语提的问题也用俄语回答。他理解比较多或者有意识地说点什么的日子越来越少。最终不可避免的结局慢慢地接近，但却是不可逆转的。1887年10月31日晚上9点克鲁舍夫斯基离开了人世。

我在克鲁舍夫斯基生平上耽误了太多的时间，因为他的生活不同于自由地在一般条件下工作的学者的平静生活。在最后一些年里，不管怎么说，他的生活应被视为是蒙难者的生活，充满了极度的悲剧色彩。当不幸者为了获得学者的资格，完成了国家要求的所有形式上的东西之后，当他本可以自由地、独立地按照自己选择的方向工作时，也就是从那以后可怕的疾病开始以疯狂的速度侵蚀着他的身体，麻痹他的智力，将他赶进了坟墓。

我甚至觉得，详细描述这位非凡学者近几年的生活，在很大程度上帮助我们以适当的方式理解他的近期著作及与前期著作的关系，甚至与其他工作人员活动的联系。现在我开始描述和分析克鲁舍夫斯基的著作。

1. 克鲁舍夫斯基的学位论文《咒语——作为俄罗斯民间诗歌的形式》是他发表的第一篇论文，写于1875年初，共69页，刊登在1876年《帝国华沙大学的通讯》第3期上。克鲁舍夫斯基本人称论文为《咒语》或者《关于咒语》。因为《咒语》还表示《秘密阴谋》，因此为了避免含混不清，《通讯》编辑部作了进一步的解释。这段补充内容不是特别贴切，因为克鲁舍夫斯基并不是从诗学，而是从神话、心理学角度分析俄罗斯咒语的。

在这篇论文里已经显现出他的思维准确性和扎实的哲学教育功底。作者是从发展理论的角度研究自己题目的。他完全不认可所谓的原始思维、民族思维和现代文明人的智慧之间有根本的差异。相反，他认为整个人类智慧是同类的，一体的，只是头脑的鉴别力程度不同而已。而这种鉴别力取决于智商的信仰差异。

这些思想根本不是新的，因为它们来自于人类学家和现代社会学者。

但灵活的和独立的对比这些思想使作者有可能做出引人注意的具有一般意义的结论。至于细节，其中的一些研究可能比较匆忙和肤浅。以后我们会发现，同样的现象也出现在克鲁舍夫斯基后期的其他论著中。

2.《吠陀经的八首颂歌》，译文，喀山，1879年，第12页。（《帝国喀山大学学术札记》）这是用心和认真负责将吠陀颂歌译为俄语的版本。还在特洛伊茨克时，克鲁舍夫斯基就独立研究了这些吠陀颂歌，在喀山最终编辑和完成了译文本身。

3.《观察与重音现象有关的若干语音现象》，喀山，1879年，（《喀山大学学术札记》，第12页。

这是研究重音现象对于吠陀经中第一类"词根动词"中四个"专门的时间"（praesens, optativus, imperativus, imperfectum）词根中的元音影响。在这里作者没有任何特殊的发现，但是根据当时的主流理论（关于元音或者俄语中的元音提高等等），他非常认真和小心翼翼地对比相关形式，从而得出一定的结论。这些结论涉及各种重音现象与动词词根中的某一个元音之间的联系。这个不大的研究成果曾经展示过，就是为了得到教书的资格，成为编外副教授时展示了这一成果。

4. 为了获取编外副教授的职位，除了提交科研成果以外，克鲁舍夫斯基还应当做两次试讲，一次是自选题目，另一次由系里确定题目。第一次的自选题目的研究成果《论类推和民俗词源》刊登在 M.A. 克洛索夫的《俄罗斯语文通讯》上，华沙，1879年，第2卷，第109—122页。这里还包括刊登在这个杂志266页上的一篇非常重要的论文——《关于类推和民俗词源一文的补充札记》。

在这篇论文中，克鲁舍夫斯基反对将类推和民俗词源分开，将它们看作是两个不同的语言过程，甚至反对名称本身，认为这些名称不合适、不准确。而这些名称毫无疑问是正确的。在分析重要特征的基础上，他承认这两个过程是同类的，用一个共同的名称，即"形态同化"来表示这两个过程。毫无疑问，这个名称比"类推"和"民俗词源"要好一些，但是还不够。克鲁舍夫斯基甚至不希望称"类推"为勃鲁格曼和其他学者所建议的"形式联想"。因为"联想"或者"表象联合"是唯一的内部过程，纯心理的，不会引起任何语言后果。同时，被称为"类推"的现象就是用另一个形式替换这个形式，在语言中留下痕迹。

这时的克鲁舍夫斯基没有考虑到所谓的民俗词源和类推之间的语言差异，即在"类推"行为中词语的形态划分是现成的，只是一个词素代替另一个词素而已。而在"民俗词源"中发生变化的词语或者是以前完全从形态上进行区分，或者以前的形态划分模糊了，或者至少是不明显。因此，只有词语"民俗词源"完成的过程才会用清晰的形态划分激活这个词语，使其具有起源上的意义。"民俗词源"与词语意义有关，属于语义学。类推与语言形式有关，是词语形态学的研究对象。克鲁舍夫斯基没有注意到这一区别。

这里分析的心理—语言过程的个别类型，"同化"（语音同化、形态同化、词汇同化）（第120—121页）范畴的差异在逻辑上还不够严谨，缺乏持续的分类原则。但是考虑到这方面的研究本身很混乱，所以我们不会指责克鲁舍夫斯基的观点。

"语言结构透明度与同化行为成正比"的设想并不是显而易见的真理。为了使模糊的假设，即"语音规律的作用主要体现在研究语法和词汇材料中，同化作用主要体现在由语法和词典材料构成的结构"的观点具有力量，但还缺乏足够的证据。

但是即使有这么多不准确的地方，还是一篇出色的优秀论文。寻找典型特点、根据相似性进行综合、区分差异是与思维的精确性、概括的才能和最好的分析对象同时存在的。虽然区分词语起源性和个性化意义不是克鲁舍夫斯基的发明，但是他在论文中强调这一差异无疑是他的功劳所在，在很大程度上使所研究问题得到了应有的阐述。

非常遗憾，这篇论文没有出版单行本，也没有翻译成其他语言。它隐藏在发行量很好的俄语杂志中，没有受到科学界应有的重视。由于这篇论文具有极高的价值，即使现在也还值得重印或者翻译，或者采取更正确的做法，也就是出版修订和补充本。

5.《语言学札记》，华沙，1880，30页。是他的下一步论著。克鲁舍夫斯基还将该论文发表在A.斯米尔诺夫的《俄罗斯语文通讯》上（1880年，

4卷，第33—62页）现在已经有单行本了。

这本论著中有三篇论文，相互之间没有联系，只是使用共同的名称而已。

克鲁舍夫斯基在第一篇论文《雅利安语元音系统领域的最新发现》中巧妙成功地简短叙述了勃鲁格曼的《印度-日耳曼基础语的鼻音领音》和索绪尔的《论印欧系语言的原始元音系统》的内容。他善于从这两本著作中汲取最重要的方面，正确的内容，并且用若干句话简短呈现出来。一些小的不准确之处完全不会破坏总体的好印象。

第二篇论文《辅音 EE 类型的改变》（第14—20页）（即由两个爆破音或者塞辅音，比如 p,t,k,组成的辅音群）以巧妙、自然的分析，准确恰当的表达而著称。

当克鲁舍夫斯基谈到 atta 组合与 ata 组合的区别时，提到被耳朵捕捉到且作为某一不可分整体的差异，这就是"由元音字母的典型特征及元音字母和辅音字母之间的停顿组成"时，那么，这可能只属于不发出声音的清辅音 tt,pp,kk，但任何时候不会属于 dd, bb, gg。在一种语言的历史发展中，强势的，同样形成的辅音（E1），通常被误称为双辅音，比如 tt, pp, kk……组合或者由擦音和塞辅音（SE1）构成，比如 st, ft, xt……的组合。这样一些组合是否是由两个不同的塞辅音（EE1）组合构成的观点成为克鲁舍夫斯基将所有的雅利安语言分为两组或者两类的依据。第一组包括梵语、拉丁语和罗曼语……，第二组包括古波斯语、希腊语、斯拉夫语等等。这样的区分，事实上还是有些勉强的，如果想一下上面提到的语言语音历史，这一点就很容易确认。

克鲁舍夫斯基认为在拉丁语词语 equester, claustrum, infestus 中，tt 组合变为 st 组合。按照其他许多学者的例子，他的观点是错的。"不能从解剖学角度想象 t 或者 k 向 p 的过渡"，语音可以很快从舌部位向唇部位跳跃，但却不是过渡（第20页）的结论只是吹毛求疵，纠缠字眼的做法。

克鲁舍夫斯基在其他一些事情上也是错误的。如果我们思考一下语言的语音方面历史发展，我们应当得出这样的结论：一般来说，没有准确意义的语音过渡。只有语音表象的变化，也就是不以生理行为变化和变动为前提的纯心理变化才具有实际重要的意义。音素本身的变化只是这些变化必要的间接结果而已。我在这里所说的，只是针对分析克鲁舍夫斯基的主要著作《语言学概论》而言的。

第三篇论文《关于形态简化》（第21—30页）发展了别人的观点和概括，提出了相关的论据。1865年或者1866年，当我还是大学生时，非常仔细地研究了斯拉夫语和其他一些雅利安语言的变格问题，我对于在我所读过的著作中提到的将名词分为个别类别变格的观点非常不满。无论是葆朴，还是施莱赫尔等人提出的以 a,I,u 为结尾词干的观点，还是天主教司铎马林诺夫斯基提出的雅利安语言中固定不变的，以辅音为结尾的词干，都不符合我的要求。除此之外，这两个体系的特点不能相互融合，它们是相互排斥的。这两种体系都应是错误的。还有第三种情况，就是这两种分类是假的。我就做出了这样的结论，即葆朴的体系等（可以说，印度语法体系）和天主教司铎马林诺夫斯基的体系在某种程度上在同一种语言领域中都很狭窄，根本上就是错误的。因此，我决定综合葆朴体系和马林诺夫斯基体系，就像我在我的一些同事面前所说的那样，假设随着时间的推移，元音变格的古词干减少，而它们结尾的元音过渡到结尾的前部，然后或者作为结尾的组成部分或者保留到今天，或者完全消失。虽然我那时没有发现这个现象，也不能以适当的方式评价，这种观点激活了已经死亡的，不变的，死气沉沉的变格系统，用发展原则、历史变化原则解释变格形式。对于民族自身的语言而言[①]，这个观点使自身有序的形式变为了民族个体的实际语言意识的表现形式，而不是什么艺术记忆力表演中心。我阐述的"为了结尾的利益而缩减词干"的观点在开始时只用于变格。后来经常以此为依据，在讲述雅利安语言，包括斯拉夫语言形态学的不同章节时，我将这一观点运用在形态学的其他部分。我经常发现，由于前面的词素，或者是其他的后缀，或者是词根所致，每一次因为词干的存在，都会有词尾增加的

---

① "我觉得在研究波兰语变格的文章中阐述的内容更重要。博杜恩·德·库尔德内接受词语原有的样子，不会根据历史状况区分虚假的有类型标志元音结尾的词干和结尾，他只承认语言现状中的语音组合是词语的形态部分。"（克鲁舍夫斯基，《语言学概论》，第7页）

现象。由于前面的后缀或者由于词根的存在，后面的后缀会增加，而由于前缀的存在，词根会增加等等。除了在课堂上，我还在其他地方发表了此观点，并且尽量在自己论文中详细地论证这一观点。在1868年发表在《比较语言研究集刊》杂志的《波兰语变格中类推行为的若干情况》一文中，我第一次以详细的论据提出了类似结论。但奥古斯特·施莱赫尔作为杂志的编辑之一，毫无根据地指出，波兰语中只有辅音词干，删除所有证明元音词干是由于词尾而减少了元音词干的内容。怎么可以忍受在正统的《原始语》杂志上有如此的无稽之谈！①

后来我在《论波兰语言先驱者马林诺夫斯基》（1875），在评论雷斯琴的《古保加利亚语手册》（1876年发表在国民教育部杂志上），在《语言学札记》（1877年，沃罗涅日），《1876—1877学年度课程详细计划》（喀山和华沙，1878年，等等）都阐述了这个观点。

我不习惯过度评价自己的思想，任何时候都没有思考过，我提出的这一概括对于雅利安语言重要到像克鲁舍夫斯基所赋予的意义。克鲁舍夫斯基在《论形态简化》中称这种概括是"最广泛的概括，只有在形态学中能够做出这一概括"。（第23页）克鲁舍夫斯基解释自己的结论，非常成功地论证了这一结论，可以大胆地说，经过他的编辑后，这个形态概括远比我在不同论著中提出的，还没有连接为一体的理论要重要得多。

在《语言学概论》中，克鲁舍夫斯基提出的形态简化发展成为更大的规模，被称为"再整合"。克鲁舍夫斯基在谈到形态简化与语音同化方向的联系时，在术语上有一些不准确的地方。他在走许多前人走过的老路，确定音素同化的走向时，却以消极的或者已经发生变化的音素为基础。这样一来，他将前一个音素同化后一个音素的现象称为"顺同化"，后一个音素同化前一个音素的现象称为"逆同化"。在这个术语的基础上，他得出结论：形态简化的逆时向是以"语音组合变化的顺向为前提的"。所以，在语言的历史发展中，形态简化的走向和语音同化走向是相反的。我在确定形态简化和语音同化的走向时，通常以起积极作用的方面，也就是进攻

---

① 或许，我很快将有可能回到这个问题上，理顺施莱赫尔忽略的地方。在这里有些过于偏离我们的主题了。

性的方面为出发点。如果进攻的音素（用拟人化的语言或者拟人化）同化前一个音素，那么我在这里就能发现逆向的同化。相反，也是这样。这样的观点使我接受了两个走向完全对应的观点，提出一个观点，即在雅利安语言发展的下一阶段，无论是在语音上，还是在形态上的征服性都是从词尾向词头运动的。

6. 就像上面提到的最重要语言学著作一样，他的学位论文《元音规则问题：对古斯拉夫语元音系统的研究》也刊登在 A. 斯米尔诺夫的《俄罗斯语文通讯》上。（1881年，华沙，第五卷，第1—109页，还有单行本，华沙，1881年）这部论著分为三部分，且这三部分内容之间的联系不是很紧密。1）前言：关于语音交替的一般见解（第3—19页）。2）论元音规则问题（第20—106页）。3）论文提纲（第20—106页）。

只有中间部分与标题一致。虽然占据了很大篇幅，但在内容和价值上却处于次要地位。克鲁舍夫斯基的这部论著是将索绪尔关于原始欧洲元音系统的成功假设运用到斯拉夫语的语言材料中。这时，克鲁舍夫斯基没有提出任何新东西，盲目地坚持索绪尔的观点，将斯拉夫词语归类为这位研究者确定的范畴中。被斯拉夫语所限制，其实是被米克罗什奇词典中的那些起源非常可疑的斯拉夫语的词语所限，这种在斯拉夫语语言领域中的限制，任何时候都不会带来令人满意的结果。要少一些对米克罗什奇的信赖，多一些对起源的批评。总之，应该有针对事实的批评。这篇论文的作者如果根据第二条提纲，以索绪尔的假设为出发点，全面研究某一种活的斯拉夫语言，代替米克罗什奇的古斯拉夫词语的浑水摸鱼行为，就会做得更好一些。没有掌握好材料的有序性。在很多地方，克鲁舍夫斯基将章节置于一定的标题下，而这些章节无论如何也不属于这些标题所包括的内容。但是，尽管如此，克鲁舍夫斯基论文的主要部分对于研究斯拉夫语音学和词源学而言永远都是珍贵的事实汇合。若干成功的词源学和在其基础上做出的涉及该部落文化和世界观的结论值得关注。我认为，其中的一些是克鲁舍夫斯基的个人贡献，另外一些是他借用他人的。从词源学角度解释плънъ, бръ-логъ, хытръ, звезда 等词语属于第一类范畴。词语столъ, кратъ, нравъ 的词源属于第二类范畴。只是因为不够了解研究对象的文献，或者

附录：尼古拉·克鲁舍夫斯基、他的生活及其科学著作

准确地说，因为设想，在这个文献中存在一些事实上完全不存在的东西，也只有在这个前提下，才可以解释克鲁舍夫斯基提到的那种情况，即"不允许缩小音节存在的某一古斯拉夫语言规律"。克鲁舍夫斯基只是从我这里得知了这个规律，区别在于，我认为这个规律属于所有斯拉夫语言原始的、典型的发展阶段，而不是古斯拉夫语。这个规律鲜为人知，没有完全走入科学界。好像，就连克鲁舍夫斯基都两次忘记这个规律在第 43 页和第 47 页[①]，这就是很好的证明。

与克鲁舍夫斯基的学位论文相比，这篇论文的前言，《关于语音交替的一般见解》（第 3—19 页），或者音语音交替，即阐述在语音上相互区分，具有同一个历史来源，也就是说在词源上等同的成对音素，倒是具有非常重大的科学价值。比如，mogę、możesz 中的 g 和 ž，piekę, pieczesz, 中的 k 和 č，strata, stracić, 中的 t 和 ć，nosić, nieść 中的 o 和 e 等等就是这样的例子。一句话，这与大量的语音事实有关，因为可能没有一种语言没有音素的情况。大概，拥有静止的且不可分的孤立词语的语言除外。比如在汉语中，一个音素与另一个与其发生语音交替的音素是独立存在的，也就是说从语音上讲，完全是另外一个音素，但在词源上还是同一个音素，因为语音交替的科学包括了所有词语。

克鲁舍夫斯基区分三类语音交替。

1）可以借用语言现有状态中发挥作用的语音学影响解释第一类语音交替之间的差异。比如，词语 rodu, rogu,wodza, rowu//rod,rog,grob,wodz,row 中的 g,b,d,dz,w//t,k,p,c,f。在俄语中，发音位置不同的元音代替了词源上 o，比如，го́д, года́, годово́й, полго́да……我称这类语音交替为变异交替，而相互交替的音素就是交替项。因为这些音素实际上不是两个、三个不同的音素，而是同一个音素的变体、分裂体，取决于在词语中的位置、语音位置。

2）由于音素不断自然变化，部分变化是由于语音影响所致，甚至由于发生变化的原始元音消失且不再存在，从第一类语音交替发展出第二类语音交替。

这样，比如在雅利安语言发展的一般原始阶段，某种原因影响到一个

[①] 请参阅 «Pracach filolog.», I, 97.

原始元音分裂为两个。随着时间的推移，在希腊语、拉丁语和斯拉夫语中，从这两个音素中发展出清晰的 e 和 o。但是这种原因消失了，今天我们不能指出这个原因。代替这一原因，我们只知道这个原因是给予我们推进音素分化的动力，即象 wieźć—wozić, nieść—nosić, pleść—płot, leżeć—łoże……这样的成对语音。作为不起作用的原因而产生的结果，并且在历史运动中发生了一系列变化的结果，类似的结果出现在元音与零音素，即没有任何元音字母的语音交替中，而在波兰语中与 e, 在俄语与 o 交替中。比如，suchy-schnąć-sechł, duch-tchąc-dech, mach-mszyca（俄语 мошка）。这样一来，我们接触到了对于全世界而言的共同现象，即尽管原始的原因已经不存在，但结果却存在与继续发展。非常明显，语音交替项的第二个范畴可以来自于第一类范畴。

3）就如第二类范畴只是第一类范畴的继续一样，第三类范畴也是诞生在第二类基础上的。也就是说，由于开始感觉到形态和语义差异之间的联系，内部形式和这些形式的固有音素差异之间的联系所致。比如，与由静词构成的动词 kroczyć, loczyć, ręczyć, srożyć się, trwożyć, strącić, rzucić, radzić, głodzić 中固有的 č, ž, dź 等音素相反，很难否认 k, t, d, …… 与 krok, tok, ręka, srogi, trwoga, strata, rzut, rada, głód 没有类似的联系。与词根中含有元音 e 的重复性行为动词，持续的或者多次行为，一句话，长时间行为动词 chadzać, waszać, głaszać, pładzać, gnajać, galać 不同，可以在 chodzić, wosić, głosić, płodzić, gnoić, golić 等词根中含有元音 o 的直接行为动词中指出类似的语音 - 形态联系。

克鲁舍夫斯基将第二类和第三类范畴交替项统称为相关项。这个术语至少用在第二类范畴中是不成功的，因为很难说没有任何联系和没有任何关系。既没有语音联系，也没有形态联系的地方具有"相关性"。只有第三类范畴交替项可以称为"相关关系"和"相关项"。

如果克鲁舍夫斯基有时间研究更多的事实，如果他将语言与语言载体看作是一体的话，那么，他大概会改变自己的结论，首先会发现语音交替项中更大的差异。他的结论和阐述是暂时的，部分是错误的。原因很简单，他首先是以取自小范围和一种语言的个别事实为依据的。

附录：尼古拉·克鲁舍夫斯基、他的生活及其科学著作

不能从逻辑学角度证明这三类范畴的区别。如果考虑到因果性和明确因果性的缺失，那么与第二种范畴相反，第一类和第三类范畴应当组成一个共同组群。如果我们以语音原因的存在作为划分的基础，我们应当划分出第一类范畴，将其与第二类和第三类范畴的组合对立起来。与第一类和第二类范畴组合不同，形态性质的因果关系要求将第三类范畴单独列出。但是，除了这一形式的逻辑不准确性以外，很难否认这些范畴的列举顺序是与真正历史的连续性相符合的，与起源是相符合的，与一类范畴接着另一类范畴的逐渐发展相符合的。

克鲁舍夫斯基的功绩在于追求发现和准确定义这三类范畴交替项的每一类范畴的典型特点。但是这很难，所以克鲁舍夫斯基在定义、列举和阐述这些特点时，犯下了一定的错误和不准确性，毫不奇怪。比如，第一类范畴的第二个特点和第三个特点可以归结为一个特点，因为普遍性隐含着必要性，而必要性首先隐含着普遍性。同样这也与"缺乏必要性"和"缺乏普遍性"有关，比如与第二类范畴的第二和第三个特点有关（第12页）①，一个来源于另一个，而划分以自然方式相互联系的东西就像是一种重复性行为。犹如第二类和第三类中的第四个特点一样，提出"交替音素具有很近的生理语音学亲属关系"的观点（第11—12页）完全是错误的，毫无根据。且不说通过平常途径确定生理语音学亲属关系的远近时，研究者的主观观点还是起作用的。在大部分情况下，只能借助于绝望的勉强去发现这些特点，这一点是不能不注意的。就连克鲁舍夫斯基自己在描述这个特点的意义时，都提到"最经常"的补充意见。而"最经常"的，未必是永久的，所以，就不能成为区别性特征。作者本人也不能容忍准确性，他提出了犹豫不定的补充内容"在某种程度上"，完全剔出了第二类范畴的第三个特点（第10、12页）。关于"这一类语音交替与一些形态范畴的联系"是根本不可能谈到的，这样如何区分第二类和第三类范畴呢？如果第二类范畴的语音差异没有消失或者没有过渡到第三类范畴中，这些语音差异就是不同词语、由原始具有亲属关系的词根或者同类词根构成的不同词根的

---

① К вопросу о гунн. Исследование в области старо-славянского вокализма. Русский филологический вестник, 1881.T.V., NoI.C1-109.

特点，而不同的词语这是词典的事情，而不是语法需要做的。

克鲁舍夫斯基列举了每一类范畴的特点及在我们看来在某种程度上多余的特点之后，并没有发现主要的特点，可以说是唯一的，独一无二的，能够将第一类范畴与第二类和第三类范畴进行区别的特点。也就是在第二类和第三类范畴中，一个音素的所有特点都是个性化的特点，与位置及其他音素的相邻无关。与此同时，音素的变异交替特点，第一类范畴的特点应当受音素位置不断变化的制约，或者取决于生理语音学的相邻关系，或者取决于整个词语或者句子结构。

克鲁舍夫斯基阐述解释理论性结论的例证也是不准确的。比如，他错误地确定词语 бросить 与 забрасывать（第21页）①的关系，错误地判断"形式的框架"。

f（……б……'it'）// f1（……á……i/y vat'）（第13、17页等等）

他证明 мушка 一词使 мошка 一词失去了原始功能（第17页）。因为实际上在开始时 муха 和 мошка 是两个不同的词，只是后来，才构成 муха 的新指小词 мушка。这里分析的克鲁舍夫斯基论文的前言部分有时有令人气恼的自信和对前人论著的鄙视。在某种程度上是由于作者不甚了解语言学著作。比如，在克鲁舍夫斯基之前，没有人试图发现"主控语言现象的规律"（第3—5页）的观点看起来有些幼稚。至于语音交替"理论"本身，在克鲁舍夫斯基的大脑中根本就没独立形成这样的观点。他是借用我的理论。从1876年开始，在《元音规则问题》写成之前的数年间，我在讲授俄语语音学、拉丁语语音学时，总是以语音交替为基础。克鲁舍夫斯基到喀山以后，聆听了我的课程，专注地聆听了我开设的实践课。正是这些使得他能够提出类似的关于语音现象的观点。很难否认，克鲁舍夫斯基主要采用了分析个别语音范畴典型特点的方法，他阐述的理论比我的阐述更有哲学性、更有内容、更准确。但是甚至很难否认，他只不过是将从别人那里得知的东西赋予了另一个成功的形式。不管怎么说，克鲁舍夫斯基的话语"我的语音交替理论"，"我对最新语言学派观点的态度"，"我的理论"

---

① 《元音规则问题：对古斯拉夫语元音系统的研究》，俄罗斯语文通讯，1881，T.V.，N.1.1–109）

附录：尼古拉·克鲁舍夫斯基、他的生活及其科学著作

等等看起来有些奇怪。只能这样解释它们，即由于经常倾听课程和参加各种讨论，我们有时已经完全习惯于一定学术圈中常见的、普及的观点，最后迷失了指路方向，我们已经很难区分自己大脑中形成的观点与借自于他人的观点。

克鲁舍夫斯基论文的第三部分是提纲部分。大部分内容是论证语言学各种一般性问题。这些提纲与论文题目、元音规则问题或者语音交替完全没有关系。在第 8 论点中，简短地论述了关于元音语音交替的序言部分。因此，上面我提到的前言部分也与这一论点有关。甚至可以指出，这一论点没有完全准确表达语音交替的一类范畴向另一类范畴逐渐过渡的过程。在第 4 论点中谈到"形态同化"，并且阐述了上面描述的克鲁舍夫斯基论著《关于类推和民俗词源的内容。第 7 论点与《形态简化》有关系。而第 9 论点涉及《EE 类型的辅音群变化》。这两篇论文与第三篇题目为《语言学札记》的论文是一同发表的。

第 2、第 5、第 6 论点包含了从其他语言学者那里借用的观点。第 2 论点中关于研究语言的基础不是古代语言，而是新语言的论证从莱布尼茨时期开始就不是什么新内容。虽然，从另一方面讲，几乎在所有语文学者的眼中，甚至在语言文学影响下的语言学者眼中，这一论点像是在胡说八道。因此，在每一个可能的情况下重复这一观点并不是多余的。第 5 论点谈到词语的亲属关系或者体现在语音层面上，或者体现在形式或者结构层面上，这一观点只是一些最新语言学者，首先是索绪尔，所依据理论的连贯表述而已。这些原则也是我讲课的基础。但为了使第 5 点与现实情况准确吻合，需要扩展和补充。第 6 点阐述了词语划分为生理语言学部分与词语划分为语音学部分的不对应性，这是我历来强调的一个原则：因此，他的观点是借用的。今天，我已经不能无保留地同意在这一论点中陈述的观点。因为，一方面，我认为音素在生理语音学方面是次要单位，另一方面，我使用了更为确定的概念"音位"术语。

还有三点，1、3、10 在一定程度上属于克鲁舍夫斯基的个人观点。第 10 点专门谈到梵语语音学，借助于与另一元音字母联合，元音字母减少的规律，解释了许多所谓的变调元音的情况。这确实是非常成功或者独特的

假设。

第1点声称:"语言学属于自然科学,而不是历史科学。",第3点指出,在语言中有一些起作用的规律完全等同于其他领域起作用的规律,即所谓的没有任何例外和偏差的"自然规律"。一级的语言学界的泰斗们不止一次地阐述了这些观点,但是尽管如此,认可这些与我们作者所处语言学氛围的观点相对立观点,只是独立的,但却不成功的行为,这一点我们很快就会看到。

首先,应当指出,这些原则的拥护者只是空口无凭得在说,从来没有能力用事实和推理证明这些结论。历史性和自然性对立是不符合逻辑的,使人想起伸缩性和年轻的对立或者重量与颜色的对立。概念上没有共同性,就不能谈对立。可以将历史性与非历史性,即在时间上没有变化的现象对立。我们如果将这些概念用在自然世界中,与机械、物理、化学规律的不变性进行比较,我们就会发现个体的发展与成长,或者个体的自然历史,发现种类的变化或者有机体世界历史,发现地质学和古生物学,或者与机体世界历史有关的地壳历史。等等。要知道甚至整个太阳系都应当有,并且已经有自己的历史。况且,"地球史""自然建造史",或者"自然发展史"这样的话语证明了自然与历史是相互容忍的,反之亦然。

克鲁舍夫斯基接受学者的这一偏见,很明显隐含了自然与"精神"、自然与人类社会的区别,隐含了自然现象与精神或者社会心理现象的区别。但如果笼统地认可这样的区分,那么语言学应当属于心理科学,或者准确地说属于社会学-心理科学或者社会心理科学。语言学的基础纯粹是心理的,并且所谓的语音规律(如果逐字逐句理解这句话)是纯粹的废话,可以看作是暂时隐藏在背后的心理规律的替代物。语言只能在社会中存在。

毫无疑问,发现主宰一系列语言现象的规律应当是我们科学界的主要事情。只有对我们所面对的明显事实视而不见的人,才会不同意语言现象综合体具有自己的历史,而且是很丰富历史的观点。

第3点提到的在语言中自然规律起作用的观点,只是旧的,人人皆知的童话而已。语言规律不同于物理和化学规律。它们的区别就在于,语言规律还没有真正地被发现和准确地定义。语言规律属于心理规律(还没有被众人所知,从科学角度没有足够论证的规律)、神经系统领域的生理规律(只是才发现的规律),最后,社会规律或者社会生活规律(关于这个规律还可以写很多内容)。

因此,可以用公式的形式说出在语言中没有任何例外规律起作用的观点:在语言中某些规律应当是无例外和无偏差的。因为在一定的生活领域,接受无规律和无原因是与科学的有秩序的人类机体要求相矛盾的。学者们关于历史性和自然性的观点是有严重分歧的,这一点从克鲁舍夫斯基和施莱赫尔的观点可以看出。克鲁舍夫斯基研究追求重建语言的历史画面与语言的自然性是背道而驰的。与此同时,施莱赫尔以狂热性的执着不断地重复着"语言学是自然科学",同时声称,重建或者构拟不同原始语和比较语法是语言学主要和唯一的任务,没有类似的构拟的难题存在,就没有我们的科学。

7. 克鲁舍夫斯基论文的前言部分是用德语写的,即他将这部分翻译成德语,并且补充了一些德语例子。这部分阐述了语音交替理论。但是,当时没有一个德语语言学杂志愿意接受这篇文章,纷纷以这篇文章与某一语系无关,准确地说,与科学方法论[①]有关为由而拒绝。克鲁舍夫斯基还是希望自己的论著能够被欧洲学者了解,于是他自费出版了题为《论语音交替》一书。

当然,应当说这个德语译本与上面提到的俄语原著是一样的。只是需要指出,翻译的德语不完全正确,选用的术语"语音交替(Lautabwechslung)"也不是很成功。但不能以此责备一个从来就没有真正学习过德语的人,没有听过德语课的人。他之所以懂德语,主要归功于阅读书籍和自己的著作。

克鲁舍夫斯基在德语译本中补充了新的结尾,更详细解释了语音交替和变化。借助于两个表格(第36—37页)使叙述的内容更加清楚。在最后补充的《关于古斯拉夫语后舌音的硬腭音和齿音的说明》章节中尝试解释,为什么有时是 č, ž, š, ,有时是 c,dz(z),s 的软化双重结果与斯拉

[①] 我觉得,拒绝的真正原因是"语音交替"理论将新的研究基础引入到了语音学中,而绝大部分学者非常惧怕新基础。因为引入新基础,需要做很多,思考很多,但并不是每一个都愿意思考。

夫语的非软音 k,g,x（ch）是相对应的。这一尝试是不成功的。这样的尝试只是不了解以前著作关于这个问题的解释而已。如果克鲁舍夫斯基了解了相关论著，他就会在其中找到更好的解释，而不是去追求原创性。况且，1880—1881年，在我开设的课上他可以听到其他的，更符合事实的解释。他在后期著作中提到这些内容。

无论是克鲁舍夫斯基的学位论文，还是《论语音交替》的小册子都属于一个时期。在这个时期在喀山从事语言学研究的人中，都有术语躁狂症，新技术术语躁狂症。在这一点上，克鲁舍夫斯基善于在自己的论著中保持一定的分寸。这种疾病在我的《斯拉夫语言比较语法中的若干章节》中已经达到了登峰造极的地步（单行本，华沙，1881年，第55—74页）。大量的技术术语或者科学名称只是为了让读者能够明白所讲的内容，掌握所阐述的一般概念，只是需要集中注意力而已。谁也不怀疑，在每一类科学中都需要一定的术语，只是不需要急于和过分使用。

8. 在《斯拉夫语言学档案》（1881，5期，第685—686页）刊登了一篇 A. 布鲁克奈为克鲁舍夫斯基的学位论文《元音规则问题》撰写的简短评论。评论人以傲慢、鄙视和保护者的口气，不是以严肃，而是带有玩笑的姿态对待克鲁舍夫斯基的论文。除此之外，不懂专业，主要是不懂"语音交替理论"。他认为"形态同化"也是多余的。但这不仅仅是不懂的问题，而且可以看作上是敷衍塞责。当布鲁克奈提出"在'形态同化'名字下隐藏着善良的老熟人"。时，实际上他在暗示，这个老熟人在其他学者那里，包括米克罗什奇在内都被提到过。布鲁克奈在其他方面是对的，他认为克鲁舍夫斯基没有做好足够准备就开始解决主要任务，没有解决问题，而没有全面研究和彻底解释所分析的语音关系。但是，虽然布鲁克奈不完全对，但克鲁舍夫斯基在回应这篇评论时，却给了非常重的回击。克鲁舍夫斯基对布鲁克奈的回应刊登在《俄罗斯语文通讯》（7期，1882年，第135—139页），标题是《答布鲁克奈》（单行本）。这样的政论性文章并不多，其中充满了对对手的鄙视、使用了傲慢和企图刺伤对方，污辱对方的言语。

在这个回应中，几乎每一行字都在积极地证实自己的正确和不可侵犯性。作者不想承认实际的错误和失误，顶多承认打印错误和疏忽大意的

附录：尼古拉·克鲁舍夫斯基、他的生活及其科学著作

问题。

　　如果这篇文章不是克鲁舍夫斯基神经病将要发作征兆的话，那么无论如何也是神经受刺激的表现。克鲁舍夫斯基如此地看重自己的贡献，如此地自信！上面提到的，我就不说了。他错误地将语音交替称为"我的语音交替理论"。这里还有一句话显示了他的自信程度："我允许自己在想，在那些我的评论者还不明白的观点中，隐藏着第一个的，并且不完全是毫无成果的将语音学置于科学基础上的尝试。"（第138—139页）这样就意味着，在克鲁舍夫斯基之前只有那些没有试图将科学性引入这个知识领域的马虎大意之人在研究语音学！似乎可以确定一条"规律"（或许，不是针对科学，而是针对一些人的个别使用而言）：对于人所做贡献印象的降低与对他的自信力是成正比的。对于克鲁舍夫斯基而言，这一规律是不存在的。

　　当克鲁舍夫斯基在极度自信和神经受到强烈刺激的状态下写出的"答布鲁克奈"一文时，我正好没有在喀山。如果我在那里的话，我是绝不允许我真心对待的人以此方式败坏自己的名声的。

　　9. 现在我讲一下克鲁舍夫斯基最重要的一部著作①，他的博士论文。其中扼要概括了作者对于语言学的观点。当克鲁舍夫斯基刚开始从事语言学研究，对语言学还没有形成一定概念时，他就执着于这一类的概括。附带说一句，他在发自特洛伊茨克的一封信中已经表达了这种追求。"我偶然得到了1871年您刊登在人民教育部杂志上的语言学导论课。我于5年前读过这篇文章，当时这篇文章并没有给我带来很多益处。您会嘲笑我，还没有开始语言学学习，就已经痴迷于哲学观点，准确地说，以逻辑学观点看待语言学。但这不是我学习语言学的结果，而是我研究哲学的结果。在292页您列举了语言中发挥作用的力量。所以，我不知道，除了语言中力量的无意识性，还有什么能像磁铁那样将我吸引到语言学中来。只是现在我才发现，您在列举这些力量时，您在所有地方都加上'无意识'的。我对此很感兴趣，因为这与我已经有的想法是一致的，与无意识过程的思想，与在根本上区别于哈特曼的观点一致的。为了弄清楚这一区别，在放假期

---

① 《语言学概论》，喀山，1883年。

间我开始钻研科兹洛夫改编的费力细致且枯燥乏味的哈特曼哲学。当然，如今学生们的笔记本占据了哈特曼的位置，但我希望再还能回头研究哈特曼。还有一个东西我非常感兴趣。语言学中有没有一个规律，如果有，那么能够适用于所有语言学分析现象的一般规律是什么？比如说，在心理学中联想规律就是这样的一般规律。就像逻辑学所认为的那样，没有这样规律，就不能称之为科学。是否有这样著作和文章，也就是在一些文章或者著作中是从逻辑学观点来研究语言学，就像米勒在逻辑学第二卷结尾处研究其他科学一样。如果有类似的现象，如果您不认为本末倒置有害的话，请您告诉我。"（1876年9月30日）克鲁舍夫斯基于1881年底开始撰写博士论文。试图从一开始就概括性地阐述一般语言学理论，主要分析和评价新时期普通语言学论著。他这样回答了我从国外发给他的关于论文内容和题目的问题。"不知道我的论文将以什么题目称呼。内容如下：1）必须有另一个更加普通的，类似于语言的现象学的科学与现代语言学一道并列存在。2）可以在新语法学派新组成的派别中发现科学的一些无意识预感。他们宣称的原则不适合或者不足以建构这样的科学。3）在语言中可以找到这样科学的牢固基础（1881年4月21日，5月3日）"。

从这里可以看出，克鲁舍夫斯基的目标有多远。他如此看低前人的著作，顶多承认科学的"无意识预感"，但他却对自己关于这个学科观点的评价非常高。但是在解决类似问题时，由于克鲁舍夫斯基缺乏足够的科学准备，由于他的实际知识很薄弱和肤浅，所以他自己也被预感和追求所限制。他没有发展预先设定的任务，他在博士论文中提到的内容完全不是语言学现象，这一情况就是很好的证明。最后，他的教授和教书工作非常沉重，除此之外，他还感到没有精力做类似的工作，而没有精力，最好的愿望都难以实现。由于没有时间认真研读参考文献，克鲁舍夫斯基决定将博士论文作为开设普通语言学课程的内容。他在征得我的同意后，于1882—1883年为大学生开设普通语言学课程。每一个稍微有点学科概念的人，第一次开设类似课程，很难说出完全颠覆科学的新观点。但是每一个愿意认真阅读与他的课程完全一致，题为《语言学概论》的博士论文的人都能发现，克鲁舍夫斯基的课对于大学生来讲却是非常有益处的。他的观点清晰且富有学科的内容。大学生在享受充分自由的情况下，克鲁舍夫斯基的课程也引发了他们的思考。

显而易见，标题显得有些过大：《关于语言科学的概论》《语言学概论》。这是完整系统的科学。但这门课却不是这样。如果作者加的标题与其内容相符合的话，这个标题差不多应当是这样的：《论述雅利安语言中的短语、词语和组成部分》或者《建立在研究一些雅利安语言，包括研究俄语和法语基础之上的语言的语音学和形态学基础》（准确地说，《关于语音学和形态学的一般论点》）或者《从形式上论词语》或者等等。①

要知道，克鲁舍夫斯基只研究词语、组成形式和一定发展阶段的雅利安语言词语。他之所以考虑语音学，那也是因为存在独立词语的缘故。所谓的变调现象，在词语组合时的变化现象，所谓整个句子语音学——这一切在这里都没有考虑在内。至于句法和语义学，克鲁舍夫斯基只是一带而过。最后，我们没有找到关于语言分类原则、关于方言学原则、关于个体语言和部落语言在发展中的差异，关于语言萌芽学和病理语言学等等的论述。怎么可以称这样的书为《整个语言学概论》！保罗的书名看起来很肤浅，但却囊括了大量语言事实。仅仅是《语言史原理》，除此之外，保罗还做了补充说明："但是，我在这条路上走的时候，详尽地展示语言变化所有可能类型的时候，我自己不抱有成功的希望。"②

克鲁舍夫斯基以没有在文献中找到基础著作为由，解释这种对语言许多方面的冷漠。但这只是托词而已。其他人找到了这些论著，并且有这样的论著存在。如果克鲁舍夫斯基没有找到这些论著，而他自己没有足够时间整理语言学所有学科的话，在这种情况下，不需要加上这样宏大的标题，

---

① 类似的标题完全适合，只列举个别章节的标题可以令我们信服：前言（1—9），Ⅰ言语的简单分析。言语的不同元素和它们的本质。（10—13）Ⅱ音素和音素的规律。（13—26）Ⅲ音素和音素组合历史。（27—53）Ⅳ论关于语音规律的主流观点。（53—64）Ⅴ词语。（64—69）Ⅵ词语形态成分的独立及它们的性质。（69—85）Ⅶ破坏性的因素。（86—97）Ⅷ词语形态元素的历史。（97—107）Ⅸ形态元素综合为词语，词语综合为语言。（108—125）Ⅹ词语历史。（126—148）。我们发现，论述只涉及词语及其组成部分。至于论纲（原理）的内容，在克鲁舍夫斯基的博士论文中它们只是简短地叙述了论文本身的内容。

② H.Paul. Principien der Sprachgeschichte. Halle,1880,26.

最好是认可自己没有足够时间整理或者个人准备不够。

总之，克鲁舍夫斯基只在词语中发现全部语言，没有看到比词语更远的界限。他认为的"语言典范"就只是"词语典范"。一句话，我们在喀山从不同角度分析的内容，也就是词语，在克鲁舍夫斯基的头脑中，与整个语言和语言生活是等同起来。但是这种缩小活动范围的做法，并不妨碍所评价的克鲁舍夫斯基著作属于最有内容、最成功地并且为普通语言学著作提供了专业知识的论著。

克鲁舍夫斯基的《语言学概论》部分是在上面提到的保罗的优秀著作《语言史原理》影响下写成的。从小册子《论语音交替》的序言中可以看到克鲁舍夫斯基应该是不晚于1881年初就已经熟知保罗的著作了。后来，他既独立研究了这部著作，也同其他喀山语言学者共同探讨了这部论著。保罗的著作使人不得不思考，一刻也不允许智慧懈怠，以相关方式在有准备的大脑中唤起独立思想和对比。因此，可以想象，这本书对于克鲁舍夫斯基这样善于系统化和概括的头脑而言会产生多么深的影响。或许，克鲁舍夫斯基自己都不能确定，保罗的影响有多大。通常这种影响是无意识的，因为他从借用来和自己固有思想中构成了第三种思想。这种思想与第一种思想是紧密相关的，尽管如此，还是成为大脑的独立成果，在大脑中发展，形成了清晰和明确的形式。

总之，这样的题目《语言学概论》或者其他什么，完全不适合于博士论文。在这里，每一步都需要重复别人的思想，借用来的思想或者说出主观上确实是属于自己的，完全独立的，但对于科学史而言却不是新的思想。也就是通常所说的，不得不重新发现美洲大陆。如果克鲁舍夫斯基完成了一开始制定的计划，即从事批评分析主要普通语言学著作，那么他或许会发现，他在这本书中论述的内容，并不像他认为的那样，都是新的。但是由于没有时间，因为他想尽快得到博士学位，他背离了付出巨大和长时间工作的初衷。同时，他也改变了自己对于了解前人著作重要性的看法。他在博士答辩会上指出，对他而言，在自己书中考虑威廉.洪堡特、赫耶兹、施坦达尔、缪勒、萨斯，彼得里齐库-哈日代乌的观点是"多余，不需要的累赘"，只有保罗除外。另一方面，就在这次答辩会上，克鲁舍夫斯基声明，为了保持自己的完美独立性，他尽量阅读少量的书籍。这时他以达尔文和格罗特（希腊史学者）为例，他们都是阅读书籍很少，什么也不引用的学者。甚至索绪尔发现自己的思想与在博鲁格曼课上听到的内容一样时，为了保持自己研究的独立性，不再去听课。这是事实，但索绪尔停止听课以后阅读了所有与自己题目相关的论著。克鲁舍夫斯基则完全相反。没有放弃听课，也没有放弃实践课，参与了所有课程活动，却没有阅读所有需要的论著，就是因为他没有时间，而不是上面提到的理由。

克鲁舍夫斯基有时沉迷于自己的独立性和自立性中，他似乎只想证明一点，即他在了解保罗著作之前，在自己课上和科学座谈会上完全独立发展了保罗的主要思想之一，也就是所谓的"有机表象群体"的思想。要知道，这里根本不需要了解保罗，因为就连保罗自己都引用了施坦达尔的著作。而在这些著作中施坦达尔已经将这一观点发挥得淋漓尽致。确实，这是施坦达尔的主要贡献，按照他的观点，所谓"有机表象群体"的思想就是借助于类推解释所有现象的基础。或许，个别研究者没有专门思考过这个问题，也没有使用过这个名称。我本人属于从心理学立场，借助于类推解释语言形式的人，我在讲形态学各个部分时，就是以"有机表象群体"的观点为基础的。无论如何，如果从克鲁舍夫斯基个人独立性的角度看，这个观点的产生与他没有关系。

我在上面提到的克鲁舍夫斯基著作的提纲，即各个章节的目录，证明了书中主要论及的是词语及其组成部分。至于个别章节的价值所在，前几章节论述语音问题，最后的几个章节写得很仓促，明显比中间章节，即关于从形态角度论述词语或者短语的论述写得差一些。其中，第6部分（词语形态成分的独立及词语的性质）很像上面提到的保罗著作中的相关章节。第7部分（破坏性的因素）或许写得太匆忙、太肤浅、太笼统。这一章节只是指出了问题，但没有结束。况且，在这一章节中新观点不多。第8部分（词语形态成分的历史）也没有认真地研究，但是这一章节阐述的主要观点非常在行、有内容。第9部分（词语的形态成分综合为词语，词语综合为语言）只是部分地描述了克鲁舍夫斯基《关于类推和民俗词源》一文的内容，但在研究和分析事实的深度上还欠缺。① 正是由于克鲁舍夫斯基急于整理相关的事实，在所谓的"形态同化"或者"形式的一致性"领域已经无法找到一定现象产生的明确原因。（67节第111页，80节第115页，81节第117页，86节第122、123页）在这里克鲁舍夫斯基非常成功地比较了俄语词尾和法语词尾，借助于符号描述它们的区别。一方面，借助于符号｜≡（对于俄语而言，我们追求在不同结尾中发展同一个词根，或者词干。）另一方面，借助于符号≡｜（对于法语而言，前缀通常是用于表达语言表象特征。）对于俄语而言，这个画面不完整，因为俄语不仅仅有结尾，还借助于前缀的帮助。因此，对于俄语而言，需要补充这一图示，呈现出≡｜≡的样子。就像我在上面提到的一样，克鲁舍夫斯基具有非凡的才能，即能够清晰和富有内容地阐述一般的观点，准确和恰当描述所研究的对象。我们现在分析的克鲁舍夫斯基著作处处都能够证明他的非凡才能。

虽然他经常谈论一些早已熟知的东西或者理所当然的内容，但在强调主要思想和最典型特点时，他认识和解释的方式以其原创性和灵活性令人惊奇。首先，在第1部分中发展和证明的观点，即所有的人类言语、所有的语言现象，无论是整体上的，还是个别现象都具有"不定性"和复杂性的观点就属于这个范畴。还有，我们可以援引克鲁舍夫斯基的观点，即只在一种条件下，也就是"逐渐变化"的条件下，词语的符号系列（由有机体的行为构成，而且这些行为按照一定顺序相互联系。）可以无限的变化和简化，因为只有在"变化的渐进性"条件下，才可能有联想或者使词语具有意义的表象组合的不间断性（第19页）。虽然很简单，但是阐述的观点却是成功的，即一些音素的组合是不可能实现的，因为在语言中没有这样的组合，也就是因为该民族还没有习惯按照指定顺序的音素发音（第24页）。这里还包括体现在不同语言形式中的再整合观点。以后我会详细讲述。

我们在最后（44节第74页）看到了成功论述所做的观察及非常精细

---

① 这里还包括97节第136—140页中作者阐述的什么是所谓的"民俗词源"的观点。但是他论述得非常肤浅，无论如何都比专门研究这个对象的专著要逊色。"民俗词源""与属于每一类的系统，比如变格、变位没有关系"的论断是错误的。

地分析词语之间相互关系的部分。其中作者提道："像 перенести 这样的词语，有两个中心；主要中心是 нести，次要中心是 пере。"这是由于 1）语言中有简单动词 нести，与此同时，还有上面提到的复杂动词。2）整个一系列动词都含有固定意义的 нести 部分，如 внести, занести, обнести⋯⋯3）另一个系列的动词也有上面提到含有固定意义的前缀部分。如 перенести, перевезти, переложить⋯⋯但是这种表述一般观点的准确性、令人信服性、精确性完全不妨碍一点，那就是在克鲁舍夫斯基著作的不同地方都可以发现牵强之处、只字不提或者故意忽略一些对该处所阐述的理论不利的事实。或者说，根本不了解的事实。我们在第 76 页（可能只有形态起源的词根才有原始变化或者变异。这种变化与语音分化没有任何共同之处。）（将 гнил 组合看作是词根）第 79 页、80 页、83 页（54 节：正是与事实完全不相符合的论点：前缀没有变异形式或者形态来源的变化）都发现这样的篡改论点。等等。

克鲁舍夫斯基为了减轻自己的工作，为了不让事实材料约束自己，他将三种类型的后缀混为一谈。1）构词后缀、语义后缀、词汇后缀。2）纯构形后缀、没有词汇意义的纯形态后缀。3）词尾后缀、句法后缀或者所谓的词尾（77、79 页等等），而这并不能认为是克鲁舍夫斯基的贡献。与此有关，克鲁舍夫斯基忽略了实际的区别和相似。我不止一次地不由自主地产生质疑，那就是克鲁舍夫斯基所做的这一切就是为了追求效果和原创性。在这种情况下，可以用保罗的话语形容他："过于聪明的头脑。他认为，他只利用了若干个巧妙的提纲，就已经明白了最复杂的历史过程。"[1]

在描述音素组合 ta,ti,ak,ik（第 20—23 页）的发音时也出现了一些疏忽大意和过分匆忙之处。这些描述建立在不是很准确和仓促的观察基础之上的。[2] 还有，在发音方面，上颚元音前的辅音应当是颚音，或者从生理

---

[1] H. 保罗《语言史原理》,Halle,1880,29.

[2] 完全抛开了任何的观察，直接幻想性的描述音素在时间上的逐渐变化，而这样的变化不是我们能够触及的。类似的幻想完全不适合于英国实证主义的追随者。

角度看，这样的组合是生理上必须的（第 24 页）①。许多语言事实推翻了这一结论，但克鲁舍夫斯基不知道，也不想知道这样的事实。克鲁舍夫斯基正确地预测了每一个词语中的语音"黏合作用"，即将个别词语的语音部分连接为一个整体（第 86—87 页）。但是，令人质疑的一点，那就是那些形态单位为其相邻单位所做出的很小语音上的让步，能否起到"胶合作用"（第 86 页）。

克鲁舍夫斯基为了更容易地做出关于前缀与后缀和词根区别的巧妙和概括性结论，完全不从历史角度分析这些形态单位。而且，他好像完全不知道雅利安语言中的前缀首先是在句法基础上产生和发展起来的。正是由于这些因素，克鲁舍夫斯基提到的前缀非常没有说服力，没有很大的科学价值。

总之，克鲁舍夫斯基在研究个别事实时的态度与科学界自己的前辈一样：他藐视它们。在归纳类科学中，在以事实为基础的科学中，需要永远记住赫尔岑的话语："小事，需要讨论和需要理解；大事自然就会出现。"

尽管克鲁舍夫斯基具有极强的逻辑思维，他有时还会犯一些令人吃惊的逻辑性错误，自相矛盾等等。几乎就是在这本著作的最开始，在更加详细地将人类语言划分为组成部分时，已经出现了令我们惊奇的，在逻辑上前后不一致行为。我们的语言单位②是句子，句子的单位是词语、词语的单位是形态元素，但这些形态元素不是语言最终单位，因为它们首先划分为音素。在生理方面音响上不可分的音素是复杂的，是各种类别的，但却是协调一致的行为。换言之，我们的言语由句子组成，句子由词语组成、词语由形态元素组成、形态元素由音素组成，而最后的，即音素是由不同类别的生理行为组成的（第 1 部分，第 10—13 页）。我们在这里的划分有明显的跳跃，而且是与逻辑学中最简单要求相违背的跳跃。任何划分或分

---

① 克鲁舍夫斯基在自己的小册子《论语音交替》中提出了这样的观点："对于所有时期和所有语言而言是否存在某些语音规律？毫无疑问，这样的规律是存在的，我们早已接受了这一点，因为作为语言是不可能没有自己的规律的。比如，在所有语言中，在所有时期，软化应当影响到之前的辅音，使其处于软化状态。"

② 术语"单位"在这里不是很合适。或许，最好说成："组成部分""直接的组成部分"要好一些。

解和任何比较普通的结构永远都应当是一个方向的，应当从同一个观点角度实现的，应当经常考虑同一个要素。解剖学家和生理学家将动物机体分解为头、身体和肢体。然后将这些部分的每一个独立部分分解为骨头、肌肉、神经和液体或者有机溶液。最后，每一部分分解为化学成分：水、炭、氮、磷等等？针对这一事实，我们能说什么呢？克鲁舍夫斯基在用于语言时，允许类似的内容出现。

  关于言语划分为句子、句子划分为词语、词语分为形态元素的观点或许不能说太多的反对意见。因为这越来越详细的划分经常依赖于同一个基础，经常以同一个原则为出发点：意义、形态元素在这里处处起作用。但是这种划分终止于形态元素或者我说的词素。如果词素可以继续分解为组成部分的话，那么这些组成部分应当与词素是同类的，应当具有意义，在这些部分中应当是心理生活在起作用。确实，在许多语言中这样的划分是可以的。但这一划分不能分解为单纯的，没有意义的词素。从词素向音素过渡，我们进入了另一个领域，离开了语言中心，转向了它的边缘，而语言这两个方面的直接联系、并列性并不是必须的。并且事实也不能证明这一点。可以说，词素和音素是不能相比的语言单位。如果词素可以分解为音素的话，那么词素就不是词素了，而只是单纯的心理上不活跃的音素综合体、组合。首先需要让词素失去它的联想性，即以表象组合为基础的意义性。完成这一行为之后，再去将词素分解为音素。如果简单单纯的音素能够构成形态单位（词素）、词语、句子的话，那么，或许这种现象只有在会说话机器语言中或者留声机中才有，但任何时候都不会出现在人类语言中，在具有生命的社会生物中出现。确实，有时克鲁舍夫斯基对待词素和词根就像对待失去意义的音素一样（比如，第35—36页），但这仅仅是因为漫不经心所致，因为一般情况下，他特别注意联想或者表象组合在语言中的巨大作用。为了在划分时避免类似的非逻辑性令人震惊的跳跃，我认为应当采取双重划分人类语言的方法。

  1）心理划分。从大脑的言语中心角度，划分为具有意义的与整个系列语言和非语言表象相结合的单位。这就是将言语划分为复杂的句子或者圆周句，圆周句分解为简单句，简单句分解为词语和短语，词语分解为形态—语义单位或者词素。最后词素至少在一些语言中，只是在一定程度上和一些情况下分解为相关的音位。

2）语音划分，生理语音学划分。从通常角度进行的划分，从语言边缘角度进行的划分。从这个角度，个别的言语表现形式呈现出音素的连续链条，首先分解连续的一系列音素，这些连续系列分解为更小的词语之间以停顿分隔开的系列。再往下分就是伴随着呼气和吸气的音素组合，即音节。音节由不可分离的音素组成。每一个音素都对应着不可分离的音响——心理表象。但是，不能像克鲁舍夫斯基那样，将语言中的音素看作是音响上不可分割的现象。因为正是作为音响现象，自然现象，即从作为物理学一部分的声学角度看，人类语言中独立的音素就像任何其他的音素一样，是可以进行划分和无限分解的。

尽管克鲁舍夫斯基在自己书中若干处提到了发音或者发出人类言语中音素必须的生理行为。尽管他在一个地方清晰地谈到研究和解释语音变化的基础不是音素，而只是发音，尽管他谈论到了这一切，他主要还是坚持自己单方面的"音响"立场，认为音素是人类言语最终的不可再分的单位。这就从根本上妨碍了他学会用生理学的语言说话，分析作为复杂肌肉行为的产物即音素，将这些音素分解为各个组成部分，即发音。总之，他在这里没有将音响方面与生理方面区别开。就像我们在上面所见到的一样，他在将词素划分为音素的同时，也做出了不适合和违背逻辑学的跳跃。就在音素领域，他就犯下了类似的错误，将整体分解为完全不能与音素相比，名称完全不同的部分，提出"音响上不可分的音素"是"不同类别的，但是协调一致的行为"或者"音素是由不同类别生理行为组成的"的观点。与此同时，他还认为，"一组肌肉的感觉"是人类音素的终端组成部分之一。所以，这里又是完全新的、完全与其他单位不同的现象，又是相互矛盾和不同类别单位的混合。这类混合是没有将所有这些单位归类为中心—心理分母的结果，没有归纳为所有这些单位表象类，即肌肉行为表象、音素表象和有意义的联想表象的结果。

我在上面提到，为了避免中心—心理单位与边缘语音单位的混合，需要对人类言语言进行双重划分。无论在语言边缘领域，还是在生理语音学领域，类似的双重划分都是必须的。一方面，划分一系列生理行为，另一方面，划分一系列音素及与生理行为并列的，并且是生理行为结果的，但从本质上又完全与生理行为不同的系列。

我们不能因为刚刚所指出的错误和不准确性去责备克鲁舍夫斯基。因为大多数一流学者都犯有这样的错误，不清楚与逻辑学相矛盾的划分是错误的。与著作本身的哲学价值相比，克鲁舍夫斯基所犯的这些错误还不算什么。他牢固地掌握了逻辑学和心理学的资料，在解释语言现象时成功使用了这些材料。不断使用联想理论或者表象结合理论是克鲁舍夫斯基的贡献之一。据我所知，在克鲁舍夫斯基之前类似的尝试完全没有，无论如何如此大规模的尝试没有过。如果只是认可联想理论，还需要承认这样理论运用到心理现象，即语言现象领域的必要性。克鲁舍夫斯基非常扎实地掌握了英国学者们的联想理论，这一理论成为了他的科学思维基础。他指出，"联想的两个规律对于语言学与对于心理学一样具有同等意义（第68页）。他在谈到的书中非常成功地使用了这些理论，给出了成功和扩及很远的概括："如果由于类比性联想规律词语在我们的大脑中形成系统或者词族的话，那么由于邻接性联想规律的存在，这些词语就会构成系列。"（36节第65页）"语言中一切旧的内容主要依赖于重建，依赖于邻接性联想。与此同时，一切新的东西都依赖于创作，依赖于类比性联想。从一定的角度看，我们认为，语言发展的过程实际上是类比性联想决定的进步力量与邻接性联想决定的保守力量之间的不懈对抗。"（80节第116—117页）"如果我们的词语是由于类比性联想而产生的话，那么词语的意义则是由于邻接性联想作用的结果（91节第129页）。"这里的"邻接性联想"表示词语的使用（试比较第150页）（37节第66页，38节：第67页）。

但是我觉得，克鲁舍夫斯基有时有些片面地使用这两种类型联想，也就是类比性和邻接性。比如，刚刚在上面提到的关于组成系统或者词族的语句是由于类比性联想所致，而词组组成系列则是建立在邻接性联想基础上的。克鲁舍夫斯基认为这一点非常重要，并作为自己论文的观点之一，即第五部分，第1节。"联想规律使无数的词语形成和谐的整体。正是由于类比性联想，词语组成了相互配合的系统或者词族，邻接性联想调整这些词语，使其形成系列。"

这个观点是错误的，因为它的内容过于狭窄，过于片面，过于独特。类比性联想和邻接性联想影响的类似区别不仅适用于词语。一方面，适用于词语的各个部分或者词素，另一方面，适用于句子和句子组合。这一差异甚至适用于生理语音学单位、音位或者音素，及它们的组合。我们在这些部分中的每一个部分，借助于类比性联想都能找到系统或者词族，借助于邻接性联想找到系列。克鲁舍夫斯基用这一理论，及其分布在论文中的同类观点证明了我在上面提到的内容（第176页），即对于他而言，在短语中或者词语中集中了整个语言生活的不同表现形式。

克鲁舍夫斯基从心理学中借用了解释语言现象的方式，即借助于联想规律或者表象组合：类比性联想和邻接性联想。克鲁舍夫斯基从生物科学中借用了再整合（переинтеграция）概念或者研究对象组成部分的重新、异样的排列。他用这一概念解释所有语言现象，无一例外。按照他的观点，"再整合过程是语言发展中最优秀的过程"。（第25页）克鲁舍夫斯基宣称，在音素组合和相互同化中的"生理行为（发音）发生再整合，逐渐走向音素的音响质量的再整合"。（第26页，试比较第25页、第107页）"我们从历史发展的角度研究音素，可以确认语音系统的再整合。"（第48—49页）因此，"一个语音系统是再整合另一个语音系统的结果。"（第53页），"再整合的过程解释了形态元素的起源""语法范畴的历史在于不断地再整合"，而这就意味着"一个范畴由另一个范畴发展而来"。（第146、148页），"语言通过再整合现成的材料不断创造新的材料"（理论纲要2）。

准确地说，再整合就是两个或者更多整体组成部分的相互交换。比如，一个整体 A 由 a_1, a_2, a_3, a_4……组成，第二个整体 B 由 b_1, b_2, b_3, b_4 组成，在这种情况下，这些是组成单位（量范畴，数学），还是组成的性质（质范畴，逻辑学）完全没有区别。如果由于一定原因导致了整体 A 失去了比如 a_3，使得整体 B 受益，取而代之就是这个整体 A 又从整体 B 中获得了 b_2 的话，那么这就是最准确意义的再整合。单方面的替换，比如只有整体 A 中的 a_3 过渡到了整体 B 中，没有任何补偿。这类现象也属于再整合。"形态简化"

就是这样的例子（请看第159—161页）。如果整体A中的一些特征，比如a2,a3延伸到整体B中，这也是再整合。但整体上只是丢失了每一个组成部分，比如整体A丢失了a3，或者在整体A中发展出了新的，在这之前异己部分的An的话，这就很难认为是再整合。而克鲁舍夫斯基好像将这一切都称为再整合，在发展语法范畴时，将这个术语运用到生理行为领域、音响特征领域的任何变化中。如此宽泛理解的再整合等同于变化。在这种情况下，这个术语就是多余的，因为它不会带来任何新东西。很久以前就已清楚，语言中的一切都在变化。而称这些变化为变化或者再整合，大概，完全没有区别。其实，只有连续存在的对象才会有再整合。语言总是中断的，总是从一个个体移至另一个个体，每一个个体都应当重新复现。如果语言传统和独立个体的心理基础拥有长久性的话，那么可以在概念上和抽象意义上使语言具有长久性。但是在这种情况下，在语言发展和历史中，可以使用再整合概念，但要附带相关条件，否则这种运用会给人留下随意、牵强的印象。对于语言而言，"再整合"没有任何语言的特色。但是，克鲁舍夫斯基注意到语言中有类似的现象存在，并且强调在语言研究中使用这个概念的重要性，这就是克鲁舍夫斯基的贡献。但是由于他理解的概念过于宽泛，将这个概念与一般变化等同起来，因此克鲁舍夫斯基让这个概念变得毫无内容。

虽然不能认为克鲁舍夫斯基给出的解释永远是成功的，但他追求独特的解释语言事实还是值得关注的。克鲁舍夫斯基非常看重一些解释，但却经不住批评。

比如，对于保罗率先提出的音素自发性变化的解释。后来克鲁舍夫斯基进行了更详细解释和扩展说明。克鲁舍夫斯基非常热衷于这样的或许是很巧妙解释，但却完全没有科学猜想的价值。之所以没有科学价值，原因如下：

1）它完全没有注意到音素本质，音素之间的主要区别及积存在音素本质中的相对稳定性或变化的萌芽。他完全不能解释，为什么一部分音素变化快，另一部分在我们熟知的语言历史中却几乎没有变化。所以，它既空洞，又无新意。

2）它预测，至少从本质上，一方面，应当预测人类言语音素的不可分离性和不可分解性。另一方面，应当预测自身独立性及自身存在都与词语的整体性和一般性的语音心理环境没有关系。因为无论是保罗，还是克鲁舍夫斯基在这里谈的都不是作为最简单语音成分的个别发音，而只是完整的、已经存在的音素，已经排除了精确分析的可能性。除此之外，无论是对于保罗，还是对于克鲁舍夫斯基而言，每一个音素都具有自己独特的、独立的生活，在所有组合中永远是一样的，只与自身有关。克鲁舍夫斯基所说的音素就如同自然学者们所说的动物和植物种类：这一比较首先来自于达尔文在28页注释中的观点。

3）克鲁舍夫斯基在谈音素变化及一般性的语言变化时，将语言与作为心理，同时是社会个体的人分隔开来。他推断这种长久性是不停止的、同类的，就好像只有一个个体在用这种语言说话。我们面对的是个体发展与种系发生学的发展、种类的、类型、部落发展的混合。而且，这个错误的存在是有理由的，因为它减轻了研究工作，使叙述更加清晰。

在这里我不能寄希望于提出另一个更加符合科学要求的假设来代替保罗和克鲁舍夫斯基的假设。我只是允许自己发现，不仅仅在解释自发性变化，而且任何语言变化时，都需要考虑以下情况：

1）需要谈论发音和关于发音表象的变化，而不是谈论个别音素的变化。

2）音素变化性的大小与发音复杂性和确定性程度有关。在语音系列中，一定时刻的发音越难，越复杂，发音要求的肌肉行为越多，用另一个更轻松、更简单的行为替换这一行为的企图就越强。需要加强注意力、需要更多认识的发音具有不确定性和不清晰性，正是这一不确性和不清晰性导致了这一结果。克鲁舍夫斯基特别注意语言的复杂性和不确定性的作用（第13页），但他并没有用一个观点解释语音变化。

3）语言生活不是一个连续不断的连续体。只有个体才有准确意义上的发展。部落语言具有间断的发展、传统的性质。每一个个体从孩童开始，已经掌握自己的部落语言，以他独有的方式改变这种语言，创建个性化的，即在开始阶段创建与周围人的语言有差异的儿童语言。

儿童语言逐渐过渡到正常语言时，个体在某一类别上是退步的，实现

附录：尼古拉·克鲁舍夫斯基、他的生活及其科学著作

逆行性的发展，从最大的差异转为最小的差异。所以，最后，语言印象和关于某一土语的中性印象之间的差异接近于 0，几乎可以忽略。儿童语言的趋向于避免一些不妥当的组群或者发音组合，避免一些音素，避免通过不同的方式，借助于这样或那样的替换来改变它们。儿童语言最明显的倾向在数代中通过遗传性积累起来，最后导致某一部落正常语言的历史变化。

克鲁舍夫斯基在谈论音素的自发变化时，是自相矛盾的。因为他一边坚决地指出："我们自己不能成为音素的某种自发性变化的目击者（第 29 页）。他马上又推翻了这个观点。几乎就在下一页，他根据我的《列奇亚方言的语音学初探》一书的内容，描述了列奇亚低地的斯托尔皮土语中的音素 h 在我们眼中消失的事实。而克鲁舍夫斯基自己很快成为了儿童语言中自发性变化的目击者，这样的事实更是突出了与这个观点矛盾性。比如，在 18 个月内，辅音 t' 转变为 t'，然后为 ć 最后变为 ś。在如此短暂的时间内，在这个儿童语言中两个元音之间的 b 好像已经被 v 所取代（第 38 页）。我没有在这里找到任何的例子，任何的详细解释儿童语言的这一根本变化，我允许自己质疑克鲁舍夫斯基观察的确定性。我认为，需要从相反角度解释克鲁舍夫斯基提出的事实。

准确地说，贪婪地发现规律的意图是所分析的克鲁舍夫斯基著作的特点。这种意图还在萌芽状态时就体现在《语言学札记》中。克鲁舍夫斯基谈论在音素组合中追求使第二个音素转移接近第一个音素时，补充道："这种意图很强烈、很笼统，可以称为音素组合规律。"（第 16 页）如果说克鲁舍夫斯基在那里说出的内容还很小心、很含蓄的话，那么在《概论》中这一内容已经得到了彻底的释放。如果相信克鲁舍夫斯基本人，还需要承认一点，那就是他以具有重要意义的新"规律"丰富了语言学。但是事实并不是这样。我们经过认真研究发现，按照克鲁舍夫斯基的说法，任何概括、任何现象、任何的完全一致性、任何的一般性观察、任何一般性质的主观印象都应当称为"规律"。所以，与此同时，另外一些归纳类研究学者通过漫长的路途、紧张的工作、一系列实验才有发现。而克鲁舍夫斯基却在一个接着一个地说出规律。这样一来，我们看一下都是些什么规律？

1）音素的静态规律：一个部落和某一时间内所有个体的任何音素，

在同等条件下，在音响上和生理上几乎是一样的。由此产生了下面的规律。

2）"该个体的整个语音系统总是近乎一样。"

3）"该土语和该时间段内的所有个体的语音系统近乎一致。"

换言之，a）"在该个体的言语中不能一会是这些音素，一会是那些音素。"

b）"在该个体言语中，不能出现那些在该土语和该时间内的其他个体中不会出现的音素。"

这样，需要在"语音系统的静态规律"中研究它的一致性和和谐性。

1）音素组合的静态规律公式："音素 x 只能与音素 z_1 组合，而不能与音素 z 组合。"（第22—23页）"音素和语音系统的一致性，甚至语言组合的一致性是该语言中的每一个词语，必须服从的唯一规律，没有例外。在这个时期的语言中，我们没有看到其他任何的规律。"（第25页）

换句话说，"只有音素、语音系统和语音组合的一致性才可以看作是这个时期语言所必须的语音规律。"（第26页）

2）克鲁舍夫斯基寻找那样的"音素和音素组合变化的完全一致性"或者"与上面列举的静态规律并列的音素、语音系统和音素组合的动态规律"。（第33页）按照克鲁舍夫斯基的观点，这些规律应当有，毫无疑问，存在的"语音规律的沉积（отложение）的一致性"就是证明。尽管是这样，他还是不敢于表达动态规律，甚至做出可疑的结论，即"完全没有第一性的语音规律，只有生理规律是独立的、第一性的"。（第38页）

然后他又说："被我们称作音素变化规律的每一个独立的结果，是没有意义的，是微不足道的。"（第33页）

"我们不应当忘记，尽管语音规律活动的独立结果没有一点意义"（它们如此渺小），"这些规律"（但这是些什么规律）—非常想问一下，这都是些什么有趣的不明之物呀）"在非常长的时间段内起作用，通过综合小的变化，在数个世纪内可以形成巨大的差异。"（第34页）

"我们在研究一种语言的语音方面时，可以预料到，我们会遇到大的，转义地说，语音规律的沉积。"（第34—35页）

"我们在了解语音规律行为的规律性"的同时，"我们还应当在这些

沉积中期待一定规律性和一致性。"（第34—35页）

我们可以研究一种语言的音素组合的不变化性和固定性，将其看作是语音规律沉积中的第一不变化性。如果同样的音素（静态规律）没有发生同样的变化（静态规律），那么这第一不变化性是不可能存在的。（第35页）

在数个世纪中，我们用代数的方式，借助于 $n_1, n_2, n_3, n_4, n_5, n_6, n_7, n_8, n_9, n_{10}$ 展示一个音素的一系列变化。与此相关，克鲁舍夫斯基通过如下方式表述了"语音自发性规律"：

"随着时间的推移，音素 n_1 变化为音素 n_{10}，或者随着时间推移，音素 n_1 变为音素 n_5。在这种情况下，我们认为，这不是直接的变化。在一个音素和另一个音素之间是我们不熟知且不明确的一系列过渡环节。"（第39页）克鲁舍夫斯基在下列句子中做出了关于动态规律的结论。即"音素变化规律只能被认为是第二性的规律（生产性的），只是发音变化规律的非直接结果，这些规律不是第一性的"。（第52页）

从列举的句子中可以看出，克鲁舍夫斯基在表述动态规律时，没有表现出在阐述静态规律时的自信和果断性。有"自发的语音规律"（第96页），而且还有"一般的、普遍的自发性规律"（第43—44页），但是它们沉积的一致性却不是绝对的。因为在语言中还有其他的规律（第38页）。这样一来，克鲁舍夫斯基的动态规律具有不定性和神秘性。这是某些不可知的规律（38页），但究竟是什么规律，不得而知。

3）"语言发展的主要规律：词语世界与思维世界的对应规律"（第68—69页）换言之，"语言在发展中不断追求词语世界和概念世界的全部和部分对应。"（第五部分，第87、89页）现在我们从形式上和内容上分析这些规律。

从形式方面看，"音素和语音系统的静态规律"（Ⅰ）只是很久为人所知的逻辑同一公理A就是A的改用句子而已。所以，它们不能成为确定规律的公式。从内容上没有任何新东西。在最好的情形下，也只能算是提纲而已，是研究的基础、关于语音现象思维的基础，但却不是规律。克鲁舍夫斯基将语言学术语替换到早已熟知的逻辑要求，即公式中，暗示自己和他人，他发现了或者发明了语言规律。但这只是乐观的自欺自慰。至于他迷惑他人的程度，这要看他们的批评程度。限制语"近乎"在这些规律中是非常有意思的现象。"规律"与"近乎"（17页中三次提到）这两者好像没有关系。因为本身不确定性存在，"语音组合的静态规律"（Ⅱ）不能被认为是规律。从未知的 x, x_1, z, z_2 不能构成任何的规律。所以，最多只能算是规律的框架，形成固定规律的体系，是需要填写表格、登记卡，以某些固定单位替换空洞的 x_1, x_2, z, z_1 而已。在这里我们与生活打交道，在这里利用没有内容的符号是不够的。这也与借助于一般的，没有内容的 $n_1, n_2, n_3, \ldots, n_{10}$ 表达的"自发性的语音规律"（Ⅲ）有关。克鲁舍夫斯基完全没有阐述其他类似的"静态规律"，而他所说的那些规律，只是在兜圈子，而不是精确的分析。"语言发展的主要规律"可能是一个用于表达追求理想、理想状态的公式，但不是表达规律的公式。

所以，从形式方面克鲁舍夫斯基滥用"规律"一词，或者只是从逻辑学中拿来的规律，或者只是用这一名称粉饰完全不是规律的概括。

我们开始从内容方面分析克鲁舍夫斯基的"规律"。

"音素和语音系统的静态规律"缺少了"近乎"1)就是一个客观的谎言。克鲁舍夫斯基自己已经发现了这一点，所以增加了限制语"近乎"。我已经指出，这个限制语在阐述"规律"时完全不合适。在这样的公式中，不可能谈论客观的真实性。这里只有逻辑真理。我们在从对象的变化性得出抽象的概念，也得到了对象的稳定性、一致性和不变性。我们从科学角度将 A 看作 A 时，我们应当认为这个 A 总是一样的，至少从某一个立场或者在某一个问题范围内是一样的。这个公式当然应当用于语言学概念中。克鲁舍夫斯基说："音素……是一样的。"准确地说，语言的音素是不存在的。每一次，在发音时才形成音素。所以，音素的一致性就是发音的一致性或者是机体的机械性行为的一致性。而这样的一致性首先与心理学印象和由潜意识回忆某一个音位发音而构成的表象一致性有关。所以，需要以句子代替克鲁舍夫斯基的"静态规律"。同类的语音表象唤起和决定了来自于机体行为印象的一致性。而这些机体行为对于被理解为（被听到和被感受到）同一个音位的音位（音素）而言是主要的。由 x 和 z 构成"音素组合的静态规律"2）由 n 组成"自发性语音规律"3）没有足够的固定内容，不能从内容方面研究。被克鲁舍夫斯基称为规律的"静态规律""音素变化规律"（第 33 页）根本不是规律，只是过程，替换的事实，一般的替换事实。

从一号规律中得出结论：音素和语音系统应当是稳定的，永远不变化的。因为在那里提道："从音响和生理上看，在某一个土语和某一时间内的所有个体的每一个音素都是一样的。（确实，只是近乎一样，而且永远一样的）"还有，"某一个土语和某一时间内的所有个体语音系统近乎一样。"这样，我们可以预测，在某一时间内某一土语的个体数量是固定的。比如几千个个体。在一段时间内，比如在一年内，有部分人死去了，但却没有改变个体的总数量，没有影响到该部落剩下的大部分个体的音素一致性、稳定性和不变性。在这段时间，由于部分个体死亡而导致的空缺，通过新个体的诞生得以绰绰有余的补偿。这些个体在语言关系上发展的同时，应当在自己的音素和语音系统方面被说话的一代人同化，即掌握那些音素和语音系统。所以，这个过程是不断重复的，不可能走出语音一致性的迷惑圈。因此，某一部落个体群体由于死亡越来越稀少，但由于新个体的出生，经常补充的个体群体应当永远使用同一个音素。

但三号动态规律一定会导致音素的变化，向固定方向逐渐运动。克鲁舍夫斯基用整个一节的篇幅解释音素发生自发性变化的方法，其中借用了保罗的主要思想。但这必须的变化永远与上面强调的音素一致性和不变性完全相矛盾。

我们不奇怪有这个矛盾性存在。不仅在语言中有这样的矛盾，在生活中的其他领域也有这样的矛盾。这是主要矛盾之一，任何的科学思维都应当依赖于这个矛盾。但从中可以得出结论：无论是现象的一致性，还是它的变化性都不是客观真实的。它们只是暂时的逻辑性公式，而这样的逻辑公式完全不适合于从中构建存在与发展规律。

但是，关于某些涉及全人类的动态规律，关于总是体现在一定音素同一变化中的全人类规律的观点在克鲁舍夫斯基的大脑中深深扎下了根，迫使他牵强附会，用毫无益处的"哲学性"束缚自己。我们在第 44—45 页可以读到："如果我们发现，同一个音素在两种语言中变成了两个不同的音素，那么这完全不能抵消语音规律的不变性和统一性。这只能说明，在两种语言中用同一个字母表示的音素变为两个不同的音素，变为两个不同的生理行为群。但我们如何知道，这个字母表示了同一个生理行为群呢？或许，它表示了两个不同的，甚至很接近的，具有亲属关系的群。这时就完全明白，这两个群在开始时差异很小，随着时间的推移，可以发展成为两个完全不同的群。我们认为，就是这一点为我们解释了虚假缺失语音规律统一性的问题。可以找到不同的事实证明这个推测。我们指出若干个证明：1. R 化音是德语中固有的现象。即在一些情况下，用音素 R 替换音素 S。斯拉夫语中没有这种现象。根据我们在前面论述的内容，我们应当预测，德语的 S 的发音被替换成 R。或许，现代的 S 也与斯拉夫语的 S 发音不同。研究现在 S 的亲属关系后，我们发现这个 S 与音素 Z 发生语音交替。如果字母 S 位于元音之前，在这个字母之前是元音、响音或者零音素，那么字母 S 就发成 Z 的音。斯拉夫语中却没有这样的现象。但是我们在铭文的基础上在具有 R 化音的拉丁语中有权利预测 S 音发成 Z 音的一些情况。所以，在现今 S 的亲属关系中，我们可以看见对所预测的德语和斯拉夫语音素 S 差异有力的事实"。

我们非常满意这样的一个例子，并且用于这个例子驳斥克鲁舍夫斯基的结论。

首先，试问，我们是否应当将德语、斯拉夫语、拉丁语、希腊语看作是同源的，也就是起源于同一个消失的语言状态？好像，我们在克鲁舍夫斯基这里已经得到了肯定的答案。如果是这样，这两个 S 应当是源于一个同类的 S，也就是从原始语言特点的 S 中发展来的。因为克鲁舍夫斯基认为，某一个土语和某一时间内所有个体的每一个音素永远近乎于一样（请看 189-190）。所以，这种推测德语、拉丁语、斯拉夫语等中有不同 S 的观点完全是不必要的、辩证的练习，完全不能消除难点。因为最后在向后移动，向原始印欧语或者其他某种共同的原始状态移动时，我们遇到了一个同类的 S，但是这个 s 应当分化为了不同的音素。另一方面，这个同类德语 s 或者同类斯拉夫语 S 是纯粹的假象。就像不同的斯拉夫人一样，不同的德国人也会发出不同的 s 音。

最后，不应当忘记这样一种可能性，即在不同语言中有不同发展，由于一种语言的整个语音结构不同，同一个音素会向不同方向发展。德语中 s 因此可以发展成为 R，整个德语语音系统就会完全不同于斯拉夫语语音系统。因为在斯拉夫语中没有遇到这样的变化。

至于任何的"语音规律"，"静态的"和"动态的"，我认为有必要说出下面的观点，这是我对这个问题长期思考的结果。执着于发现规律是一项徒劳的工作。从说话的个体立场出发，语言是纯粹的心理现象。所有这些表现形式的基础只能是心理的、中心 - 大脑的。所以，主要"规律"，甚至针对语音学的规律只能在这个中心——心理领域寻找，而不是在边缘，不是在外部的言语器官中。没有语音规律，也不可能有语音规律。而"音素的变化取决于纯物理原因"，存在"一般的语音规律，准确地说，生理规律"，以及一般的，稳定的、不变化的，就像物理规律和化学规律一样的规律的语音规律"与物理规律或者化学规律没有什么本质区别"。类似的观点是没有足够理解语言本质的结果，将语言看作是与人脱离的结果。

"语音的"或者"声调的规律"只能出现在声学中，而不是语言学中。这样从音响角度理解的"语音规律"只是不同类型物质运动的一般规律的个别情况。甚至在生理学领域，都不可能提"语音规律"，更不用说在心理运动、心理学是基础的领域内。

说完克鲁舍夫斯基关于语言的语音方面"规律"，我们现在分析一下"语言发展规律"的内容。克鲁舍夫斯基将这个规律表述为"追求词语世界和思维世界的完全或者部分对应"。

正如我在上面提到的（第 192 页），这样说出的观点任何时候都不可能是规律，最多是证明追求理想、追求完美状态而已。这可能只是一种语言发展的动力，而不是发展规律。如果所阐述的思想内容与现实相符合的话，这也只能是类似的动力。

但是，问题在于这个观点完全是假的。克鲁舍夫斯基将自己的主观印象作为语言发展的客观推动力量强加于语言。而这样的发展推动力量是完全不可能存在的。简化语言形式、语言中存在同类的类型，语言形式与内容、词语与思想的对应都不是追求预先制定目标的结果，而就像潜意识的记忆力手段一样，就像追求去掉多余的工作一样，只是为了减轻言语过程而已。所以，这里只有简单的自私和利他的意图，一方面追求个体智慧的发展简单化，另一方面，追求社会生活的简单化。如果语言部分地接近克鲁舍夫斯基所指出的理想状态，那么这只是下意识的、偶然现象，与变化的真正原因毫无共同之处。不断追求词语世界和思维世界的对应是语言"使命"的主要任务。这一追求类似于"一大堆预先做出的决定，从上面直接下达给百姓"。在诗歌中这样的追求看上去很美，但却完全不适合于像克鲁舍夫斯基这样努力成为实证主义研究者的面孔。

  多么惊人的矛盾！在97节第140页中，克鲁舍夫斯基就像目的论的强硬敌人一样，他不想让拥有连接表象才能的人对比个别的词语与固定的模式、类型，并且根据意义将这些词语与整个一组其他的词语联系起来，从而减轻思维的行为、心理行为。因此，在这里语言只是概念，只是某种类似"土地精神"或者"时代精神"的东西，并且不断和坚定不移地追求词语世界和思维世界的谐和。

  在精密科学中，我们习惯了以两个单位或者两个概念、两个思想之间的功能联系为基础的规律说。克鲁舍夫斯基想用自己的规律使语言学成为精密科学。请允许我指出，即使没有克鲁舍夫斯基的规律，语言学已经处在通往精密科学的路途中。而这些规律并不能赋予语言学精确性，因为这些完全不是规律，也不可能是规律。克鲁舍夫斯基不仅没有发现类似于物理或者化学规律那样精确和不变的规律，而且根本没有发现语言中的任何规律。他提供的作为规律的东西，或者是作为一定科目的任何科研工作的必要条件，或者丧失了精确的固定内容。从这一点上还不能指责，因为发现规律属于科学中最难做的事情。而大部分学者在重视自己观点方面都是自我陶醉。克鲁舍夫斯基证明了的规律，任何时候都不是规律。虽然他本人没有成功地发现重要规律，但是他却为其他人发现规律铺平了道路。他的评论性著作和他尝试建立实证主义的内容永远是他的贡献。

  我们还应当承认，被克鲁舍夫斯基冠名为规律的概括对于科学而言并不是一无是处。需要注意这些公理、这些公式、这样表述个别规律的方法。

需要提醒一下这个现象。克鲁舍夫斯基完成了这一任务,将对语言现象的完整哲学观点作为了该书的基础。

我对克鲁舍夫斯基的《概论》的评述可能有些尖刻,过于不留情面,但还是需要评价,将其与作者的要求进行对比。如果作者提出了较为谦虚的要求,不把自己看作是新语言学时代先驱者的话,那么批评的法庭就会温和地多。

10. 克鲁舍夫斯基希望自己的著作能被欧洲学者所熟悉,他删减了一些内容后,将《语言学概论》翻译成德语,给该书取了更谦虚的,但过于标新立异的名称《语言发展的原则》,并且为了在《国际语言学杂志》杂志上发表,寄给了捷赫莫尔。

在第一卷中(1884)刊登了前言,及所有章节的内容。在第二卷中刊登了第一部分、第二部分,在第三卷刊登了第三部分、第四部分、第五部分和第六部分,在第五卷中刊登了第七部分到第十部分。当然,就犹如对俄语版本一样,对这个德语版本也有同样的批评观点。

11. 克鲁舍夫斯基以刊登在《语言学论集》上的波兰语论文《初级长元音及其历史贡献》结束了自己的科学 - 文学活动生涯。这篇论文陈述了奥斯托霍夫的著作《论低等级的印度日耳曼语》内容。

克鲁舍夫斯基在一般性的绪言后,给出了关于研究奥斯托霍夫本质的概念。我认为,研究结果还不具有足够的说服力,在这篇文章的结尾,克鲁舍夫斯基随即附上了斯拉夫语材料。(第97—101页)

我们再一次回顾克鲁舍夫斯基在语言学领域的活动。1878年,克鲁舍夫斯基来到了喀山。当时他的语言学知识非常狭窄、不准确、很混乱,相互之间还没有联系。但是他的哲学教育对他来说就是一种力量。他扎实地研究和掌握了逻辑学和英国心理学资料,丰富了自己本已充满智慧的素质。而以这样的手段完全可以从事严肃的事业,并且轻松地走到任何一门从事人文研究的科学前沿。就像在华沙一样,克鲁舍夫斯基凭借特洛茨基教授的影响和独立研究的哲学,对基本哲学问题形成了明确的观点。在喀山也一样,因为遇见好导师,由于善于阅读经典语言学著作和专题论文,他在很短时间内就已经在这个领域获取了如此全面,如此扎实的知识。很快,他凭借自身力量,在人类言语独立的研究者行列中占据了一席之地。但是,如果良好的哲学基础使得克鲁舍夫斯基很快进入到事情的实质,很快掌握了语言学的一般材料及杰出地概括所述观点的话,那么由于克鲁舍夫斯基天生喜欢概括,这样的哲学基础又引起了没有足够事实基础的,快速的,提前的概括。如果对于克鲁舍夫斯基而言,由于他的指挥力量,由于他的众多观点,这还不太危险的话,那么不管如何,在他的周围,在一些从事语言学研究的年轻喀山学者身上,这就会产生不好的,甚至坏的影响。至少,这在一段时间内使他们脱离开忙碌的,但事实的研究,将它们吸引到轻松的,只需要付出很少就能产出不同形式的无效概括。但克鲁舍夫斯基不能为别人的这些错误承担责任。

在自己科学活动的若干年间,克鲁舍夫斯基并没有在科学中开创出任何一个新流派(在如此短暂的时间内,为了达到这一点,需要不同寻常的幸运机遇,或者非同寻常的天才。)。没有指出新的真理,但却善于为已知的真理加上清晰的哲学形式。部分是由于喀山导师的影响,而主要由于他的天性睿智,他驻足在了较为罕见和当时还没有特别普及的流派和科学追求中。

这样,他认为研究那些能观察到的新语言,远比藐视如今已经不存在的,只保留在书面文献中的语言要重要得多。虽然,长期以来,在大多数学者的眼中,这一观点好像有些荒唐,但是它完全不是新的观点。莱布尼茨就是这个观点的忠实崇拜者。被克鲁舍夫斯基视为《语言学概论》座右铭的观点,正是来自于莱布尼茨的阐述。这个首先研究新语言的转向在当时的喀山占据着优势。因为我主要同俄罗斯人打交道,我追求的一点,就是让他们思考从各方面都能得到的母语。我不能说,这一全面研究代表一整套活的语音和技术事实的语言,完全清晰的语言,没有吸引新的献身于我们的科学的人。克鲁舍夫斯基还在我的指导下,主要在俄语中操练自己的观察力。除此之外,他努力全面学习法语。我觉得,正是这一点帮助他历练出了对语言本质的观点。

在每一个部落,每一个时间的语言中,克鲁舍夫斯基很严格地区分出了不同发展阶段、语音和形式组成的不同层面的工作成果。这就像在自然

附录：尼古拉·克鲁舍夫斯基、他的生活及其科学著作

科学和社会科学 - 地质学、生物学、人类学等等所做的那样，去运用时间范畴、运用年代学。克鲁舍夫斯基自己对"发展"的理解非常正确。除此之外，运用到了语言学中。在喀山他经常听到这个概念，因为发展的概念永远是普通语言学和比较语法领域课程的基础。

克鲁舍夫斯基非常成功地表述了一些重要的语言学概念，赋予了这些概念新的名称。首先包括"形态同化""形态简化"。

或许，语言由两个根本不同的领域组成，语言由两方面构成，语言是两个系列现象的组合的观点，影响了克鲁舍夫斯基更加准确解释语言现象。"语言是特殊的，在自然界中占有完全特殊地位的一种现象：是主宰物理规律的生理-音响现象与主宰完全另一类规律的潜意识的心理现象的组合。一直到最后，他都没有放弃这个"二元论"，因为不可能在如此短暂的时间内彻底改变自己的科学观点。但二元论概念在语言中，在学者们那里深深地，彻头彻尾地扎下了根，谁也不能亲自替它负责任。当然，随着时间的推移，还需要认可，语言是纯粹的、同类的心理社会现象。但暂时这个一元论观点还没有最终取胜，对于科学而言，以二元论为基础的著作还是有价值的。

在二元论观点的基础上，克鲁舍夫斯基提出了语言是不同于历史科学的自然科学，语言只能是研究与人分离的人类言语的结果，不需要考虑说话人之间的社会联系。

通常，在类似情况下，通常很快地办完后事。这非常对，因为过于顽固对待他人的死亡会麻痹运动的自由，阻止其有效地向前推进。只是在极其例外的情况下，才放弃这个习俗。

所以，如此详尽回忆一个不属于科学界一流，没有做出任何变革的名人还是令每一个人惊奇。这个回忆录的作者不善于用简短且连贯的话语形容事情，展示他对已故之人的态度，从这一点上说，他不需要受到指责。从客观方面看，《语言学论集》编辑部可以为自己辩解，编辑部没有立刻在语言学者身后发表这个真正不同寻常的语言学者的简短悼念文章，那么现在编辑部认为自己有义务刊登他的更加详细生平和科研活动。

至于我，我想以此种方式尊重我真正倾注了友好情感的人。因为我不

喜欢对已故者讲奉承话，我坚决反对针对已故者要么歌功颂德，要么什么都不说的做法，坚持对已故者或者说真话，或者什么都不说的原则。所以，我批评克鲁舍夫斯基的著作，完全犹如在已故者生前一样。严格坚持真理，如果直说的话，我尊敬永远追求真理的已故者。

如果这个人在追求真理过程中没有做出任何发现，如果他没有创建新的无争议的概念组合，那么不应当忘记，他一直在追求，希望在科学基础上达到这一目标，而对于伟大的人而言，只要去想就足够了。

如果他停留在了路途的起点，他没有过错。过错在于他的病弱身体和恶劣环境。我坚信，如果他活得再长一些，如果他的身体再好一些，如果他有足够的时间，如果他没有失去从事语言学研究的愿望，他会在语言学中做得更多。具备了根底深厚的哲学基础智慧，非常执着的追求研究问题的实质，追求系统化的态度当然应当提出经久不变的，合理的内容。因为他有勇气摒弃多余的细节，他在任何时候都不陷入细节中，总是以概括性的观点抓住整个领域的事实，在这些实事中发现共同性和指导性的观点。

这一切都会发生，假如……假如……和假如……但已经发生的事，我们不得不为提前到来的预示着美好希望的力量枯竭去悲伤。这令人痛心，但不可避免。一个在墓前讲述已故者的生平与论著的角色，已经不是第一次成为我的命运中的角色是不愉快的、令人悲伤的。不久前，在我的回忆录中我还是科学界里另一个劳动者尤什科维奇形影不离的同路人。最后一次，我必须履行这个令人犹豫的义务。①

---

① 据我所知，克鲁舍夫斯基的同事，我以前的学生之一，喀山大学副教授（如今是编制内的教授）瓦西里·博戈罗基茨基在《伏尔加通讯》1887年第288期刊登了最成功的，因为是真实和诚挚的回忆录。